公共事务与国家治理研究丛书

积极福利视角下
残疾人就业问题研究

南京大学残疾人事业发展研究中心◎编著

南京大学出版社

该著作为国家社科规划一般项目
“积极福利视角下残疾人就业问题研究”(14BSH104)的成果

序　言

残疾人是社会的特殊弱势群体，是社会大家庭中重要的成员。残疾人就业问题，是确保残疾人真正实现“平等、参与、共享”，促进残疾人社会融合、社会参与之最为基本、最为重要、最为关键的问题。党的十九大报告指出：“增进民生福祉是发展的根本目的。必须多谋民生之利、多解民生之忧，在发展中补齐民生短板、促进社会公平正义，在幼有所育、学有所教、劳有所得、病有所医、老有所养、住有所居、弱有所扶上不断取得新进展，深入开展脱贫攻坚，保证全体人民在共建共享发展中有更多获得感，不断促进人的全面发展、全体人民共同富裕。”习近平总书记说过，“2020 年全面实现小康，残疾人一个也不能少”。在中国特色社会主义新时代的背景下，进一步研究并解决残疾人就业问题，是“增进民生”“弱有所助”的实际工作与重要举措；对于改善和提升残疾人民生，推进中国特色残疾人事业发展，具有极为重要的理论意义和现实意义。

学术界和实际工作者对残疾人就业问题已经做了较多方面的研究，在残疾人就业类型、残疾人就业岗位开发、残疾人就业环境等方面，都有较为深入的研究。本课题从积极福利视角，把残疾人作为人力资源，作为就业生力军来加以认识；把残疾人就业问题作为增进民生的有力推动器，从人力资源、能力建设、助人自助等新的理念和方法入手，对残疾人就业问题做深入系统的研究。

促进残疾人就业，需要政府、社会、机构、用人单位以及残疾人个体等多方面形成的合力，是一个复杂的系统工程。其中，政府的制度与政策、投入与推动是至关重要的。社会资源的调动和运用，是残疾人积极就业的基本保证；服务机构及用人单位的接纳与推进，是残疾人就业的直接推动力与渠道；残疾人个体的能力建设，是残疾人积极就业的内在条件。在此基础上，市场机制的有效嵌入与衔接，是残疾人就业的长效机制。

残疾人就业是残疾人劳动权和劳动权益的集中体现；残疾人就业需要有法律支持与法律保障，要在完善的法律制度下来推进。积极福利视角下推动残疾人就业，就是不把残疾人群体看成有待社会救助和支持的弱势群体，而是看成有其自身资源优势的人力资本；不把对残疾人的支持作为“消费”，而是作为“投资”。推进残疾人就业，对于社会、对于残疾人、对于用人单位，都具有十分积极的意义。针对残疾人群体的特殊性，有必要继续加强残疾人就业的特殊政策制定和推进，使得残疾人就业在积极的就业制度与政策框架内持续良性运行。

针对当前残疾人就业面窄、量少、质差的现状，要从残疾人的“问题视角”转向“积极福利视角”，调整优化残疾人就业政策，改变和优化残疾人就业的内外部条件，进行残疾人就业的市场调研与对策分析，明确和细化残疾人就业项目与形式，进行积极福利视角下残疾人就业形式创新、项目创新、路径创新。

鉴于残疾人就业门路的单一性，要构建“政府为主导、社会为支撑”的残疾人就业促进网络；建立政府责任体系，加强立法和执法力度；树立用人单位责任意识，适应市场需要，构建就业服务网络；建立残疾人就业多元化治理体系；在整个社会建立残疾人就业支持系统。

根据残疾人就业能力有限的缺陷，要加强残疾人就业能力体系建设：提升残疾人文化技能，加强残疾人就业技能培训，提高残疾人社会技能，以使残疾人就业成为一种积极的、常态的、持续的态势。

目　录

第一章　研究现状述评及核心概念

据中国残联的资料，截至2010年末，我国大约有8 520万各类残疾人[①]，残疾人是特殊弱势群体，需要政府及社会各界加以特别的关注、关心与关爱，进行特殊的帮助和支持。近年来，学术界及实际工作者对中国特色残疾人事业发展开展了多视角、全方位的研究，取得了较为丰硕的研究成果。对之做一概要梳理，是本课题研究的基础，无疑具有十分积极的意义。

第一节　残疾人就业问题研究现状

就业问题是残疾人工作及残疾人事业发展中极为重要的内容。从现有研究看，对残疾人就业的研究有以下几个方面。

一、残疾人就业的研究视角

劳动就业不仅仅是劳动者的谋生手段和经济行为，更重要的是，劳动就业是使劳动者融入社会，实现自身价值，甚至给家庭和后代带来希望的重要手段。就业集中体现社会价值和社会文化特征，是公民参与社会生活的基本途径，是就业者获取个人福利和为下一代谋求幸福美好生活的主要手段。残疾人由于自身在生理和心理上的弱势性，他们的生活更加贫困，就业的难度更大，如果不能就业，这样的弱势性就会加强，从而形成恶性循环。从现有的残疾人就业研究来看，关于残疾人研究

① 中国残联官网数据，见 http://www.cdpf.org.cn/sjzx/cjrgk/201606/t20160626_387581.shtml。

的理论视角已经逐步摈弃陈旧的残疾人“无能”、残疾人“无用”观念，而采纳残疾人是具有不同于普通人的、不同能力的人的观点；摒弃了对残疾人的就业促进是“消费开支”理念而采纳崭新的“社会投资”理念。通过促进残疾人就业，原本所必需的收入保障、医疗开支及其他福利开支，因为残疾人实现了就业而得以节省，所产生的经济效益与社会政治效益则减少了后期的资源支出，使他们不仅能够共享改革开放的成果，而且能充分发挥在社会发展中的重要作用，这就是建立一种以发展型社会福利与积极性人力资源开发相结合的新型残疾人社会福利的积极效果。通过挖掘残疾人潜力，提升其抗拒社会风险的能力，推动残疾人群体积极就业，从“生活福利”为主转向以“工作福利”为主。

（一）现代残疾人观

残疾理念是残疾人事业发展的基础。与传统的残疾人观念相比，现代残疾观认为，残疾人与健全人一样，具有与生俱来的公民权利，包括生存的权利，康复的权利，受教育的权利，劳动的权利，娱乐的权利，爱与被爱的权利等。有得到各种社会补偿的权利，也要尽自己应尽的义务。具体可以概括为：通过现代社会提供的各种补偿手段，各类别的残疾人能够以适合自己的方式接受教育，掌握知识与技能；残疾人在现代社会提供的各种条件下，不再是社会的负担而是参与社会物质与精神财富的创造，也可以成为推动社会进步的重要力量；“残疾”不是造成残疾人问题的根本原因，而是因为社会为残疾人提供的条件不够，才使“残疾”成为一个问题；“残疾”是在身心上存在的不同程度的功能障碍，但残疾并不构成人性的差异，不应该影响人与人之间的平等；残疾是社会发展过程中的代价，全社会需要善待残疾人；实现残疾人的“平等、参与、共享”，是全社会义不容辞的责任。

（二）社会支持视角

残疾人就业的社会支持是指可提供就业帮助和就业机会的社会支持系统，包括政府支持、社区及社会组织支持、个人与家庭及亲属关系支持等，社会支持网络的规模和强度对残疾人就业具有重要的推动作用。正式的社会支持的提供者包括政府、企业、社区和市场（人才招聘中心、人才交流中心、招聘网站等）。而非正式的社会支持提供者则包含血缘关系、亲缘关系、业缘关系、地缘关系和私人关系等等。就残疾人就业视角而言，正式的社会支持是制度性支持和组织性支持——制度性支持主要包括政府的集中安置就业、按比例分散就业、辅助性就业等专门针对残疾人就业的安排；组织支持主要包括政府主导下的各级残联、专业社会组织以及社区。残疾人就业的非正式支持体系包括血缘、亲缘、地缘和私人关系等。血缘关系建构的家庭是残疾人最基本、最稳定的社会支持来源，亲缘和私人关系也有很大一部分是由血缘关系延伸出来。血缘关系对于残疾人提供的支持大部分集中在物质生活方面和情感支持方面，但对就业方面的支持在市场经济时代显得较为薄弱和有限。①

（三）社会排斥视角

总体上看，我国残疾人面对的社会排斥包括三个方面：一是制度性社会排斥。如残疾人群体的失业、待业、无业或被排斥出劳动力市场，由于制度的不健全和不完善，大多数残疾人往往被排斥在第一市场之外，甚至被完全排斥出劳动力市场而成为失业者。另外，受城乡二元社会结构的影响，农村残疾人口就业几乎无政策可依，处于自我保护状态，基本被排斥在劳动力就业市场之外。二是资源配置性社会排斥。包括信息资源的排斥——即信息获取渠道的闭塞，导致了残疾人在就业市场中的边缘化——与公共设施资源性的排斥，即由于社会的偏见或认知偏差，人们不会过分地关注残疾人群体需要什么，怎样为残疾人群体提供便利，怎样保证他们正常工作和生活，忽略了他们的生存与发展状况，从而直接影响了残疾人群体的就业。三是文化认知层面上的社会排斥，包括认知偏差，存在偏见和歧视，以及公众的社会责任感缺乏，等等。②

从社会排斥的视角来看，关于残疾人就业排斥的原因有以下三种理论，即自我责任论、社会结构生成论及社会政策创造论。③ 自我责任论认为残疾人就业所遭受的社会排斥是他们自己的责任，是由他们自身的行为和态度所造成的，甚至是由于他们不参与社会而形成的自我排斥，残疾人就业难是他们无能或者懒惰的结果。社会结构生成论则认为残疾人就业的困境并非由于他们自身不够努力、自暴自弃，而是社会结构有意无意地将其排斥于正常的社会生活之外而导致的。社会政策创

---

① 丘海熊：《社会支持结构的转变——从一元到多元》，《社会学研究》1998 年第 4 期。

② 潘光莉：《社会排斥理论——残疾人就业困境成因的社会学分析》，《理论研讨》2008 年第 9 期。

③ 周林刚：《社会排斥理论与残疾人问题研究》，《青年研究》2003 年第 5 期。

造论则认为由于政策制度的不完善，导致残疾人不能完全参与社会生活。

（四）治理视角

1995年，全球治理委员会发表了《我们的全球伙伴关系》，指出“治理”是各种公共的或私人的个人和机构管理其共同事务的诸多方式的总和。[①] 治理理论主张引入社会力量作为配置社会资源的新方式，因为在社会资源的配置中市场会失效，政府也会失效，需要政府、市场、社会相互合作，相互制约。治理理论的核心是主体的多元化，残疾人就业工作是一项社会性强、涉及面广的系统工程，需要社会方方面面的关注，搭建“政府—市场—社会”的社会创新平台，采取各种可能的手段支持、帮助残疾人就业。残疾人就业的主体既包括一直承担重要角色的政府和家庭，也包括这些年逐渐凸现出来的作为政府重要补充力量的社会组织。美国学者朱丽叶·罗斯曼在其《残疾人社会工作》中，通过分析政府各级部门和社会组织在残疾人工作就业中担当的角色，指出“非营利组织具有和广大社区及单位接触的优势，为残疾人就业架好桥梁，在创造条件优先照顾残疾人就业方面有着不可替代的重大作用”。[②] 市场在残疾人就业中也发挥着不可小觑的作用，就业问题在本质上还是要通过市场化的方案解决，近年来涌现出的许多社会企业的研究以及深圳残友集团的成功实践为残疾人就业提供了新的范式。

（五）社会工作视角

社会工作视角对于促进残疾人就业有很好的推动作用。其一，有利于积极了解社会政策的变迁，借助政策辅助，帮助残疾人发展自身优势，增强抗逆力。社工需要协助残疾人员工对个人品质和外界环境优势因素进行挖掘，找出有益于就业和发展的性格特点、工作技能等。其二，社会工作能够协助残疾人在就业中发挥其自身优势。社会工作者应用专业手法，发现和发挥好残疾人的优势和资源。在引导残疾人发现自身优势的同时，更要鼓励残疾人将优势转化为能力。其三，发动社会力量推动残疾人就业。针对残疾人员工遭受歧视、合法权益被侵害等现象，社会工作者借助不断涌现的新型社会组织，发挥桥梁沟通作用。协调政府部门、企业、

---

① 俞可平：《治理和善治引论》，《马克思主义与现实》1999年第5期。

② ［美］朱丽叶·罗斯曼：《残疾人社会工作》，曾守锤等译，华东理工大学出版社2008年版。

残疾人员工三者之间的关系，辅助残疾人员工平等就业，维护其合法权益。例如，优势视角[①]作为社会工作的一种实践模式，强调在实践过程中将关注的焦点从问题和缺陷转移到服务对象的能力和优势上，不断发现、开发和利用服务对象的优势和资源，发挥他们的主体性，协助他们达到目标。如果残疾人按照社会的标签将自己看作缺乏社会竞争力的弱势群体，将自己标定为有缺陷的、病态的、能力不足的，那么，在求职与就业中会将这种消极负面的情绪嵌入其中，在挫折和问题面前表现出惯常的脆弱性，并以此屏蔽来自社会的压力。而如果残疾人从自身所具有的潜能和优势出发去评估自己的就业能力，就会弱化残疾人这一标签，使残疾人摆脱悲观和消极的就业心理，在就业市场中呈现出较强的竞争优势。

二、残疾人就业研究综述

我国16岁到50岁之间的残疾人中，具有劳动能力和部分劳动能力的占91%，完全丧失劳动能力的还不足10%，而现有的残疾人就业率远低于可参加劳动的残疾人所占的比重。这说明大部分残疾人并不是不具有劳动能力，而是缺少工作机会。残疾人就业是残疾人自身的需要，是残疾人家庭的需要，是完善社会保障的需要，也是推动社会进步的需要。关于残疾人就业的研究主要包括以下几个方面：

（一）残疾人就业发展趋势研究

从2010年到2014年的残疾人事业发展统计公报数据可见，残疾人城镇就业人数并未显著增加，且有轻微波动，甚至略有下降的趋势。2013年残疾人小康进程报告也印证了这一现象，2013年劳动年龄段生活能够自理的城镇残疾人就业比例为37.3%，与2012年基本持平，比2011年增长约12%；农村就业率为47.3%，比2011年略有下降。[②] 2013年城镇残疾人登记失业率为10.8%，从2012年度的9.2%上升了1.6个百分点。从就业类型来看，2010—2014年残疾人事业发展统计公报显示，每年新增的残疾人就业人数中，个体就业及灵活形式就业者最多。

---

① 原会建：《优势视角下的残疾人就业》，《中国劳动》2009年第6期。

② 数据来自2013年度中国残疾人状况及小康进程监测报告。

2010—2014年依次占总新增加就业人数的42.3%、39.3%、37.4%、39.6%、38.5%;其次是集中就业、按比例安排就业以及公益岗位就业和辅助性就业。[①] 残疾人职业培训基地与培训人次逐步增长,但增幅不大。

表1 残疾人就业人数、职业培训状况表

年份	就业(万人)			职业培训基地(个)		职业培训(人次)
	城镇就业人数	农村在业人数	农业生产劳动	残联兴办	社会兴办	
2014	436.0	1 723.6	1 360.4	2 211	3 943	38.2
2013	445.6	1 757.2	1 385.4	2 022	3 335	37.8
2012	444.8	1 770.3	1 389.9	1 927	3 344	29.9
2011	440.5	1 748.8	1 367.7	2 368	2 886	29.9

石丹淅、王琦[②]根据全国残疾人人口基础数据库数据、2007—2012年全国残疾人状况监测数据10%随机抽样数据和2007—2012年中国残疾人事业发展统计公报数据进行了趋势分析:一是残疾人就业率稳中有升,2007—2012年间,我国残疾人就业率分别为46.4%、46.8%、44.9%、44.2%、43.7%和45.2%,6年间基本保持稳定,维持在45%左右。其中,男性残疾人的就业率明显高于女性残疾人;农村地区残疾人就业率明显高于城市地区;言语残疾、肢体残疾就业率较靠前,听力残疾次之,智力残疾、精神残疾就业率靠后。二是就业结构逐步扩散,无论是从残疾人就业行业角度还是就业岗位分布情况看,近些年来残疾人就业结构有逐步扩散的趋势。三是就业形式日趋多元化,主要有八种形式,即集中就业、按比例就业、公益性岗位就业、扶贫基地就业、辅助性就业、自主创业或灵活就业、居家就业和网上就业。四是就业能力大幅度提高。残疾人文盲率持续下降,六成以上的残疾人具有小学和初中学历,拥有高中文化程度的残疾人比例不断增加。五是就业渠道有所拓宽。依靠熟人介绍、残联就业服务机构等求职就业是当前残疾人工作搜寻时的主要途径。但是通过网络就业信息搜寻到工作的比例增幅比较显著。

① 2011—2014年《残疾人事业发展统计公报》数据计算结果。

② 石丹淅、王琦:《残疾人就业状况变动趋势分析》,《残疾人研究》2013年第4期。

（二）残疾人就业类型研究

从官方的表述中，关于残疾人的就业形式主要有五大类型：集中就业、按比例安排就业、公益性岗位就业、辅助性就业、个体就业及灵活就业。也有学者将我国现行残疾人就业政策分为保护性就业政策、市场性就业政策、辅助性就业政策。[①] 2010 年—2014 年残疾人事业发展统计公报显示，每年新增的残疾人就业人数中，个体就业及灵活形式就业者最多，2010—2014 年每年依次占总新增加就业人数的 42.3%、39.3%、37.4%、39.6%、38.5%；其次是集中就业、按比例安排就业以及公益性岗位和辅助性就业。[②] 学者们对于这几种类型的就业形式的优势与问题也进行了充分的剖析。

集中就业模式优点在于，一是能使残疾人这部分弱势群体聚拢起来，集中提供他们所需的专门的劳动工具和设备设施，为残疾人提供较为有利的环境条件；二是有利于企业对残疾人实行统一管理，为企业节约一定成本；三是可以使残疾人更放松更专心地投入工作。残疾人由于自身缺陷问题容易产生自卑心理，不愿与外界交流，而残疾人之间则更容易互相理解和交流，集中就业可以使之以更为轻松的心情专心工作。但是，不可否认，福利企业自身存在的弊端，不利于集中就业的发展；福利企业数量急剧下降，残疾人安置数量锐减；政府扶持不足，影响福利企业集中安置的积极性。在市场经济环境下，企业提高经济效益，主要通过提高生产效率、降低生产成本。相同条件下，福利企业的生产成本要大大高于普通企业。残疾人由于自身缺陷，心理素质差，沟通和管理相比常人要投入更多的人力。

按比例安排就业模式优点在于：一是能适应市场经济的发展需要，克服集中就业模式的局限性，提高效率；二是能有效缓解市场竞争引发的大量残疾人失业现象，帮助更多残疾人实现就业；[③] 三是体现社会各单位的社会责任感，各单位均衡地承担社会义务，减轻国家负担；四是由于各单位业务广泛，容易为残疾人寻找合适的岗位，也有利于残疾人就近就业。但是，该模式的缺点在于我国的按比例就业政策在执行中存在问题，执法力度有待加强，立法工作也有待改进；就业稳定性差，

---

① 吴美平：《我国残疾人就业政策研究》，汕头大学硕士学位论文，2009 年。

② 黄淑敏：《福利企业在残疾人就业中的作用分析》，《社会福利》2007 年第 2 期。

③ 许琳：《论我国残疾人分散按比例就业研究》，西北大学出版社 2008 年版。

就业质量不高，许多单位招聘残疾人就业仅仅为了避税；就业机会不均等，往往无法解决中度残疾人就业难问题。

公益性岗位是指由政府开发、购买适合就业特困人员就业的社区公共事务服务、城市管理服务、国家资源保护、公共秩序维护等岗位，例如残疾人协管员。借助政策扶持、社会资源，和社区建设，多方联手，能为大量残疾人提供社会公益性就业岗位，为部分残疾人从社区岗位走向分散就业或集中就业创造了条件，起到蓄水池的作用，有利于残疾人劳动就业整体水平的提高。另一方面，它实际上是一种政府开发的集中安置残疾人的就业模式，为保障残疾人生活奠定了基础，有利于残疾人就业整体水平的提高。公益性岗位是残疾人就业援助的重要手段，但问题在于公益性岗位宣传力度不强、透明度不高、弹性过大，而且岗位数量有限。

辅助性就业是一种新形式的庇护性就业，是指组织就业年龄段内有就业意愿但难以进入竞争性劳动力市场的智力、精神和重度肢体残疾人从事生产劳动的一种集中就业形式，在劳动时间、劳动强度、劳动报酬和劳动协议签订等方面与普通劳动者相比更为灵活。[①] 由于智力、精神和重度肢体残疾人社会适应能力弱或存在出行障碍，多数难以进入竞争性劳动力市场实现就业，就业情况最差。因此通过借鉴国外和港台地区政府庇护性就业经验，通过政策扶持与市场推动相结合，逐渐形成了主要针对智力、精神和重度肢体残疾人的辅助性就业（庇护性就业）模式，主要是在职业康复劳动站、托养机构等机构。辅助性就业模式存在的问题在于机构运行整体不规范，大多为公办机构，市场资源少，就业项目难以保障。

个体灵活就业优点在于适合残疾人自身特点，具有一定的优势，并容易衍生出新的就业形式，例如网上就业等。当然，不可否认的是，残疾人开办小型企业和从事个体经营面临着不利的经营政策环境，特别是在信贷、税收、服务、场地等一些方面还存在障碍和困难；许多残疾人个体灵活就业的合法权益还得不到保障。

（三）残疾人就业影响因素研究

对于影响残疾人充分就业因素，概括学者研究，有的归因于对残疾人自身的身体状况、知识水平等内因，也有的分析了社会偏见、政府政策、企业岗位等外因。罗

---

① 《关于发展残疾人辅助性就业的意见》[残联发〔2015〕27 号]。

秋月[①]指出，影响残疾人就业活动的因素有很多，如“对残疾人和残疾人就业的消极歧视性的态度，残疾人接受教育和培训机会的不平等，残疾人就业信息的不对称，有障碍的建筑造成残疾人就业交通的不方便，残疾人就业服务的不健全及缺乏，残疾人自身职业素质不高，残疾人等、靠、要的就业想法以及残疾人家属对残疾人的过分照顾”。吴菁[②]通过回归分析得出结论：影响残疾人就业的深层因素既包括残疾人的户籍性质和文化水平，也包括残疾人的身心健康状况，还受到相关部门的保障力度和社会氛围的影响。这说明不同残疾类型的残疾人和是否接受过就业职业培训的残疾人在实现就业上有显著差异。杨蔚[③]在实证调查中发现，残疾人就业困难的原因依次是专业知识和能力不足、缺乏工作经验和实践技巧、缺乏社会关系、缺乏求职方法和技巧、就业岗位少、招聘信息不易获得、受到他人的歧视、缺乏情感支持。潘光莉[④]提出“正是由于制度排斥、观念排斥、教育排斥等多重社会排斥的叠加才构成了残疾人恶劣的就业环境”。

总体看，影响残疾人就业的因素可以分为三个层面：法律法规、经济社会环境以及残疾人自身层面。

从法律法规层面看，关于残疾人就业的法律政策缺乏约束性规定，不易落实，且缺乏协调，易造成矛盾。我国残疾人就业法律法规包括四个层次：第一层次是《宪法》(第 45 条)；第二层次是基本法律，包括《残疾人保障法》(第 27、28、30、31、33、34 条)、《劳动法》(第 3、12、14 条)、《就业促进法》(第 29 条)；第三层次是行政法规《残疾人就业条例》《残疾人教育条例》；第四层次是就业行政规章和政策性文件，包括《残疾人就业保障金暂行管理规定》《关于进一步做好残疾人劳动就业工作的若干意见》《关于积极扶持残疾人个体就业或自愿组织起来从事个体经营的通知》《关于促进残疾人就业税收优惠政策征管办法的通知》等。从内容上来看，涉及平等就业、技能培训、就业扶持、就业服务、福利企业等方面。这就造成我国残疾人

---

① 罗秋月：《残疾人就业存在问题与对策》，《中国劳动》2001 年第 8 期。

② 吴菁：《安徽省残疾人就业问题研究》，安徽大学硕士学位论文，2014 年。

③ 杨蔚：《残疾人就业社会支持网络的调查研究——以武汉市江汉区为例》，《科教导刊》2014 年第 7 期。

④ 潘光莉：《从社会排斥视角看残疾人的就业状况》，《贵州民族学院学报(哲学社会科学版)》2007 年第 2 期。

的法律法规和政策还存在着两个问题：一是内容不完善，碎片化，不成体系；二是落实不到位，许多已经制定的法律法规和政策没有得到很好的执行。

从经济社会政策与环境层面看。第一，整体劳动力市场供求状况直接影响残疾人就业，社会就业压力增大会导致残疾人就业问题更严峻。产业结构的调整和升级也会对残疾人就业产生重大的影响。产业升级带来劳动力从农业部门向非农业部门转移，第一产业就业的比重会下降，那么就业层次低，以农业劳动为主要就业类型的残疾人自然就会受到冲击。产业结构的升级要求资源进一步向资金和技术密集型的产业转移，劳动密集型产业的岗位减少，并且高新技术发展需较高素质的劳动者，而残疾人的受教育水平普遍较低，难以胜任高新技术岗位，从而又减少了对残疾人的需求。第二，企业和社会的歧视。中国的劳动力市场存在着广泛而严重的就业歧视问题，而且对残疾人的就业歧视更为严重，这导致残疾人不得不忍受最后被雇佣、最先被解聘的不平等待遇。社会对残疾人总是带有偏见，认为他们没有工作能力，影响本单位的经济效益和外部形象。一些单位和法人不能够从理解、尊重、关心、帮助残疾人的角度出发，甚至置国家的法律法规于不顾。有人明确指出，“残疾人在劳动力市场上遇到的歧视首先来自企业”[①]。第三，无障碍设施建设滞后。人们对无障碍设施建设还存在建造几个坡道或修几条盲道的片面认识，认为花费大量人力、物力进行建筑物、公共设施无障碍改造很没有必要。这种在理念上对无障碍设施的认识不足严重阻碍了“方便残疾人使用的城市道路和建筑物设计规范”的实施。

从残疾人自身层面看，残疾人的自身就业能力欠缺、受教育程度低。残疾人在就业过程中存在心理障碍，不能正确看待自己，不能正确看待客观环境，部分残疾人等、靠、要的依赖思想依然严重，缺乏与市场经济相适应的商品意识、竞争意识和创新意识，不具备参与社会竞争的积极态度都成为影响就业的阻碍因素。残疾人的态度和价值观念也制约着其对于工作的追求，由于生理条件的限制而产生的自我排斥，也会影响残疾人的就业参与动机与强度。

---

① 郭毅：《中国残疾人就业歧视问题研究》，西北大学硕士学位论文，2008 年。

（四）促进残疾人就业的对策研究

关于促进残疾人就业的对策主要基于残疾人就业问题“内因—外因”“政府—市场—社会—家庭—个体”等维度，包括就业保护、就业援助、就业促进、就业服务政策等，涉及政府公共政策优化，福利企业及社会组织规范发展，社会扶残助残氛围形成的期待等等。从具体研究内容上看，研究者主要提出加强分类特点与职业特点匹配、提高按比例就业质量、扶持福利企业优惠条件、发展教育和培训、完善法律政策体系、援助体系和社会保障等。此外，还有部分文献对残疾人就业保障的具体问题，比如保障金的管理问题进行研究；有的对地方残疾人保障制度进行研究；有的对比国际上安置残疾人就业、提供残疾人就业培训、就业保护措施等方面的做法等等。

研究者认为，要实现给残疾人就业以更有力的法律保护、更积极的政策支持、更有效的社会援助，才能有效缓解残疾人就业难的困境。要逐步建立和完善特别保护就业与市场竞争就业的平衡机制，抓住我国经济持续快速发展的有利时机，努力增加残疾人就业岗位；大力发展残疾人教育和培训，全面提高残疾人就业水平。许琳①提出，要引领先进的道德文化，为残疾人就业促进政策的顺利实施提供思想和文化基础；完善政府绩效考核制度、问责制度和社会监督机制，提高残疾人就业促进政策的执行力；实现残疾人就业促进政策的创新；发挥非政府组织的作用，调动社会资源共同解决残疾人就业难的问题。

只有变国家“输血”为自身“造血”，才能从根本上使残疾人走上脱贫致富之路，只有大力拓展残疾人劳动就业市场，完善残疾人社会保障制度和劳动就业服务系统，开发残疾人劳动资源，才能从本质上改善残疾人就业问题。要强化残疾人的组织管理体系、宏观支持体系和社会服务机构等对残疾人就业的支持作用，突出强调残疾人职业教育培训对促进残疾人就业的重大意义。

（五）发达国家残疾人就业的经验及启示

杨伟国等提出，美国近百年的残疾人就业政策经历了以治疗残疾为特征的生

---

① 许琳：《残疾人就业难与残疾人就业促进政策的完善》，《西北大学学报（哲学社会科学版）》2010 年第 1 期。

存保障阶段、以强化职业康复和建设基础设施为特征的社会融合阶段、以消除就业歧视和完善工作场所为特征的权利扩展阶段以及以扩展自由和发挥潜能为特征的潜能发展阶段。美国残疾人就业政策的变迁过程反映了不同时代总体物质生活条件和社会观念的内在关系及其对残疾人就业政策的影响。①

发达国家的残疾人就业政策主要集中在收入支持、就业计划和康复计划三个方面。② 收入支持政策实际上就是给予残疾人残疾金,由政府把残疾人养起来。美国和北欧的福利制国家为残疾人提供了相当多的收入补贴。慷慨的收入支持对残疾人来说很重要,但它并不能激励残疾人冒风险进入开放劳动力市场寻找工作。与收入支持政策不同的是,就业计划会给残疾人提供工作的机会。可以将就业计划分为两种,一种是安排残疾人在保护性就业场所就业,另一种是协助残疾人在开放劳动力市场就业,即支持性就业模式。支持性就业是在许多传统的职业康复方案或保护性工场不能为残疾人提供工作的情况下发展起来的。许多研究证明受雇于开放劳动力市场的人比受雇于保护性工场的人有更高的生活质量。芬兰、瑞典和澳大利亚的就业计划相似的地方在于政府设置的保护性工场为大量的残疾人提供工作岗位。瑞典的开放性(扶持性)就业模式与澳大利亚的开放式就业很相像,但与澳大利亚不同的是,它是通过补贴性工资达到残疾人完全就业的。如果澳大利亚的开放式就业模式所耗费的成本低于瑞典的扶持性就业模式的话,那么我们可能更倾向于采用澳大利亚的模式。

康复计划包括身体康复和职业康复。康复是残疾人就业过程中很重要的一个环节,因为影响残疾人就业的一大障碍就是身体原因,恢复残疾人的身体健康对其就业有很大的帮助。但残疾人的身体不可能完全恢复到与健全人一样,身体康复只是尽可能地将他们的残疾程度降到最低,所以更重要的是根据他们的伤残情况提供适当的就业训练、咨询、培训等辅助残疾人就业的服务。

在康复服务方面,香港的经验很值得借鉴。香港为残疾人提供了全面的康复服务,提供服务的模式也具有创新意义,大部分康复服务是由政府买单,私营机构

---

① 杨伟国、陈玉杰:《美国残疾人就业政策的变迁》,《美国研究》2008 年第 2 期。

② 廖娟:《残疾人就业政策——国际经验及对我国的启示》,《人口与经济》2008 年第 6 期。

提供。政府买单,保证了其公益性;由私营机构投标竞争参与提供服务,能保证服务的质量。

除了用各种不同的政策来促进残疾人就业,发达国家和地区还制定相关的法律法规要求企事业单位雇用残疾人,日本和我国台湾地区的做法就是如此。日本的法律规定不同的单位要按照一定比例安排残疾人就业,如果达不到规定的比率企业就要支付"残疾人缴纳金"。但就实践结果来看,在民企中实施的效果并不好。在激烈的市场竞争中,民营企业需要的是高效率。是强制安排残疾人去民企就业还是给他们一个更合适的职位,这值得思考。不管是发达国家还是发展中国家都希望能够找到使残疾人权利和经济改革和谐发展的方法。尽管有些国家如瑞典成功地让大量的残疾人进入了开放劳动力市场,但这并未改变雇主对残疾人的看法。长期的补贴可能会加强雇主对残疾人的负面认识,使他们认为雇用残疾人比雇用其他人价值更低。通过提高残疾人的能力,提升他们工作的价值,从而改变雇主的看法,比单独使用财政激励有更好的长期效果。

加拿大学者迈克尔·卡门波里指出,在帮助残疾人充分工作就业的现行政策中存在着一些欠缺,"如残疾人支持计划的无限制性使得残疾公民对社会福利的过分依赖等"①,提出"要以工作福利取代残疾人社会救济,同时鼓励非营利组织积极参与残疾人就业事业等目前几种可行的残疾人就业支持计划的政府替代方案,达到由总制度到各个分制度,从项目目标、管理部门、责权划分到政策运转,衔接与转换渠道畅通,环环相扣,使整个社会运行有法可依,有章可循,体现出保护残疾人权利、政府对残疾人民负责的最基本的价值理念"②。

美国学者托马斯·查尔斯通过《美国残疾人法》对残疾人工作就业以及收入报酬的影响做了较为详细的分析,他得出的结论是该法案推动了美国残疾人就业工作的热情。③ 美国学者萨德·拉奇在《残疾人与就业》中统计和分析美国残疾人就

① 吴美平:《我国残疾人就业政策研究》,汕头大学硕士学位论文,2009 年。

② Michele Campolieti, Harry Krashinsky. Substitution between Disability Support Programs in Canada, Canadian Public Policy[J]. Analyzed de Politiques, 2003, (29).

③ Thomas Charles, DeLeire . The Wage and Employment Effects of the Americans with Disabilities Act[J] . TheJournal of Human Resources, 2000, (35).

业数量以及就业类型,推断出“残疾人是市场就业中的弱势群体,残疾人就业中也存在着严重的性别歧视”等结论。①

分析比较上述国家和地区的残疾人就业政策可以得出以下结论:第一,鼓励残疾人就业,给予慷慨的现金资助并不一定会收到好的效果;第二,保护性就业模式不能给残疾人提供真正的就业机会,而且会使雇主对残疾人产生负面看法;第三,在开放劳动力市场就业更能让残疾人获得独立和信心;第四,在残疾人就业政策中有必要制定职业康复计划;第五,适当的法律可以促进残疾人就业。让残疾人主动就业还是被动就业,提高能力还是提供岗位,这应该是我国政府必须做出的选择。

总体来看,我国残疾人就业问题研究取得了一定的成果,经历了由单纯进行理论上的论证到实地考察与调查的实证研究的变化;研究的范围从最初的残疾人就业保障问题的定义及其基本原则的确立,到从制度层面进行残疾人就业保障问题的原因分析及对策研究。但是,大多数文献的研究思路还是从残疾人就业现状入手,把残疾人就业问题和原因作为完善残疾人就业保障制度、政策的依据,有的仍然把残疾人就业的障碍看成残疾人就业保障制度的障碍,积极福利取向的研究仍然较少。此外,对于残疾人就业的全过程关注不够,对不同类型残疾人就业的差异性研究,对在业残疾人、再就业残疾人等问题的研究还不够深入。

第二节 残疾人就业研究的重点

残疾人真正实现就业,必须以平等的姿态真正参与社会生活,提高社会地位,而不仅仅是安置在隔离的、庇护式的就业环境中,因此残疾人就业环境、就业过程、就业形式、就业能力等都是残疾人就业的研究重点。

一、就业环境——社会支持系统

就业环境主要是指残疾人就业的社会支持系统的建立。支持的主体,包括政

---

① Saad Z. Nagi , William H. McBroom , John Collettel Work. Employment and the Disabled[J]. American Journalof Economics and Sociology, 1972, (31).

府、市场、社会以及残疾人家庭与个体对于残疾人就业的鼓励与支持；支持的内容，包括法律制度的权利保障、无障碍环境的建设、就业奖励、社会融入、社会互助、社会鼓励等等。从政府部门、企事业单位到各类机构和社会组织乃至每一公民，整个社会都应该把维护和保障残疾人的就业权利视为责任和义务，以真正促进和保障残疾人就业。

（一）明确政府的主导地位

政府是残疾人就业促进政策的制定者、管理的监督者及服务的购买者。就业能力与受教育水平成正比，残疾人受教育水平低这一现实状况将严重地影响残疾人就业的数量和质量。要加大对残疾人教育的投入，让更多的残疾人有机会接受高等教育，对残疾大学生给予适当的奖励。通过完善的法律体系来保障残疾人受教育权利，包括义务教育、特殊教育、高等教育、职业教育等。

通过法律维护残疾人的就业权利，对残疾人就业进行促进和保护，形成比较完备的残疾人就业保障法律体系，涉及残疾人各项就业服务、就业援助的实施以及专门针对残疾人就业歧视的法律等。残疾人就业必须明确一个基本原则，即有就业需求和就业能力的残疾人必须享有平等就业的机会，通过法律规定任何单位不得对残疾人在应聘、晋升、辞退、补偿、培训和雇用期限、条件以及特别待遇等过程中予以歧视。

开展对残疾人的职业培训，鼓励和扶持企业事业单位和社会各界兴办职业教育、培训事业，促进劳动者提高职业技能。

加强对企业的监督，奖励媒体和大众对企业进行监督，适时地在媒体上公布无故拒不安置残疾职工和不缴纳就业保障金的单位名单。对于安置较好的单位，进行公开表扬并给予适当的奖励。

通过电视、报纸、网络等主流媒体的宣传，正确引导社会舆论，宣传和弘扬人道主义精神，引导社会大众对残疾人态度的转变，营造平等和谐的社会环境，让更多的人意识到阻碍残疾人就业的原因并不仅仅在于残疾人本身，也包括社会中无形的排斥和歧视。

残联组织作为一种特殊的社会团体，要积极发挥牵头部门的作用，主动与其他各政府部门协调配合。相关部门如民政、卫生、教育、财政等部门则要从大局出发，充分认识到残疾人就业工作这项任务，与残联紧密配合，主动提供服务，加大对残疾人创业的支持力度。

（二）提升企事业单位对残疾人就业的促进作用

企事业单位是残疾人事业热心支持者和赞助者，企事业能够吸纳大量残疾人就业，是解决残疾人就业的重要途径。《残疾人就业条例》也明确规定企事业单位应履行的扶持残疾人就业的责任和义务，用人单位安排残疾人就业的比例不得低于本单位在职职工总数的1.5%，集中使用残疾人的用人单位中从事全日制工作的残疾人职工，应当占本单位在职职工总数的25%以上。用人单位安排残疾人就业达不到其所在地省级政府规定比例的，应当缴纳残疾人就业保障金。企业在追求经济利益最大化的同时，也要承担相应的社会责任，残疾人作为社会的一分子，企业有责任为残疾人提供公平的就业机会。企业和残联应积极建立有关联合残疾人培养的协作沟通机制，及时向残联公布就业信息，定期与残联举办残疾人就业培训。通过在企业内部推广平等互助的企业文化，减少对残疾职工的歧视和排斥，创造和谐文明的企业氛围。

（三）发挥社会团结的功能

在社会治理创新的背景下，发挥社会团结的功能，充分调动社会组织与公民社会的互助与自治功能是国家治理体系与治理能力现代化的重要表现。发达国家也非常重视数量众多、组织健全、服务专业的社会力量，使其在残疾人就业的各个方面发挥作用，成为政府力量的得力助手。残疾人就业支持系统中的社会力量包括残疾人就业服务机构、社区、残疾人家庭以及残疾人自身。

服务机构是残疾人事业发展和残疾人服务之专门化和专业化的执行者和实施者。即在政府的支持和指导下，各类服务型机构根据自身的专业特点，为残疾人的生活、工作、康复、社会参与等，进行专业化的服务。机构的工作和服务非常细化，深入到每一个细微之处，相比政府，工作更有潜力和柔性，体现了“小政府，大社会”。要建立广泛而健全的社会组织，需要社会公民观念的更新和素质的提升，需要良好的环境氛围，需要全体社会成员树立起为社会进步、关爱残疾人发展的责任意识。

社区是残疾人居住和生活事业发展的基本单元。残疾人事业的发展状况，归根结底还是要看残疾人的生活、工作、康复等在社区的落实状况。社区是残疾人社会参与和社会融合之最为直接、最为集中的区域，社区残疾人工作做得如何，很大程度上决定了一个地区残疾人事业发展水平的高低。

家庭成员是残疾人最先接触和最多接触的对象，对残疾人的成长和发展有着至关重要的深刻的影响。残疾人家庭要充分认识到残疾人的个人价值和社会价值，加强对残疾人参与就业意义的认识。摈弃“对残疾人的教育投入是浪费”的错误思想，重视残疾人教育方面的投入，尊重和支持残疾人的成长和发展，使残疾人能够通过学习获得更多的就业知识技能，增强他们在市场就业中的竞争力，在社会生活中获得更多的就业岗位。残疾人家庭应当给予残疾人关怀和支持，让他们情感上有归属感，尊重残疾人自我实现的精神需求，积极鼓励他们，帮助他们树立良好的自信。同时，要支持残疾人参加教育和培训活动，还要鼓励他们参加多种健康有意义的社会活动和体育锻炼，扩大残疾人的社会接触面，满足其求知欲，增强其自信心，促进他们的身心健康。

对残疾人自身来说，要重视社会支持网络的建构，汲取社会资源，建立积极的人际关系，拓展自己的社会支持网资源。首先，巩固基于血缘的人际关系，并在家庭的帮助下，主动去发展新的社会联系。其次，加强与政府、残联和社区之间的联系，多与工作人员进行沟通，及时反映自己的情况；积极参加社会组织的活动，去接触和认识更多的人；了解与自己相关的政策法规，利用政策更好地为自己的就业服务，维护自己应有的权利。第三，经常与其他残疾人联系，联络感情，信息共享。最后，残疾人要树立终生学习的意识，充分利用对自己有用的培训的机会，提升已有的技能，了解并尝试接触新鲜的事物，做到与时俱进。

二、就业过程——职业康复系统

就业过程主要是指为残疾人就业“全过程”提供协助的职业康复系统，包括诊断、评估、医学治疗、教育、培训、咨询以及工作安排。通过残疾人的职业康复，帮助残疾人恢复或补偿功能，提升其就业能力，包括评估、工作搜寻、工作分析、工作匹配、工作设计、工作准备、在工作现场外的支持以及持续的支持等。残疾人就业进程与健全人相比包括更多环节，职业康复系统将有就业意愿的残疾人在就业全过程中可能遇到的问题全部覆盖,同时通过提供评估和咨询更加精准地发现残疾人自身的优势、存在的问题,从而进行相应的培训,使之找到适合的就业岗位。

(一) 职业评估

职业评估是残疾人就业过程中的重要一环,对残疾人职业选择以及就业起着至关重要的作用。我国对残疾人就业提供大量支持服务,许多单位也表示愿意招收残疾员工,但由于残疾人缺乏对自身能力的了解及对自身职业发展的规划,只能盲目地寻求工作,最后只能勉强就业且工作极不稳定。究其原因,主要是缺少对残疾人职业能力的评估,造成残疾人不了解自己,同时也不了解各种工种对从业人员的要求。在激烈的劳动力市场竞争中,残疾人明显处于劣势的地位,就业较其他人群存在更多困难。随着市场经济的不断发展,用人单位对残疾人劳动力的要求也随之提高,但由于多数残疾求职者对自身能力及潜质缺乏了解,对自己适合何种岗位(工种)一无所知;残疾人职业技能水平和就业能力不能满足劳动力市场的需要,盲目就业或勉强就业,造成残疾人就业结构性矛盾愈发明显,就业难、难就业、就业后不稳定是目前的普遍现象。为了提高残疾人就业能力和职业技能水平,应当开展残疾人职业能力评估工作,为残疾人就业提供科学的依据。

(二) 就业咨询与引导

就业咨询与引导是指帮助残疾人进行职业选择,提供必要的信息和支持性服务。应当探索成立专门的残疾人就业特殊服务中心,内设就业顾问,根据不同残疾人的就业需求给予相应帮助。致力于帮助残疾人解决在实践、情感及社会方面的难题,设立"一对一"专业咨询服务,排除心理障碍,疏导情绪,并根据残疾人的自身条件给出有利的就业建议和制定科学的求职计划。就业咨询与引导首先从寻找工作机会开始,通过各种渠道联系合适的企业,前往洽谈的时候一般会三人一组,可以分头、多方面了解情况。确定可以试用后首先考虑哪些残疾人有兴趣做,再评估其能力。此外,还需要对目标岗位进行现场观察、试做,然后将整个流程细分,分析每一个步骤要求具备怎样的能力,与残疾人的能力对比,寻找对策,扬长避短。

(三) 就业培训

注重对残疾人岗前培训和环境适应,是提高残疾人就业能力的根本手段。残疾人就业培训应当具有针对性、多样性及实效性,以及针对用人单位需求的订单式培训及“个性化”技能培训。要开展优质的残疾人职业教育培训,以市场需求为出发点,有计划、有针对性地加强对残疾人的职业指导和职业培训,提升残疾人的就业层次。鼓励和支持职业学校、职业培训机构与企业建立产教结合的培训机制,采取订单培训、定向培养等方式,为企业培训实用人才。重视残疾人的心理培训,对部分态度消极的残疾人要进行心理的辅导,帮助他们树立正确的择业观和人生观。

(四)就业跟踪与调整

当残疾人获得了就业岗位以后,对残疾人的就业援助并未结束,而是应当予以持续跟踪并根据实际情况进行相应的调整。包括对残疾人工作的适应能力进行检查、职业指导,给残疾人入职以及企业雇佣残疾人提供必要的建议或指导,帮助残疾人更好地适应工作环境。此外,可以设立残疾人职业综合服务中心,专门从事残疾人职业康复相关的调查研究,为各级残疾人职业中心以及其他相关机构提供建议、指导和其他方面的帮助。

三、就业形式——岗位开发系统

岗位开发系统是搜集、分析和拓展残疾人就业岗位的机制。从国内外残疾人的就业形式看,主要包括庇护性就业、支持性就业和资源性就业。

(一)庇护性就业

庇护性就业具有较强的福利性,但是传统的庇护性就业在市场经济和经济新常态背景下容易陷入困境,公益性岗位和辅助性岗位的开发有困难。然而,对残疾人就业而言,庇护性就业有其不可替代的作用,因此残疾人就业岗位的开发也仍然离不开庇护性就业形式的创新与拓展,例如向社会企业发展。我国台湾的国光加油站、日本的黑天鹅面包坊都是残疾人庇护性就业的典型代表。

(二)支持性就业

支持性就业旨在解决残疾人的就业问题,帮助其融合社会环境。在充分考虑残障人士的能力、兴趣并保持其选择权利的前提下,帮助其在融合的环境中获得和从事竞争性的工作。支持性就业的立法首见于美国1984年的《发展障碍法案》,是美国协助心智障碍人士,尤其是重度心智障碍者进入社区竞争性职业场所就业的一种服务模式,是由就业服务专业人员在工作场所持续提供训练,以增进障碍者的工作能力及与同事的互动，当障碍者的表现符合工作场所的要求后，就业服务专业人员逐渐退出工作现场，改为追踪的方式提供服务。支持性就业让很多心智障碍者脱离了原来的封闭性、庇护性工厂，进入融合环境，和普通人一起工作。

（三）资源性就业

资源性就业依赖于地方政府、社区、残疾人家庭以及个体等所拥有资源，可复制性低但灵活性较高。例如，有的区域经济发展较好，政府能够提供相应资源；有的社区能够为残疾人就业提供便利；有的残疾人家庭能够提供就业机会；有的残疾人个体具有特殊资源与机会等等。残疾人就业的研究中不仅仅要聚焦于发现问题和解决问题，也应当包括发现资源和利用资源。

四、就业能力——增权赋能系统

残疾人就业能力的提高是残疾人就业并能稳定就业的根本。增权赋能系统是指提高残疾人社会参与和就业的能力，只有残疾人顺应市场需求，通过康复和教育，提高知识储备和身体、心理素质，才能真正地实现就业。

（一）残疾人生理康复

器官障碍造成了许多残疾人认知障碍。由于身体缺陷，残疾人在就业过程中存在心理障碍，等、靠、要的依赖思想依然严重，缺乏商品意识、竞争意识、创新意识，影响残疾人的就业参与动机与强度。因此，残疾人生理康复是增权赋能的第一步。

残疾人受损功能的自身转化、代偿的情形，通常有如下明显的表现：

盲人的听觉、触觉比健全人灵敏得多，他们凭听觉能分辨出亲人、朋友的脚步声，分辨出说话人的方向、距离和情绪；只要同盲人打过一次交道（交谈），那么第二次再接触时他就知道你是谁了。盲人的手指特别灵敏，可以摸认由突起的点组成的盲字，因而手便代替了眼睛来读书、写字。这是盲人功能转化代偿最明显的地方。

聋哑人识别事物主要通过直观的感觉，因而视觉和触觉比健全人更为敏锐，他们用眼睛看别人说话时的口型变动及面部表情和手势动作来观察对方的用意，因而想象力丰富；还能用手触摸发音时喉部声带的颤动来学习发音、说话，因而视觉、触觉便在一定程度上起到代偿听觉缺损的作用。

智障残疾人的智商低，感知速度慢，理解力、记忆力差，因而他们“笨鸟先飞”，对事物的认识要通过多种感官（如又听、又看、又摸、又做等）和多次反复感受来达到代偿智力落后的功能。

肢体残疾人也有明显的代偿功能，如上肢缺损者，往往下肢产生代偿，以脚代手，或以嘴以脚代手写字，等等。

明确了残疾人具有一定自身功能代偿的道理之同时，还应充分运用现代科学技术（如电子学、光学、声学）的进步成果，设计、研制、生产出用于解决其自理生活和就业工作的各种先进的用具与器械，实行社会性补偿。如为盲人设计激光手杖、超声导向器，为聋哑人制造出大功率的助听器、人造电子耳蜗，为肢体残疾者生产轮椅、电动三轮车、机电假手假脚等，就能大大地补偿和改善盲人的视觉，聋哑人的听觉和肢残人行动的不便。还应设计、制造出用以诊、治、练功和评定测试所需的仪器、设备等。按照每个残疾人的生理缺陷情况，扬长避短，鼓励他们发挥潜能，促进自身功能代偿的转化，并创造客观补偿条件，使他们更好地生活、工作。

（二）残疾人心理康复

对于残疾人来说，自身的生理局限及就业中的社会性挫折严重影响了他们的自我认知，因此，要帮助残疾人发现并认识自身所隐藏的优势，消除病态的自我标签，摆脱悲观和消极的心理状态。残疾人心理康复要把眼光投向可能性，引导残疾人关注自身所具有的自尊、自立、坚韧、顽强等优秀人格特质，发现残疾人的特长、技能，并帮助残疾人认识来自家庭、社区、社会机构等外在资源，从而构建一个多维的优势资源系统以消除残疾人可能的无助感，增强其在就业过程中心理和社会认同度。帮助残疾人提高社交技能，包括礼貌用语、沟通交流、餐桌礼仪、交往技巧等等，克服残疾人在社会交往中容易产生的自卑、逃避、不满等心理。

残疾人心理康复不仅需要引导残疾人发现自身优势，更加要鼓励残疾人积极将认识转化为行为，不断寻求并把握适合自身优势发挥的机会，在实践中不断强化自身潜能和资源，积极适应外部环境，增进与外部环境的交流与互动，在就业中发挥主体性地位和作用。

第三节 本课题相关核心概念

一、积极福利

20 世纪 90 年代末，安东尼·吉登斯提出应当以“积极的”或“主动的”福利政策代替传统福利模式。积极福利指福利本身不是单纯为了经济的目标，而是在满足经济利益的基础上促进个人的人格发展。吉登斯指出积极福利与消极福利在应对风险类别、目标、手段和机制上具有明显区别(见表 3)。从残疾人就业的角度来看，积极的就业政策不是对残疾人的救助，而是帮助残疾人提高自身能力，从而能够抵御各种风险。事实上，健全人的社会保障也是以“就业”为核心的，残疾人的社会保障也应当以“就业”为核心，注重残疾人人力资源投资，通过就业提高残疾人生活水平和社会地位，推动社会公平公正。

表 2 积极福利与消极福利

	积极福利	消极福利
风险类别	用以面对人为风险，是积极的行动	根据外部风险组织起来的，用来解决已经发生的事，具有被动型，本质上是一种风险的重新分配
目标	不是为了应付贫困，是要推动人的发展，强调自我实现和责任	维持人的一种生存状态，应对贫困，使人不至于因遭遇风险而陷入生存危机
手段	通过增强人自身的生存能力来面对和解决各种人为风险	外在的物质或现金给付
机制	对人为风险采取“事先预防”的方法，即在风险出现时或可能出现时，采取防范措施	对外部风险采取事后风险分配制

根据相关资料整理

二、残疾与残疾人

关于残疾的概念界定，世界各地的标准并不相同。世界卫生组织的定义为：残疾是指由于缺陷而缺乏作为正常人以正常方式从事正常活动的能力。1983 年国际劳工组织大会通过的《残疾人职业康复和就业公约》对残疾人的定义是:残疾人是指因经正式承认的身体或精神损伤在适当职业的获得、保持和提升方面的前景大受影响的个人。联合国《残疾人权利宣言》的界定为:任何由于先天性或非先天性的身体或精神缺陷而不能保证自己可以取得正常的个人生活或社会生活上一切或部分必需品的人。在美国,《美国残疾人法》规定,残疾人是指在身体或精神上存在损伤的人,这种损伤严重限制了个人一方面或多方面的重要生活能力,或有该损伤记录的人,或被认为存在损伤的人。

本项目对残疾人的认定采用《中华人民共和国残疾人保障法》第 2 条中关于残疾人的定义:残疾人是指在心理、生理、人体结构上,某种组织、功能丧失或者不正常,全部或者部分丧失以正常方式从事某种活动能力的人。残疾人的类别包括视力残疾、听力残疾、言语残疾、肢体残疾、智力残疾、精神残疾、多重残疾和其他残疾的人。残疾人的残疾等级划分为一级、二级、三级、四级。在研究残疾人时必须明确,残疾人群处于弱势,与健全人相比有其自身的特点。首先,残疾人具有身体结构和功能障碍,需要政府和社会的特别关注,并给予帮助以及保障。其次,残疾人存在个体能力障碍,人力资本价值偏低,这使得他们在市场竞争中处于非常不利的地位。第三,自身障碍导致残疾人产生社会能力障碍,社会要给予更多的关爱和帮助。

三、残疾人就业

2007 年 5 月实施的《残疾人就业条例》第 29 条规定:“本条例所谓的残疾人就业,是指符合法定就业年龄有就业要求的残疾人从事有报酬的劳动。”该定义没有提及“劳动能力”,可能是将对这一能力的判断交给了残疾人自己。一般来说,残疾人在具有一定的劳动能力的基础上才会有就业要求。如果在《残疾人就业条例》的定义中加入“就业能力”或者“劳动能力”,可能会使用人单位以“残疾人没有劳动能力”为由拒绝雇佣残疾人。可见,该定义虽过于简单,但从现实保护残疾人的角度来说具有一定的科学性。无论根据何种定义,残疾人就业具有两层含义:首先,不是所有的残疾人都面临就业问题,只有那些有劳动能力和就业要求而且在就业年龄段的残疾人才有就业问题。其次,残疾人只有从事了被社会承认并能获得报酬或收入的劳动,才算就业。因此,残疾人就业是指达到法定劳动年龄、具有劳动能力、有劳动要求的残疾人获得劳动岗位,并取得劳动报酬或经营收入,以及残疾人自身创业等在内的一系列就业创业活动。

在经济新常态背景下,我国的就业形势不容乐观。而存在生理缺陷、受教育水平低下的残疾人就业状况更是堪忧,需要国家和社会帮助有一定劳动能力的残疾人,为他们安排力所能及的劳动就业,采取多种措施,为他们就业提供各种就业服务和保障。残疾人就业保障的主要内容包括残疾人就业政策的建设、残疾人职业教育培训工作、残疾人就业援助工作、残疾人就业保障金的管理使用等。残疾人就业保障体系建设,应以政府为主导,通过制定一系列法规政策,落实职业教育培训、就业扶持等项目和措施,并辅以医疗康复、环境支持、维权援助等一系列就业服务,来帮助和指导残疾人就业。

四、残疾人就业路径

关于残疾人就业路径的探讨不仅仅在于就业类型、就业方式的研究,也应当从理论和现实的维度回应争论:让残疾人主动就业还是被动就业,是提高残疾人就业能力还是提供残疾人就业岗位,残疾人就业是满足残疾人需要还是社会需求等等,这些都是制定残疾人就业政策时必须重新衡量的因素。总的来说,从治理体系与治理能力的现代化来看,残疾人就业的路径需要发挥多元主体的力量,构建社会化的就业援助体系,通过更多的社会组织和力量参与到帮助残疾人就业的过程中,实现更多的残疾人就业。

第二章 “积极福利视角”下残疾人就业理论

根据世界卫生组织和世界银行2011年发布的《世界残疾报告》，全世界有超过10亿人带有某种残疾，约占全球人口的15%。[①] 世界各国政府均高度关注残疾人就业问题，并通过市场机制和国家调控并举的方式努力扩大就业。若能有效推动残疾人实现就业，他们就会与健全人一样，都是社会财富的创造者；残疾人实现就业，是对残疾人群体最好的福利供给，也是实现“平等·参与·共享”的最有效方式。李克强总理曾批示，“要帮助每一个有条件的残疾人实现就业梦想”，[②]能否就业无疑是残疾人最大的福利保障。

第一节 就业能力理论和非正规就业理论

根据西方就业理论的演进历程，就业理论可划分为传统就业理论、近代就业理论和现代就业理论三个阶段。

以马歇尔和庇古为主要代表的新古典学派就业理论认为，资本主义社会不存在大规模的生产过剩和失业，有的仅是暂时自愿性失业和摩擦性失业，通过市场机制自动调节劳动供求关系能实现充分就业。因此，他们极力主张自由放任的经济政策，反对政府干预经济。然而，20世纪30年代爆发的世界性经济危机打破了传统就业理论鼓吹的“充分就业”神话，使以凯恩斯为代表的近代就业理论走上历史

① 世界卫生组织，世界银行：《世界残疾报告》，2011年序。

② 新华网：《李克强：帮助每一个有条件的残疾人实现就业创业梦想》，http://www.xinhuanet.com/politics/2015-07/11/c_1115892254.htm.2015年7月11日。

舞台。凯恩斯就业理论认为，由边际消费倾向递减、资本边际效率递减和货币流动偏好[①]所决定的社会有效需求不足必然会导致失业，只有依靠国家政策的干预，才能刺激投资和社会消费，进而增强社会有效需求并扩大就业。20世纪70年代，资本主义社会严重的滞胀危机使极力倡导国家干预的凯恩斯主义走下了神坛。面对现实困境，以现代货币主义、供给学派等代表的现代就业理论认为，要保持市场机制和国家干预的平衡，过度依赖市场机制追求充分就业和过度依靠国家干预扩大就业都是不可取的。

然而，无论是传统就业理论还是近代或现代就业理论，均是以健全人为主体的主流社会为研究对象和实施范围，未能很好地顾及以残疾人为代表的非主流群体的就业问题。就业是残疾人实现自立、自强、体现人生价值的根本途径，是实现残疾人走向社会的重要方式；[②]但残疾人就业缺少理论关照，在现代就业理论体系中，论及残疾人就业议题的大致有贫困就业能力理论和非正规就业理论。

一、就业能力理论

主流经济学家认为，在充分竞争的劳动力市场下，由劳动力的供求共同决定的、基于劳动者和雇主双方自由选择的就业活动是公正的。但美国经济学家、诺贝尔经济学奖得主费尔普斯并不认同这一观点，他坚信真正的社会公正应该能让全体社会成员融入社会经济生活，尤其是那些处于社会边缘的人，也能参与主流社会的中心活动和正式商业经济活动。劳动权是每个公民的基本权利，就业是弱势群体融入社会的关键，如果任由市场机制自由选择，那么那些边际生产率低于均衡工资率的人往往会被市场淘汰，这种市场行为虽然是经济、有效的，但显然不符合社会公平正义的价值理念。[③]

社会正义的理念反对将经济和伦理分开，不主张将财富和贫困等问题完全交

① 汪继福、罗恩立：《西方就业理论与实践及其对我国的启示》，《西安交通大学学报（社会科学版）》2000年第4期。

② 白漩：《解决残疾人就业是实现残疾人走向社会的根本途径》，《中共山西省直机关党校学报》2014年第1期。

③ 徐秋慧：《论保障劳动者的就业权利——兼评费尔普斯的就业理论》，《中国人力资源开发》2008年第7期。

由市场解决。[①] 残疾是人类发展进程中不可避免要付出的一种社会代价，因此，这种代价不应由残疾人个体独自承担，而应由社会共同承担，由政府代为履行。“就业是指在一定年龄阶段内人们所从事的为获取报酬或为赚取利润所进行的活动”[②]，而残疾人的就业行为多半不是自由选择的结果，因为残疾人缺乏实现自由意志能力的“积极自由”。囿于生理机能和环境条件，残疾人的就业能力受到先天制约和后天影响，这大大削弱了残疾人在就业市场中的竞争力。多重劣势集聚导致残疾人成为最困难的弱势群体，成为心理、文化、能力等多重贫困叠加的群体。在阿马蒂亚·森看来，贫困被视为基本可行能力(capability)的被剥夺，[③]即贫困是自由选择体面生活能力的缺失。公平正义的价值理念要求国家和社会对残疾人的关注焦点放到可行能力的救济上，通过以就业能力为中心的能力给付实现增能赋权。[④]

就业能力(employability)通常被界定为个人获得雇佣的潜能，是在劳动力市场获得和保持一份有吸引力工作的关键因素。[⑤] 就业能力可分为绝对就业能力和相对就业能力两个维度，其中绝对就业能力被定义为个人获得并保持雇佣状态的能力，它与宏观经济运行和劳动力市场的关联度不高；而相对就业能力则不限于此，它会随着经济状况和劳动力市场等环境条件而发生变动。所以，就业能力的实现和提升，可以通过提升上述两种就业能力的两条路径实现：一是通过加大教育和培训投入的力度提升劳动者的综合素质和市场竞争力，二是通过政府和市场手段改善经济发展和就业环境。福利国家危机发生后，在“第三条道路”的指引下，西方社会福利政策逐渐转向，从消极的福利供给转变为积极的人力资本投资，从传统福利走向“工作福利”，以实现追求社会公正和保证经济活动的双重目标。在此背景下，就业能力理论开始兴起。1997 年，卢森堡会议指出“就业能力是欧盟共同就业

① 梁策、孟宪生：《政治学视角下的就业正义理论》，《理论与改革》2003 年第 6 期。

② [美]保罗·萨缪尔森、[美]威廉·诺德豪斯：《萨缪尔森谈失业与通货膨胀》，萧琛译，商务印书馆 2012 年版。

③ [印度]阿马蒂亚·森：《以自由看待发展》，任赜、于真译，中国人民大学出版社 2002 年版，第 85 页。

④ 冯敏良：《省思与重构：慈善超市的发展困境与生存策略》，《江苏大学学报(社会科学版)》2014 年第 6 期。

⑤ 罗恩立：《西方就业能力理论的演变轨迹与最新进展》，《经济问题探索》2011 年第 11 期。

战略的四大支柱之一”；1998 年，欧盟提出欧洲就业策略的第一要素就是“提高就业能力”。自此，就业能力理论开始形成。

就业能力理论的主要观点是：首先，主张积极的人力资本投资，要从消极的失业补贴政策转向教育培训投入和工作经验获取等积极战略，注重通过劳动者个人就业能力和市场竞争力的提升来解决就业问题；其次，就业能力理论主张激励失业人员寻找就业机会的积极性，并激活其就业能力，使社会福利成为激励失业人员就业并激活失业人员就业能力的政策工具；第三，就业能力理论关注对长期失业的早期预防，而不是在失业人员与劳动力市场已经丧失联系时才采取行动，主张以建立为处于失业初期的人员提供培训、工作岗位和工作补贴等预防性政策来取代事后补救型的消极就业政策；最后，就业能力理论强调提升就业能力符合劳动者、企业和政府三方的各自目标，能激发三方共同参与的积极性，所以三者能形成合力，共同承担开发劳动者就业潜能的责任。①

然而，在机能受限、心理自卑、环境制约等因素的影响下，残疾人在劳动力市场处于先天弱势地位，难以在就业市场中获得满意的工作，所以只能退而求其次，从事一些被认为不够体面的劳动。根据国际劳工组织 1981 年提出的贫困就业理论，只有那些没有能力进入到现代部门就业的劳动力才会无奈地进入非正规部门，②这是能力不足的群体获取经济收入的生存策略。可见，在现实生活中残疾人进入边缘或次级劳动力市场，选择从事工资收入低、工作稳定差的非正规就业，实属无奈之举。

二、非正规就业理论

非正规就业的概念是与非正规部门的概念相伴而生的。1972 年，国际劳工组织首次提出“非正规部门”这一术语，美国经济人类学家哈特（K・Hart）将其界定为“介于城市现代部门与传统农业部门之间的，主要吸纳城市非熟练工人、失业者和农村流入劳动力的经济活动单位”。1992 年，国际劳工组织将发展中国家城市

① 郁建兴、瞿志远：《扰业能力理论及其中国应用》，《毛泽东邓小平理论研究》2010 年第 9 期。

② 闫海波、陈敬良、孟媛：《非正规就业部门的形成机理研究：理论、实证与政策框架》，《中国人口・资源与环境》2013 年第 8 期。

的正规经济部门以及现代农业和矿业部门归为正规部门，而将城市非正规经济部门以及家庭服务和传统农业部门归为非正规部门，并将之定义为“发展中国家城市地区那些低报酬、低收入、无组织、无结构的很小生产规模的生产或服务单位”①，相应的就业形式就被称为“非正规就业”。因此，非正规就业通常被界定为劳动关系松散且工资福利欠稳定的非主流就业形式。这种处于制度边缘的就业形式往往呈现出如下几个特点：一是雇佣关系脆弱，劳动关系的建立和解除随意性大；二是工资水平较低，通常收入水平不及正规部门就业的一半；三是社会保障不够，社会保障待遇的形式性较强；四是劳动保护不力，劳动时间和劳动场所欠缺稳定性。②尽管非正规就业存在上述种种不足，但由于其就业门槛较低、就业机制灵活、就业范围广且对劳动者的就业能力要求不高，所以这种处在劳动力市场边缘的非典型就业形式成为就业能力较弱的劳动者的最终选择。因此，非正规就业成为残疾人群体的主要就业形式。正如费思所言，“非正规经济部门给那些处于边缘地位、无法通过正规就业而参加主流经济的人们提供了一条应急之道”③。

由于非正规就业具有进退方便、包容性大、灵活性强等特点，它向社会低门槛地提供大量的就业机会和工作岗位。④ 对大多数像残疾人一样的弱势人群而言，即便选择非正规就业是退而求其次的生计策略，他们也能通过自身努力获取生存资源，成为自食其力的劳动者，赢得个人尊严和价值。这远比单靠政府救济、坐享社会福利的行为要正向、积极得多，契合“积极福利”的政策精神。因此，联合国建议要“对非正式部门做更多研究，扩大信贷范围，更好地为非正式部门提供服务”⑤。职业类型的多样性增加了就业选择的自由度，雇佣形式的灵活性增强了就业的便利性，而岗位任职的低准入门槛为大量低技能人群提供了广阔的就业空间，残酷的“就业歧视”和职业隔离也大大减弱。即便非正规就业是就业的“劳动力海绵”和“蓄水池”，对解决社会弱势群体的生存发挥着反贫困的功能，但如此量大面

---

① 李郁：《非正规就业理论在中国实践的评述》，《武汉理工大学学报（社会科学版）》2005年第4期。

② 李兰永：《正规就业：理论与政策》，河北大学硕士学位论文，2003年，第9页。

③ 费思·英内拉里特：《目标：人人共享的社会》，《国际社会科学杂志》（中文版）2000年第4期。

④ 张彦：《社会转型期城市非正规就业政策调整和制度创新研究》，《科学发展》2000年第1期。

⑤ 纳列什·辛格、乔纳森·吉尔曼：《让生计可持续》，《国际社会科学杂志》（中文版）2000年第4期。

广、渴望保障的群体却被排斥在社会保障制度之外。这主要是因为非正规就业具有劳动关系和工资收入不稳定的特性，而我国社会保障的受益资格恰恰是基于劳动就业的稳定性和保险缴费的连续性。换言之，劳动时间、劳动关系、工作形态、工资报酬的不固定、不稳定或不规范，[①]使对社会保障最为迫切的社会群体游离于社会保障制度之外，这是现行社会保障制度逆向选择的重要表征，明显违背了社会保障制度设计的初衷。而国际劳工组织在1998年就提出了脆弱就业群体“体面劳动”的口号。所谓“体面劳动”，就是指“在自由、公正、安全和具备人格尊严的条件下，获得体面的、生产性的工作机会的权利”。[②] 社会弱势群体想要获得体面的劳动，鉴于非正规就业与社会保障的制度性联系很少，只有调整社会保障的制度安排，将非正规就业人员纳入社会保障范围，兼顾其生活保障和就业保障，才能发挥社会保障的基本功能，体现社会保障的公平性。

在我国，非正规就业有着独特的形成机理。1978年的家庭承包责任制释放了大量的农村劳动力，而城乡巨大的收入差距驱使农村剩余劳动力和失地农民涌入城市，严格的户籍政策制度却将进城务工人员挡在了正规就业部门门外；与此同时，国企改革释放了大量正规部门的就业人员，而下岗再就业政策的实施使之进入非正规就业部门就业。[③] 可见，非正规就业的产生既有历史的原因，也是现实的结果。从当前情况看，非正规就业规模呈现快速增长的趋势，非正规部门已经成为与正规部门并列、不可替代的部门，非正规就业也已经成为一种非常重要的就业形式，“非正规”的标签也应逐渐去除。对弱势群体中最为困难的残疾人而言，较低的受教育程度和劳动技能决定了就业岗位的低层次，出行不便决定了工作场所遵从就近原则，而个体行动能力的有限性决定了劳动时间不宜过长、劳动强度不宜过大，这些因素共同决定了非正规就业，尤其是家庭就业和社区就业是残疾人较为理想的就业选择。

---

① 张彦：《非正规就业：概念辨析及价值考量》，《南京社会科学》2010年第4期。

② 张彦：《社会转型期城市非正规就业政策调整和制度创新研究》，《科学发展》2000年第1期。

③ 闫海波、陈敬良、孟媛：《非正规就业部门的形成机理研究：理论、实证与政策框架》，《中国人口·资源与环境》2013年第8期。

第二节 残疾人就业观及相应的政策实践

有人类就有残疾，有残疾就有残疾人。残疾人就业观的变迁是随着对残疾认知和残疾人观的变迁而发生变化。

一、残疾认知与残疾人观的变迁

残疾现象和残疾问题由来已久，古今中外对此均有所论及。在我国，几千年来，残疾人被称为“残废”，是什么也干不了的无用之人，这种说法在古代文献中有很多记载。但随着社会的发展和文明程度的提升，人们对残疾和基于残疾认知的残疾人观的变化也在不断发生着变化，这种变化大致可分为三个阶段：①

（一）视残疾人为“残废人”的阶段

从原始社会、奴隶制社会、封建社会，一直到新中国成立之前的漫长岁月中，残疾人始终处在社会的最底层，被认为是“残废人”，是家庭和社会的包袱。在一个依靠体力劳动来维持生存的社会中，健壮的体魄是最有价值的“资本”，残疾人由于其缺陷或特定方面的劣势而不可能成为这场竞争中的胜者，并由此被认为是无能的，是废人，被当成了家庭和社会的累赘，被排斥在主流的社会生活之外。尤其是在遇到灾荒、战乱或是政治动荡的时候，残疾人更是首先成为受到冲击的对象。在相当长的历史时期内，残疾人一直处于自生自灭的状态。

这是一种基于医疗模式的残疾认知。“医疗模式”仅将残疾视为疾病，认为只要通过医疗手段或辅助医疗器械，可以解决病者的困难。在这种模式指导下，人们对残疾人的帮助与服务主要就是转介病人前往有关的医疗机构，以及在病人有需要时帮助申请经济援助等。但是，单靠医疗方法的康复显然存在不足。曾经有手术成功的康复者，因为心理上不能适应残疾引起的限制，最终以自杀来解决问题。因此，不能过分关注临床医疗而忽视康复过程中的其他需要。

---

① 转引自周永新：《社会工作学新论》，商务印书馆 1994 年版，第 218—220 页；冬雪：《试论新残疾人观及其对残疾人工作的启示》，《中国特殊教育》2005 年第 7 期。

（二）视残疾人为社会弱者的阶段

新中国成立之后，残疾人的整体生存状况得到了改善，由沿街乞讨、流离失所进入了由政府收养救济的阶段。农村的残疾人分到了土地和生产工具，参加了互助组、合作社。城市的残疾人在政府支持下组织起了生产自救，举办了小型多样的手工业合作社、合作组，后来发展成为福利工厂。一些无依无靠的残疾人、残疾孤儿和残疾老人，分别被安置在陆续建立的社会福利院、儿童福利院和敬老院。虽然这一时期残疾人的境遇已有了很大转机，但并没有形成对残疾人的正确认识，人们始终抱持着一种同情和怜悯残疾人的态度，更多地把残疾人事业看成慈善事业。因而，在很大程度上残疾人仍然是社会中的“边缘人群”，被国家和社会的救济或收养。

这是一种基于个体模式的残疾认知。“个人模式”将残疾视为个人的不幸，认为应该把康复的重点放在改善或恢复个人的状况上，关注因伤病引起的功能性限制和因缺陷引起的心理效应。在这种模式指导下，社会工作者应致力于协助个人从心理方面接受残疾的现实和限制，接纳自己残缺不全的现实并重新适应环境。个人模式的缺陷在于：第一，它使个人位于被动的位置，把病人对残疾的反应必然化和固定化，忽视了具体的环境因素，倘若社会的文化和价值观念接纳残疾并提供充分的保障，病人对残疾的反应便会缓和许多；第二，医疗和心理辅导在康复过程中固然很重要，但仅仅凭此二者是难以完全解决问题的。

（三）视残疾人为平等社会成员阶段

随着对残疾人的认识逐步深化，我国在接受联合国《关于残疾人的世界行动纲领》的同时，也引进了“平等・参与・共享”的思想。这一理念首先要求将残疾人视为平等的社会成员，这样才能真正给残疾人以参与社会生活的机会和空间，而后，以“平等”的资格以及公平“参与”下，使“共享”成为可能。在此理念的影响下，我国的残疾人事业发生了质的改变——工作内容从单纯的收养救济转变为涉及康复、教育、就业、体育、扶贫、法律服务、无障碍环境、用品用具服务等多个领域。残疾人已不再将温饱作为自己的生活目标，而是以一个正常的普通人的姿态出现，去提高自己的生活质量、实现自己的人生价值。

这是一种基于社会模式的残疾认知。“社会模式”将残疾视为“社会问题”而非个人问题，它将残疾问题的焦点由临床诊治或个人调适，转移到客观的物质环境和社会环境。在这种模式指导下，康复工作的重点在于改善残疾人的周围环境，而社会工作者的任务除了要帮助残疾人恢复功能外，还要致力于消除限制残疾人的外在环境和社会因素，协助残疾人获得与其他公民平等的权利和发展机会，以达到自强和自主的境界。

从救济对象到权利主体，这是社会对残疾人认识上的一个质的飞跃，是一个正常化(normalization)和回归主流(mainstreaming)[①]的过程。

二、残疾人就业观的历史变迁

就业是残疾人提高其生活质量和社会地位的保证，也是残疾人充分融入和参与社会生活的基础。而对残疾和残疾人的看法在很大程度上影响着残疾人就业观，进而影响着残疾人就业的政策实践。

(一) 残疾人无就业能力观

在残疾人被视为“残废人”的阶段，残疾人被看作病态的、不能独立的、需要被“治疗”和救济的群体，他们不能以有意义的方式贡献社会，所以他们不是社会财富的创造者，而是“社会依赖者”。因此，无论是政府还是残疾人自身，对残疾人就业问题始终持有一种消极悲观的态度，认为残疾人就业是一个遥不可及的梦想。在当下社会，有种流行的说法很能代表这种观点：在政府看来，“现在健全人都安排不了，哪有地方安排残疾人”；而在残疾人自身看来，“目前就业形势这么严峻，连正常人都找不对工作，我们残疾人怎么可能找到工作呢?”可见，政府认为残疾人没有与健全人一样的就业能力，无形之中给残疾人贴上了“没有就业能力”的标签；而残疾人自身也认为自己是“无用之人”，这种“自我标签”的心理机制在社会排斥的环境中不断得以强化。残疾人即便就业了，也仅仅被看作职业康复的一部分而已。

(二) 残疾人的就业能力低下

在残疾人被视为社会弱者的阶段，虽然人们已经逐渐认识到残疾人所遭遇的困难主要是由社会造成而并非残疾本身所致，但在机能缺失和环境障碍的客观现

---

① 万育维：《社会福利服务——理论与实践》，三民书局1997年版，第227页。

实面前，残疾人始终被看作就业能力低下的群体，不具备与健全人一样的就业能力，所以他们在开放性就业市场中是无法与健全人相竞争的。因此，无论是政府还是残疾人自身，都认为残疾人只能获得低层次的工作岗位，只能从事非正规就业，而高层次、正规部门的岗位则是健全人的"专有权利"。在现实生活中，已实现就业的残疾人中，绝大多数从事的都是非正规就业，其中又以社区就业和家庭就业为主，这些工作的共性是工作条件不好、工作收入不高且雇佣关系不稳定。政府和残疾人自身都认为，从事非正规就业是与残疾人的就业能力相匹配的自然结果，无形之中将残疾人与就业能力低下画上了等号，贴上了标签。

（三）残疾人拥有与健全人相当的就业能力

在将残疾人视为平等社会成员的阶段，残疾人是与健全人一样基本公民权利的社会主体，他们不是社会的负担，而是社会的参与者，是社会物质与精神财富的创造者，也是推动社会前进的一个力量。这是因为，只要具有现代社会提供的各种补偿条件，残疾人就能够以适合自己的方式认知世界，掌握知识与技能，在不同层面上达到与健全人一样的认知广度与深度。[①] 换言之，这种新残疾人观意味着残疾人拥有与健全人相当的就业能力，甚至在某些方面还具有超过健全人的比较优势。根据功能代偿理论，残疾人往往会通过身体补偿机制，以某些功能的超常发展来弥补残疾的机能缺陷。比如，盲人的触觉能力和听觉能力特别突出，聋人观察力特别敏锐，他们甚至比健全人更能胜任某些特殊岗位。[②] 因此，在获得相应补偿条件的前提下，残疾人完全有能力与健全人参与就业竞争，也完全有信心在开放性就业市场中争取职业声望高、工作待遇好的岗位，实现"体面劳动"。

三、残疾人就业观与其政策实践

在不同残疾人就业观的指引下，残疾人就业的政策实践也发生着相应的变化——从生存保障型政策实践经由社会融入型向权利救济型社会政策实践过渡。

（一）生存保障型残疾人政策

在"残疾人没有就业能力"的观念下，其政策导向集中于保障残疾人的基本生

---

① 丁启文：《新残疾人观（下）》，《中国残疾人》2000 年第 7 期。

② 曹胜华：《残疾人就业认知误区面面观》，《中国残疾人》2008 年第 8 期。

存，基本的政策实践也主要表现为残疾治疗与预防和生活救助。政府通过医疗卫生服务、社会福利和慈善救助等项目尽力帮助残疾者重建身体功能，以使他们恢复“正常”的生理机能。1990 年颁布的《残疾人保障法》强调国家和社会要“采取康复措施，帮助残疾人恢复或者补偿功能，增强其参与社会生活的能力”，通过“将现代康复技术与我国传统康复技术相结合；以康复机构为骨干，社区康复为基础，残疾人家庭为依托……为残疾人提供有效的康复服务”。2002 年国务院通过的《残疾人职业技能提升计划(2016—2020 年)》[①]指出，“要充分发挥各级各类医疗机构、残疾人康复中心及康复协(学)会作用，建立健全专家技术指导组，确定相应机构为当地康复技术资源中心(站、点)，开展技术指导……”通过残疾人政策的文本分析发现，我国制定的残疾人相关法律法规多半以残疾人康复治疗和经济扶助为主要议题，发布时间越早，相应的比重也越高。即便是 2015 年制定实施的《国务院关于全面建立困难残疾人生活补贴和重度残疾人护理补贴制度的意见》，其主要目的也在于保障困难残疾人的基本生活，以物质救济的方式改善残疾人的生活状况，体现了人道主义精神而很少直接涉及残疾人就业问题。

(二) 社会融入型残疾人政策

如果说生存保障型残疾人政策尚未将就业纳入残疾人政策目标的范畴，那么社会融入型残疾人政策则开始考虑为残疾人创造融入社会、进入劳动力市场并实现就业的基本条件。无障碍出行是残疾人融入社会、实现就业的前提。随着残疾认知由“残疾”转向“残障”，国家主张通过改变设施和环境来适应残疾人，主张通过辅助手段帮助残疾人补偿部分缺失机能，消除物质和环境给残疾人造成的各种限制和障碍，促进残疾人融入社会并鼓励就业。“为了创造无障碍环境，保障残疾人等社会成员平等参与社会生活”，国务院 2012 年颁布了《无障碍环境建设条例》；为了消除残疾人日常生活和融入社会的障碍，根据国务院批转的《中国残疾人事业“十二五”发展纲要》，中国残联从 2014 年开始实施贫困残疾人家庭无障碍改造项目。这些政策的推行为残疾人融入社会提供条件，而要让残疾人实现就业还需要

---

① 人力资源社会保障部办公厅、中国残疾人联合会办公厅：《关于实施〈残疾人职业技能提升计划(2016—2020 年)〉》的通知，人社厅发〔2016〕69 号，2016-05-27。

提升残疾人的就业能力。加强残疾人教育，有助于提高残疾人的综合素质和职业素养，是残疾人获得就业能力的基础。1994 年施行的《残疾人教育条例》"将残疾人职业教育纳入职业教育发展的总体规划，建立残疾人职业教育体系"，并建立了适合我国残疾人的特殊教育体系。职业康复是残疾人就业能力建设不可或缺的部分，是残疾人就业促进的根本所在。在职业康复中，一般都遵循职业咨询、职业评定、职业培训和就业指导的基本流程。2007 年国务院颁布的《残疾人就业条例》规定："国家对残疾人就业实行集中就业与分散就业相结合的方针，促进残疾人就业。"在"残疾人就业能力低下"的观念下，残疾人就业以集中就业为主。其中，最为主要的形式是将有一定劳动能力的残疾人集中安置于福利企业，其次就是根据《关于促进残疾人按比例就业的意见》推行的按比例就业。而在分散就业中，由于残疾人受教育程度较低、就业能力较弱，因此，大部分分散就业多处于稳定性比较差、就业质量不高的非正规就业状态。

(三) 权利救济型残疾人政策

根据新残疾人观，残疾人和健全人一样具有与生俱来的公民权利，包括生存的权利、受教育的权利、康复的权利、劳动的权利、娱乐的权利、爱与被爱的权利以及得到各种社会补偿的权利，并尽自己应尽的义务。他们是公民权利主体，能够而且应当像健全人一样决定自己的生活，国家理应在立法中明确残疾人在教育、就业、选举、文化生活等方面的权利以及这些权利被侵犯后的救济途径和措施。例如，在受教育的权利上倡导全纳教育并积极推行随班就学政策，因为特殊教育虽然保障了残疾人受教育的基本权利，但并未实现残疾人与健全人一样平等的受教育权，它在本质上是一种隔离教育，不利于残疾人融入主流社会；而全纳教育在本质上属于融合教育，它的最大进步在于打破了残疾人与健全人在受教育中的固有界线，尊重了残疾人与健全人一样的受教育权。在劳动权利的保障上，2007 年实施的《残疾人就业条例》明文规定"禁止在就业中歧视残疾人"，2008 年通过的《中共中央国务院关于促进残疾人事业发展的意见》要求，"保障残疾人平等就业的机会和权利"，"积极扶持残疾人自主择业、自主创业"。而在 2016 年制实施的《残疾人职业技能提升计划(2016—2020 年)》[①],旨在“提高残疾人职业技能水平和就业创业能力”,反对任何形式的就业歧视,为残疾人争取与健全人平等的就业机会。残疾人自身也坚信,“残疾人拥有与健全人相当的就业能力”,只要给予适宜的条件,享受事实上的公民权利而不受歧视,残疾人也同样拥有与健全人公平竞争的就业能力。

纵观我国残疾人政策的发展历程,残疾人就业政策有两个基本目标,即以保障生存权为基础的收入维持和以保障发展权为基础的社会融入。在上述三种残疾人政策实践中,生存保障型政策是基础,社会融入型政策是重点,而权利救济型政策是补充,相信今后还会以潜能开发型政策为方向。

第三节 “积极福利理论”及其在残疾人就业中的应用

残疾人有劳动的权利,却缺乏就业机会;残疾人有就业的能力,却遭受就业排斥;国家有保障残疾人就业的责任,却更多地关注残疾人的健康维护和生活照料。这是由传统福利的“消极特性”决定的,也是传统福利无力解决的问题。而当残疾人福利政策从生存保障型向社会融入型过渡,经由权利救济型向潜能开发型演进,残疾人福利政策的“积极性”则日益凸显。

一、积极福利的理论解读

吉登斯倡导的“第三条道路”理论摒弃了社会民主主义福利思想与新自由主义福利思想的不足和弊端,同时继承了二者的优点和积极因素,开辟了一条超越左和右的“第三条道路”,并形成了与消极福利相对的“积极福利”理论。

(一) 积极福利思想的提出背景

Titmuss 极力推崇福利的非评判性和普及性原则,认为其是福利国家建立应遵循的基本原则;T. H. Marshall 的公民身份理论将福利权视为公民的一种先赋权利,为福利国家的建立提供合法性依据。[②] 二战后,《贝弗里奇报告》勾勒了福利

---

① 人力资源社会保障部办公厅、中国残疾人联合会办公厅:《关于实施〈残疾人职业技能提升计划(2016—2020 年)〉》的通知,人社厅发〔2016〕69 号,2016 - 05 - 27。

② 冯敏良:《福利的逻辑:从学理到实践》,《天府新论》2014 年第 6 期。

国家的基本框架和实施方案,西方国家纷纷建成以充分就业、收入均等化、消灭贫困为目标的福利国家,推行"从摇篮到坟墓"的国家福利。20 世纪五六十年代,资本主义正处于经济复苏阶段,强劲的经济增长势头给福利国家推行全方位的社会保障制度提供了坚实的经济基础和物质保障。[①] 然而,20 世纪 70 年代两次石油危机的爆发,西方福利国家遭遇严重的财政危机而陷入困境,庞大的福利开支迫使其转型,寻找新的解决方案。从最小国家进入福利国家后,关于普遍性福利(universal welfare)和选择性福利(selective welfare)的争议从未间断过:普遍性福利常因福利依赖和资源浪费受人诟病,选择性福利则因资产调查和社会区隔备受指责。福利国家危机的爆发打破了这场势均力敌的争辩,"选择性的实践逐渐但又不可逆转地取代了普遍主义者的野心"[②]。1981 年 OECD 在法国巴黎举行了"80 年代的社会政策"会议,编辑出版了《福利国家的危机》,拉开了声讨福利国家的序幕。[③] 一直作为西方福利国家理论重要基础的社会民主主义认为,社会福利是消除不平等、实现社会公正的首要途径,应大力倡导以国家干预为主要手段的普惠性福利政策;但在福利国家危机发生后,新自由主义逐渐取代了民主社会主义的地位,上升为主流理论和政策取向。新自由主义强烈反对制度化的社会福利,主张实行剩余福利模式,突出市场作用,强调"再商品化"。然而,无论是社会民主主义还是新自由主义,都无法彻底解决西方国家福利转型中出现的问题,甚至还引发了一些新的问题,左和右两条道都走入了"死胡同"。在此背景下,新社会民主主义于 20 世纪 90 年代开始兴起,以吉登斯为代表提出了"积极福利"的思想,并试图超越左与右,走出解决福利两难困境的"第三条道路"。

(二) 积极福利思想的基本主张

消极福利采用事后补救式的风险再分配策略,其政策目标集中于生存权保障;而积极福利则属于事前预防式的主动干预策略,其政策目标聚焦于发展权保障。积极福利思想的主要内容包括以下三点:

---

① 冯敏良:《福利的逻辑:从学理到实践》,《天府新论》2014 年第 6 期。

② 齐格蒙特·鲍曼:《工作、消费、新穷人》,仇子明、李兰译,吉林出版集团有限责任公司 2010 年版,第 102 页。

③ 林闽钢:《中国社会福利发展战略:从消极走向积极》,《国家行政学院学报》2015 年第 2 期。

首先，主张“无责任即无权利”，认为“政府对于其公民和其他人负有一系列责任，包括对弱者的保护，个人主义不断扩张的同时，个人义务也应当延伸”。[①] 权利和义务是统一的，不能过分强调公民权利而忽视公民应当承担的责任和义务。“福利国家是一个长期的公民权演进过程所达到的最高峰”[②]，存在福利依赖和道德公害问题，而积极福利要求将福利享受的权利和责任的承担勾连起来，强调“任何权利的获得都意味着义务的履行”[③]，从而实现公民责任的强势回归。

其次，注重人力资本投资，改变社会福利的供给结构，“在可能的情况下尽量在人力资本上投资，而最好不要直接提供经济资助”[④]。福利消费不仅仅意味着“社会支出”，还意味着应该积极进行“培训和教育性的社会投资”。福利开支的方向要从单纯的福利消费支出改为教育、培训、创造就业机会、鼓励风险投资、弹性的工作制度和鼓励和谐的工作关系等社会投资支出，[⑤]努力建设“社会投资型国家”。在福利供给上，要改变传统以现金给付为主的福利供给，实施以实物给付为主的福利供给，注重福利享受对象的能力建设。

最后，构建“福利社会”。现代社会是一个风险社会，单靠政府建立的“福利国家”难以应对社会的不可治理性，必须建立一种由政府、市场和公民共担风险的责任机制，进而建设一个多元主体共同参与的“福利社会”。因此，从“福利国家”向“福利社会”的转变，不仅是一种解救福利国家危机的改革思潮，更是一场面对社会危机的风险管理实践。它体现了福利多元主义的思想，试图以治理的理念逐步建构以社会权利的责任为特征的“积极公民身份”，达到重塑福利国家的目的。

二、积极福利对残疾人就业政策的影响

积极福利强调公民的权利与公民责任的平衡，强调以就业机会替代救济性福利保障，强调预先关怀的方法，增强国家、社会和个人的主动性与责任感，并致力于

---

① 安东尼·吉登斯：《第三条道路：社会民主主义的复兴》，北京大学出版社 2000 年版，第 68 页。

② 安东尼·吉登斯：《第三条道路：社会民主主义的复兴》，北京大学出版社 2000 年版，第 11 页。

③ T. H. 马歇尔、安东尼·吉登斯等：《公民身份与社会阶级》，江苏人民出版社 2008 年版，第 72 页。

④ 安东尼·吉登斯：《第三条道路：社会民主主义的复兴》，北京大学出版社 2000 年版，第 107 页。

⑤ 郭伟和：《新趋势和新思维——西方积极发展性社会福利政策和后现代主义社会福利观》，《中国民族》2005 年第 8 期。

消除社会排斥，促进社会融合，建立合作包容型的新社会关系。[①] 这一思想对残疾人就业政策产生了积极而深远的影响。

(一) 推进残疾人就业是体现社会责任的最好方式

残疾人有双重身份，第一重身份是享有和健全人同等权利的国家公民身份，第二重身份是区别于健康人群的特殊弱势身份，[②]因此，残疾人社会保障体系也相应包含了“普惠”和“特惠”的福利政策。在就业上则主要表现为两个方面：一方面，残疾人既可以参与开放性市场的公平竞争；另一方面，残疾人也有资格获得保护性就业。所以，政府有责任保障残疾人的平等就业权，消除身份限制和就业歧视，同时还要开辟残疾人就业的专属空间，开发适合残疾人就业的工作岗位。残疾人实现就业，才能自食其力，获得独立和尊严，才能真正认可自己作为“社会财富创造者”的身份，并撕去“二等公民”的标签。在他们就业后，劳动过程本身就是履行公民义务、承担社会责任的过程，残疾人再也不用担心“污名化”带来的心理困扰，可以心安理得地享受残疾人应有的“特殊待遇”。

(二) 提升残疾人的就业能力是人力资本投资的最佳途径

就业能力是残疾人能否实现就业的最重要条件，对增加就业机会、提高就业层次和收入水平有决定意义。在现实中，残疾人的总体就业能力处于相对低下状态，这是制约残疾人就业水平和就业质量的主要因素。究其原因，残疾人就业能力不足的根源在于机会缺失，尤其是教育机会和实践机会的缺乏。在现代社会，教育是形成就业素质的基础，培训是形成劳动技能的关键，受教育的程度和受培训的水平共同决定了残疾人的就业能力。[③] 由于生理的限制和社会的排斥，残疾人的就业潜能没有被挖掘的机会，也没有“用武之地”。能力和机会的双重缺失，是残疾人就业的两大障碍。因此，要提升残疾人的就业能力，首先要以残疾人职业康复为基础；其次，在受教育的权利上，要推行全纳教育，像健全人一样有条件接受九年制义务教育、职业教育和高等教育；最后，还要提供提升残疾人就业能力的训练场所和

---

① 周沛：《积极福利视角下残疾人社会福利政策研究》，《东岳论丛》2014 年第 5 期。

② 范会芳：《“普惠＋特惠”：建构有中国特色的农村残疾人社会保障体系》，《郑州大学学报(哲学社会科学版)》2011 年第 9 期。

③ 钱鹏江，刘志敏等：《试论科学的残疾人就业观》，《中国残疾人》2003 年第 11 期。

“工作导师”。

(三) 政府购买助残服务是“福利社会”建设的有效路径

在福利多元主义思潮的影响下，福利多元供给的格局逐渐形成。企业、家庭、社会组织在残疾人社会福利供给中也日益发挥重要作用，在政府购买社会服务的背景下，企业、家庭、社会组织发挥着各自的比较优势。2013 年 6 月，北京市在全国率先出台了《北京市购买社会力量兴办残疾人服务机构(组织)服务暂行办法》，形成了北京特色的助残服务购买模式。2014 年 4 月，国家出台了《关于做好政府购买残疾人服务试点工作的意见》，[①]建立并完善政府购买残疾人服务的基本规范，逐步实现多元主体合作供给残疾人服务的共赢格局，提升广大残疾人享受社会服务的满意度。[②] 政府购买助残服务既能转变残联系统的职能和角色，又能增强残疾人选择个性化服务的主体性，还能发挥多元主体的各自专长。在残疾人就业服务中，政府在就业政策制定和就业环境营造等方面具有绝对优势；市场中的企业在就业创业辅导、职业技能培训等方面具有明显优势，家庭在残疾人就业信息提供和就业心理支持等方面具有独特优势，而社会组织在职业评定和就业指导等方面也具有专业优势。以就业为核心的残疾人需求具有多样性，单靠政府、市场、家庭或社会无法满足残疾人就业服务中的复合性需求，只有四者通力配合，建立良好的合作伙伴关系，才能提供满足残疾人多元化需求的协同服务，并真正建立残疾人的“福利社会”。

三、积极福利思想在残疾人就业中的运用

(一) 扩大残疾人就业机会与范围

我国早在“十二五”规划中就明确提出“就业优先”战略，要求为残疾人劳动者创造平等的就业机会，提高就业质量，努力实现充分就业。在市场化就业中，为了使残疾人获得“体面劳动”，政府积极鼓励残疾人自谋职业、自主创业。但由于残疾人受教育程度不高、劳动技能单一，加上适合他们的岗位有限，市场化的分散就业

---

① 财政部、民政部、中国残联等:《关于做好政府购买残疾人服务试点工作的意见》,2014 年 4 月 23 日。

② 王长红,刘杰,杨明:《政府购买助残服务的实践与思考——以北京市为例》,《残疾人研究》2014 年第 3 期。

难度很大。“为了平等地对待所有人，提供真正的同等机会，社会必须更多地注意那些天赋较低和处于较不利的社会地位的人们”[①]，尤其对于残疾人。所以，一段时间里，我国更多地推行以福利企业集中安置和按比例就业的方式。针对前者，我国在2006年和2007年分别出台了《关于进一步做好调整现行福利企业税收优惠政策试点工作的通知》和《福利企业资格认定办法》，但福利企业改制后，集中安置残疾人就业的能力明显下降；针对后者，中共中央组织部等部门出台了《关于促进残疾人按比例就业的意见》，各地也陆续出台了“用人单位按比例安排残疾人就业补贴和超比例奖励办法”等地方法规。但很多企业基于医疗支出、劳保福利等考虑，宁愿缴纳残疾人就业保障金也不愿接收残疾人就业。因此，扩大残疾人就业机会和就业范围的难度依然很大。2013年，我国残疾人登记失业率高达10.8%，远高于全国登记失业率4.05%的水平，而实际失业率则更高。为此，政府应“加强残疾人职业培训、就业服务和劳动监察，切实维护残疾人公平就业机会和劳动就业权益”。在残疾人市场化就业方面，一方面制定并落实了鼓励残疾人就业和创业的各项优惠政策，另一方面直接加大残疾人就业创业扶持资金的投入力度。在残疾人保护性就业方面，一方面制定了扶持福利企业的相关政策，如对福利企业产品“专产专营”“优先采购”“公益性购买”等；另一方面，政府机构和事业单位带头按比例安置残疾人就业，开发出大量面向基层的公益性岗位。

(二) 加大残疾人人力资源开发的力度

政府要转变观点，从积极福利及福利投资思路出发，调动和发挥残疾人的潜能，把残疾人群体看成一股不可忽视的人力资源。在保障残疾人的基本生存的前提下，变消极社会救助为积极福利供给，制定科学、公平的制度与政策，为广大残疾人提供自我发展的社会条件与机会，真正使之融入社会。注重内心真实自我的培育，给予残疾人更多的生活信心。如果将残疾人视为具有不同于普通人的“不同能力的人”，那么，投资于残疾人群体的福利开支，将会促进挖掘其潜力，提升其抗拒社会风险的能力，从“生活福利”为主转向以“工作福利”(workfare)为主，推动残疾人群体积极就业。如此，原本所必需的收入保障、医疗开支及其他福利开支，就因

---

① 约翰·罗尔斯:《正义论》，何怀宏等译，中国社会科学出版社2001年版，第96页。

为残疾人实现了就业而得以节省。所产生的经济效益与社会、政治效益则减少了后期的资源支出，使得他们不仅能够共享改革开放的成果，而且能充分发挥在社会发展中的重要作用。这就是建立一种以发展型社会福利与积极性人力资源开发相结合的新型残疾人社会福利政策的“积极效果”。① 在现实中，“残疾人也是人力资源”的全新观念开始确立，邓朴方也曾指出：“残疾人自身蕴藏着丰富的智慧和力量，是重要的人力资源，必须充分发掘残疾人潜能。”②很多地区权利推进残疾人全纳教育，“随班就读”和残疾人上大学已屡见不鲜；一些专业性服务机构还根据比较优势理论加大残疾人人力资源开发的力度，利用优势视角实现残疾人的增能赋权。

（三）加快助残社会组织的培育

在国家主导的福利模式向福利多元主义转型的背景下，我国的社会福利供给也由政府、市场和社会三方共同承担。以政府为主体的福利供给，具有刚性特征和官僚作风；以市场为主体的福利供给，往往因为残疾人支付能力不足而被排除在外，而以社会为主体的福利供给不仅能弥补“政府失能”和“市场失灵”，而且还能减轻政府负担，激活社会资源。所以，我国政府积极倡导并大力实践社会福利社会化之路，但囿于市场动力不足和社会发育不良，社会福利社会化的实际效果并不理想。资金不足和人才匮乏的现实大大制约了助残社会组织的福利供给能力，导致残疾人福利需求增加与助残组织福利供给不足的矛盾突出。为了有效解决这一矛盾，残联系统将自身定位于枢纽型组织，不断完善助残社会组织的法律体系，理顺自身与政府、市场和社会组织的关系；同时，政府也加大购买残疾人服务的力度，尤其在各类“公益创投”中加重了残疾人就业服务项目的资助数量和资助金额，建立起了政府、残联和社会组织的良性合作模式；加强了助残社会组织的员工培训和业务指导，促进了助残社会组织的能力建设，尤其加大了以残疾人就业为主要业务范围的助残社会组织的培育和扶持力度；而助残社会组织自身也加强了社会营销和品牌建设，尤其关注“互联网＋就业”和“创业辅导”两个品牌的建设力度。

---

① 周沛：《积极福利视角下残疾人社会福利政策研究》，《东岳论丛》2014 年第 5 期。

② 新华网：《邓朴方总结过去 20 年残疾人事业发展的经验》，http://news.xinhuanet.com/video/2008-11/11/content_10340152.htm. 2008 年 11 月 11 日。

第三章 残疾人就业权法律支持

第一节 残疾人就业权的法理基础、内容与价值

一、残疾人就业权的法理基础

(一) 残疾人就业权是受益权

受益权是一种请求权,它是指公民享有的请求国家作为某种行为的基本权利,即人民获益于国家的利益。[①] 受益权针对的是国家的积极义务,也就是说,公民这一基本权利的实现需要国家的积极作为,这一积极作为包括提供一定的服务和给付,可以是物质或者经济上的救助,也可以是为实现权利的法律程序或是服务。劳动就业权、受教育权都是较为典型的受益权。以残疾人的就业权为例,残疾人的就业权是其维持自身生存发展的基本手段,国家应对残疾人的就业权承担积极义务。但这并不是说国家有直接雇佣或者招募残疾人就业的义务,国家不可能为每个公民提供岗位,包括残疾人在内,这是显而易见的。当国家没有履行为残疾人安排就业岗位这一义务或残疾人受益权遭到侵害时,不能将国家告上法庭请求获得就业岗位。因此,残疾人的劳动就业权在某种意义上而言是有限度的而不是完全的。即国家不会直接为残疾人提供就业岗位,而是以其他形式去履行这一义务。包括:为残疾人提供就业前的相关劳动技能培训;为残疾人提供就业平台和职业介绍;为

---

① 王世杰、钱端生:《比较宪法》,中国政法大学出版社 1997 年版,第 127 页。

失业的残疾人提供再就业的机会；为没有劳动能力的残疾人提供基本生活保障等等。

劳动就业权的充分实现是一个国家的理想追求，但是包括残疾人在内，公民的这一受益权需要国家提供相应的就业机会和生活保障来得以实现，即国家有义务创造就业机会提供失业救助。残疾人自身身体的缺陷仅仅要求在权利方面的平等是不够的，而是需要更多的保护和照顾。因此，对残疾人就业权的保护是一种受益权。

（二）残疾人就业权是平等权

平等这一概念有多种含义，并且在不同时期、不同环境的含义也不尽相同。它所指的对象可以是政治参与的权利、收入分配的制度，也可以是群体的社会地位和法律地位。从人人生而平等思想这一层面理解，平等权是指每个人的人格价值是平等的，任何人不得因性别、出身、民族、身体状况等而受到差别待遇，任何人亦不得享有特权，或受到特别不利的待遇。它的范围涉及法律待遇的平等、机会的平等和人类基本需要的平等。当平等上升成为一种权利，有差别的个人在法律上就获得了一种形式上的平等，这一形式上的平等也成为他们生存和发展的基础。2006年12月13日联合国大会通过的《残疾人权利公约》中明确规定，残疾人享有平等、不受歧视和法律面前平等的权利。《残疾人权利公约》第二十七条明确了残疾人的工作和就业问题，缔约国确认残疾人在与其他人平等的基础上享有工作权，包括有机会在开放、具有包容性和对残疾人不构成障碍的劳动力市场和工作环境中，为谋生自由选择或接受工作的权利。为保障和促进工作权的实现，包括在就业期间致残者的工作权的实现，缔约国应当采取适当步骤，包括通过立法。

平等权作为我国公民的一项基本权利是受我国宪法和法律保护的。我国的法律体系所保护的公民的权利，不仅仅是多数人的权利，对于少数人的权利，比如残疾人的权利，更是加以特殊保护。具体表现在两个方面：一是权利平等，二是机会平等。《残疾人保障法》中明确规定了残疾人同其他公民一样，在社会生活中享有平等的权利，这再一次强调了残疾人权利的法定性。对于残疾人这一特殊群体来说，劳动就业权显得尤为重要，由于自身身体的某种缺陷，残疾人在就业过程中往往会受到各种各样的歧视和不公正的待遇，法律赋予残疾人就业权利更有利于激发他们就业热情和社会需求感，不仅使残疾人能够更好地参与到社会中去实现自己的价值，还对残疾人家庭乃至整个社会都有着深远的影响。

(三) 残疾人就业权是社会扶助权

社会扶助是现代社会为保护弱势群体能够更好地参与到经济、文化、社会生活中的一项扶助措施。[①] 社会救助是社会保障制度的重要子系统，是现代国家最基本的社会保障制度之一，它对于社会弱势群体至关重要。社会救助权能够对遭受自然灾害、失去劳动能力或者其他低收入公民给予物质帮助或精神救助，以维持其基本生活需求，保障其最低生活水平。因此，有效地完善我国的社会救助制度，更有利于社会弱势群体参与社会、经济、政治、文化生活。

二、残疾人就业权的内容

(一) 职业获得权

职业获得权是狭义的劳动权，是指劳动者要求国家提供就业机会的权利，它是一种宪法权利，因此，在一定程度上而言，保障这一权利的实现首先是国家的责任和义务。权利的实现，有的要求权利关系的义务方不作为，有的要求义务方作为。实现残疾人就业权的这一权利，则要求国家以作为的方式来履行国家的义务，为此国家必须承担解决和促进残疾人就业的责任。或者说，狭义劳动权最重要的内容是劳动者要求国家雇用保障或就业保障的权利，即对于国家的请求权。国家的这种责任主要有两个方面：一是政府要努力创造就业机会；二是对于劳动者就业提供职业介绍和职业培训。我国《劳动法》第二章第十条、第十一条对国家在就业方面的责任做了明确规定。因此，就实现工作权利而言，国家提供就业机会和培训劳动者并不是它的恩赐，而是它不能推卸的义务。

(二) 工作自由权

工作自由权是指根据自己的意愿选择职业的权利，包括对是否从事职业劳动、从事何种职业劳动、何时何地从事职业劳动，以及进入哪个用人单位从事职业劳动

---

① 杨珊：《论残疾人就业权的法律保障》，湖南大学硕士学位论文，2007 年。

等方面的选择权。[①] 当然，计划经济体制下，劳动者几乎没有工作自由权。市场经济体制下的劳动制度是利用市场机制配置劳动力资源，赋予劳动者以工作自由权。主要包括三个方面的内容：工作与不工作的自由；选择自主营业还是受雇工作的自由；选择具体职业或工作的自由。保障工作自由权具有促进就业的功能：一方面只有公民能够享有广泛的经济活动自由，国家才能创造出尽可能多的就业机会；另一方面公民享有工作自由权的范围越宽，能够自主营业的范围越广，雇用的工人也越多，所创造的就业机会也越多。工作自由权的内容广泛，意义重大，但任何权利都不是无限制的。对于工作自由权，一般是从以下几个方面进行限制：禁止从事非法职业；国家垄断的某些行业，禁止私人经营；行政许可制度的限制；特种职业资格的限制；合同自由的限制等等。

（三）就业平等权

就业平等权即平等地获得就业机会和就业待遇的权利。平等就业权包含三层含义：一是出于对形式平等的要求，任何公民都平等地享有就业的权利和资格，不因民族、种族、性别、年龄、文化、宗教信仰、经济能力等而受到限制；二是在应聘某一职位时，任何公民都需平等地参与竞争，任何人不得享有特权，也不得对任何人予以歧视；三是平等不等于同等，出于实质平等的要求，平等就业并不否定和排除对残疾人等弱势群体所规定的特殊保护措施。同时应当指出的是，平等是指对于符合要求，符合特殊职位条件的人，应给予他们平等的机会，而不是不论条件如何都同等对待。对于特殊岗位根据岗位需要提出特殊要求的，并不是无视就业平等权的表现。比如我国在招收公务员、征兵中都有关于年龄、身高、视力、形象等的特殊要求。对于特殊岗位，根据这一岗位的要求，来确定对工作人员的知识、形象、年龄等的要求，无可厚非。对于残疾人平等就业权的保护尤为复杂，法律不干预，残疾人的平等就业权便得不到保障，但如果过度干预，企业的积极性就会下挫，所以这一问题是残疾人就业权保障中的重点问题。

（四）职业安定权

职业安定权，即免受不公正辞退的权利，已就业的劳动者可凭此权利对用人单

---

① 林嘉、杨飞、林海权：《劳动就业法律问题研究》，中国劳动社会保障出版社 2005 年版，第 88 页。

位的不公正辞退进行抗辩。我国《劳动法》对职业安定权没有明确规定，但本着严格限制辞退的精神，对用人单位解除劳动合同的许可性条件、禁止性条件、预告期限、程序、经济补偿金、赔偿责任等做了具体规定。同时，用人单位违法或违约解除劳动合同，均构成不公正辞退，劳动者可以通过仲裁和诉讼程序获得救济。[①] 职业安定权是就业权的延伸，它表明劳动者不仅能就业，而且其职业应能得到维持，并提高其就业质量，它可以使劳动者继续保持已获得的职业，限制用人单位对辞退权的滥用，从而维持劳动关系的稳定，同时也有促进就业的功能。对于已经就业的人（包括健全人和残疾人）来说，这一权利显得尤为重要。因为有些企业对一些因工受伤致残的劳动者，不但不给予其帮助，反而想尽办法摆脱这一"包袱"，使残疾劳动者的生活无法得到保障；或者有些用人单位为了逃避交纳残疾人保障基金，而假意雇用残疾劳动者，而一段时间过去后又将残疾劳动者闲置。实际落实和保障职业安定权，是有效防止这一类事情发生的可行性途径，可以保障残疾人就业权的实现。

（五）公共就业保障权

公共就业保障权即接受获得就业机会所必要的就业服务、职业培训和失业保障等公共保障的权利。由于就业竞争的激烈，劳动者的就业和再就业在信息、择业、技能、签约、生活等方面会遇到许多困难。就业机会的获得，依赖于国家和社会的帮助，由政府和社会力量设立公共机构为劳动者提供就业服务、职业培训和失业保险，是保障劳动者获得就业机会的必要条件。[②] 我国《宪法》第四十二条和我国已批准加入的《经济社会与文化权利国际公约》第六条均明确了国家有提供就业服务的义务。对未就业者而言，劳动权包括接受职业训练之权、接受就业服务之权、接受就业辅导之权和接受失业救济之权。失业保障权，又称免于失业的保障权，包括失业保险权、失业救助权等，[③]这一权利可被视为劳动权所派生的权利，指国家如果不能为每个人提供一个就业机会，就应当保证每个人在失业的时候能够获得充分的经济保障，这与社会保障权显然具有紧密的联系。现在世界上大多数国家

---

① 刘海年：《经济、社会和文化权利国家公约研究》，中国法制出版社 2000 年版，第 40—41 页。

② 王全兴：《劳动法》，法律出版社 2004 年版，第 288 页。

③ 黄越钦：《劳动法新论》，中国政法大学出版社 2003 年版，第 56 页。

已建立了包括失业保险在内的社会保障制度，失业保险权已成为一项基本人权。我国《宪法》第十四条、第三十三条，《劳动法》第三条、第七十条、第七十三条也都对其予以了肯定。

三、残疾人就业权法律支持的价值

（一）人权理论要求

人权是一个社会历史现象，它是历史发展到一定阶段的产物，是作为人的基本要求，他人不可非法、无理剥夺，也不可由本人转让人权。人权是具有普遍性的，它的普遍性主要是说，人权和自由一样应当受到普遍尊重，人权价值的存在和实现与国家、种族、民族、信仰、人身等无关。作为人权主体的残疾人这一弱势群体与其他人群在经济、文化、体能、智能、处境等方面相比处于一种相对不利的地位。作为弱势群体，政府有义务保障他们人权的实现。而人权法的一个重要功能，就是按照公平、公正的原则，通过运用公共权力对社会资源的重新分配，给予弱势群体以特别的物质保障；或者运用公共权力，通过创造条件、排除妨碍等方式，给予弱势群体以精神、道义保障。这些特别的措施，目的是使弱势群体人权能够平等地实现。人权的主要内容包括自由权、平等权、民主权和劳动就业权等。劳动就业权作为人权的一项重要内容，既包括参加社会劳动的权利，也包括获得社会生活保障和救济的权利。之所以说劳动权具有人权的属性，是因为劳动权实际是在生存权的基础上衍生出来的。

残疾人的身体或者心理缺陷，都使残疾人在生活中处于不利的地位，不能保证获得正常的个人生活或社会生活中一切或部分必需品，例如就业过程中平等的就业机会。作为社会特殊而又困难的群体，残疾人往往被社会忽略。社会环境的改造、社会秩序的建立、法律制度的制定、道德规范的设立等，基本上都是以健全人为坐标而进行的，残疾人在一定程度上也被忽略。随着社会的进步，人们对人权的认识也越来越深刻，对人权的要求也越来越高，人们反对以人身体功能的健全程度去将人进行等级的划分。因此，在某种程度上而言，人权的发展程度也反映出一个国家的文明和进步程度。

(二) 社会正义的寻求

思想家柏拉图认为:正义就是关心自己的事而不要干涉别人的事。对正义的定义千差万别,因为在不同时代、不同条件、不同背景下,正义的内涵都在不断变化。罗尔斯基于正义论提出了两个原则:第一个原则,每个人都应享有与人人享有的一种类似的自由权相一致的最广泛的、全面的、平等的基本自由权的平等权利。[①] 第二个原则,社会的和经济的不平等应该这样安排,即使它们在与正义的储存原则一致的情况下,适合于最少受惠者的最大利益(差别原则),依系于在机会公平平等的条件下职务和地位向所有人开放(机会的公正平等原则)。[②] 之所以说残疾人就业权是社会正义的要求,是因为它很好地诠释了正义论的第一个原则。在就业过程中,残疾人和其他普通人一样享有平等的就业权,不仅仅是因为法律的规定,更因为平等本来就是一种社会正义,是人们应该普遍遵守的。因此,残疾人在就业中不得遭到任何人的歧视,残疾人有自主选择就业的权利和自由。根据罗尔斯差别原则的概述,残疾人这一弱势群体可以被定义为"最少受惠者",那么残疾人就应该享受到社会给予的最大利益,这样才能够使残疾人权利得到保障,社会给予的利益能在一定程度上弥补残疾人因身体原因而在生活中造成的不便。因此,从位阶上而言,机会的公正平等原则优于差别原则,职位和地位的平等建立在机会平等的基础上。残疾人拥有了与正常人同样的就业机会,就能像正常人一样追求工作中的职位和地位。这里追求职位和地位的前提是拥有平等的机会而不是身体的完整性或是智力方面的平等,因此,只要残疾人有能力去完成某项工作,就应该为其提供相应的工作岗位而不应该考虑其他方面的因素。

(三) 秩序价值的体现

秩序,意指在自然界与社会运转中存在某种程度的一致性、连续性和确定性。[③] 秩序是社会生活发展到一定程度的产物,具有稳定性和连续性。秩序有其自身的约束力,当社会生活发展得越来越复杂,一种更具约束力的力量应运而生,那就是法,但秩序并不会因法的产生而消失。秩序价值虽不是法的最核心价值,却

---

① 约翰.罗尔斯:《正义论》,中国社会科学出版社 1988 年版,第 7 页。
② 约翰.罗尔斯:《正义论》,中国社会科学出版社 1988 年版,第 7—8 页。
③ 博登海默:《法律哲学与法律方法》,中国政法大学出版社 2004 年版,第 227—228 页。

是法的最基础性的价值。这是由秩序自身属性所决定的。秩序价值在形式上成为满足平等、自由等权利的一种基础和条件，秩序价值的实现主要表现在政治、经济和社会生活三个方面。在政治秩序方面，政治秩序的稳定离不开权利的合理分配，也是社会各种阶层团体共同努力的结果。如果阶层团体内部出现矛盾，那么势必会造成矛盾冲突和社会的混乱。因此，解决残疾人就业问题十分重要，残疾人这一社会群体的就业问题关乎政治生活的稳定。经济方面，残疾人跟普通人一样也是市场经济的重要主体，也能创造出一定的经济效益。有些残疾人凭借自己的知识或技能进行自主创业，甚至会创造出比正常人更多的经济财富和社会价值。社会生活方面，社会生活是人们生存和发展的基础，残疾人也不例外。人们往往通过参与社会生活实现自己的人生价值，而就业恰恰是人们实现自身价值最主要的途径。因此，残疾人的就业问题是实现其人生价值的基础，国家和社会要给残疾人就业提供更多的便利，使他们在社会生活中更好地生存发展并实现自己的价值。

（四）实现民主法治原则的要求

民主是法治的基础和内容，法治是民主的体现和保证，民主与法治紧密联系，密不可分。民主法治以个人的价值和自由为出发点，对包括少数人在内的所有人权利的保障，是民主法治的目的。民主法治不是实行少数人服从多数人的多数人统治，而是实行在服从多数的同时，尊重和保护少数人权利的基本法则。防止多数人的暴政，便成为民主法治国家强调尊重和保护少数人的权利的一个重要原因。在认识真理方面，多数人同样也可能犯错误。个人的价值和自由的最大威胁是权力的滥用，而多数人同样有可能滥用权力，从而动摇民主法治的根基。以少数制约多数，尊重和保护少数人的权利，才不至于产生绝对的权力，才能实现少数和多数的关系平衡，才能实现民主与自由的和谐统一。在法治国家中，残疾人同样适用少数人的权利保护。所以，应当尊重和保护残疾人的权利，使其平等地享有基本权利。在我国，虽然残疾人数量庞大，但与正常人相比，他们仍然是少数。因此，残疾人就业保障是实现民主法治原则的要求。

第二节 我国残疾人就业权的法律体系及不足

一、我国残疾人就业法律法规的内容体系

法律体系是指由若干法律规范依照一定的原则和规则而形成的法律有机体。根据这一标准,可以把我国残疾人劳动就业权法律保障体系结构界定为:是以《宪法》为核心,以《残疾人保障法》《劳动法》等法律为基本内容,以行政法规、配套的规范性文件及我国批准的国际条约为延伸的法律体系。

(一)宪法

《宪法》是国家的根本大法,规定国家的根本任务和根本制度,即社会制度、国家制度的原则和国家政权的组织以及公民的基本权利义务等内容,具有最高的法律效力。我国现行《宪法》是由 1982 年 12 月 4 日通过并公布施行,经过四次修正后形成的法律。《宪法》以其最高性、根本性、广泛性、原则性、适应性和稳定性等特点,决定所有的法律法规必须依照宪法规定为制法的依据,不得违背宪法规定,与之产生抵触。残疾人劳动就业权的法律法规也必须遵循这一根本原则。《宪法》规定了包括残疾人在内的全体公民的劳动就业权,也规定了国家有帮助残疾人就业的义务和责任,这些宪法规定是残疾人法律法规的基础和核心,同样也是残疾人劳动就业权法律保障体系的核心原则。

(二)法律

法律是对宪法精神、原则和规定的贯彻和落实,是宪法规定的具体化。1994 年我国出台了《中华人民共和国劳动法》,标志着我国开始进入劳动法系统化时期,该法对劳动者就业权做出了明确规定。之后,根据《宪法》和《劳动法》,又制定了一系列的单行法律,如《残疾人保障法》《促进就业法》《职业教育法》《兵役法》等数部法律,这些单行法律都包含了某些有关残疾人劳动就业权的法条,规定了相关制度和原则。《劳动法》是我国调整劳动关系的最主要法律,也是调整残疾人劳动就业关系的重要法律。《残疾人保障法》于 1990 年 12 月 28 日由第七届全国人民代表大会常务委员会通过,2008 年 4 月 24 日第十一届全国人民代表大会常务委员会

第二次会议修订，其中第四章“劳动就业”专门以 11 个条款明确了残疾人劳动就业的指导方针、就业渠道、就业优惠和扶持以及特别保护等问题。

（三）行政法规及规范性文件

我国与残疾人劳动就业权保障相关的行政法规及规范性文件数量远比法律要多，这也是残疾人权益保护法律体系的重要组成，如《残疾人教育条例》《失业保险条例》《残疾人就业条例》等均属于保障残疾人劳动就业权的行政法规。相比于法律的原则性而言，行政法规及规范性文件具有更强的操作性。

（四）我国批准的国际公约

目前我国共批准了一系列国际劳工组织通过的国际劳工公约，其中与残疾人劳动就业相关的公约有：1987 年批准的《1983 年残疾人职业康复和就业公约》（第 159 号公约），要求各会员国制定实施有关残疾人职业康复和就业的国家政策。1997 批准的《1964 年就业政策公约》（第 122 号公约），要求会员国宣布并实行一项积极的政策，其目的在于促进充分的、自由选择的生产性就业。2005 年批准的《1958 年消除就业和职业歧视公约》（第 111 号公约），要求促进就业和职业领域的机会和待遇平等，消除一切形式的歧视，对于歧视，公约的界定为：一切以种族、肤色、性别、宗教、政治观点、国籍、社会出身等为基础，具有取消或损害就业或职业机会均等或待遇平等的任何区别、排斥或优惠。公约第一条还对外延做了扩大解释，规定加入公约的会员国要为消除歧视而采取有效措施。此外，我国已经签署、批准和加入的有关保护残疾人劳动就业权的国际人权公约还有《世界人权宣言》《消除对妇女一切形式歧视公约》以及国际劳工组织《关于男女工人同工同酬公约》，以及在 1998 年和 1999 年，我国先后正式签署的《经济、社会和文化权利国际公约》和《公民权利和政治权利国际公约》。

二、我国残疾人就业权实现途径的法律规定

《残疾人保障法》等法律法规对残疾人就业权的内容、实现途径、保护措施等做了明确的规定。目前我国残疾人就业主要通过四个途径来实现：

（一）集中就业

集中就业是指残疾人在各类福利企业、工疗机构和盲人按摩医疗等单位劳动

就业。福利企业是集中安排残疾人就业的具有福利性质的特殊生产单位。《残疾人保障法》第三十一条规定，残疾人劳动就业，实行集中与分散相结合的方针，采取优惠政策和扶持保护措施，通过多渠道、多层次、多种形式，使残疾人劳动就业逐步普及、稳定、合理。第三十二条规定，政府和社会举办残疾人福利企业、盲人按摩机构和其他福利性单位，集中安排残疾人就业。《残疾人就业条例》第二条规定，国家对残疾人就业实行集中就业与分散就业相结合的方针，促进残疾人就业。第十条规定，政府和社会依法兴办的残疾人福利企业、盲人按摩机构和其他福利性单位，应当集中安排残疾人就业。第十一条规定，集中使用残疾人的用人单位中从事全日制工作的残疾人职工，应当占本单位在职职工总数的25%以上。多种形式的集中就业应当成为解决残疾人就业问题的重要途径，在继续大力推进其他就业途经的同时，应当集中精力抓好残疾人集中就业，为残疾人提供集中就业的条件和环境，使有就业愿望和就业能力而未能通过其他途经就业的残疾人通过集中就业解决就业问题。

(二) 按比例就业

按比例就业是指机关、团体、企业事业组织、城乡集体经济组织，应当按照一定比例安排残疾人就业，并为其选择适当的工种和岗位。《残疾人保障法》第三十三条规定，国家实行按比例安排残疾人就业制度。国家机关、社会团体、企业事业单位、民办非企业单位应当按照规定的比例安排残疾人就业，并为其选择适当的工种和岗位。达不到规定比例的，按照国家有关规定履行保障残疾人就业义务。国家鼓励用人单位超过规定比例安排残疾人就业。《残疾人就业条例》第八条规定，用人单位应当按照一定比例安排残疾人就业，并为其提供适当的工种、岗位。用人单位安排残疾人就业的比例不得低于本单位在职职工总数的1.5%。具体比例由省、自治区、直辖市人民政府根据本地区的实际情况规定。第九条规定，用人单位安排残疾人就业达不到其所在地省、自治区、直辖市人民政府规定比例的，应当缴纳残疾人就业保障金。按比例就业应以市(直辖市、省辖市、县级市)为基本实施单位，以《残疾人保障法》和省级人大的“保障法实施办法”为依据，以市政府令形式在全市统一实施。不宜在一个市内出现不同政策和实施办法。机关、团体、企业事业组织、城乡经济组织，要按照本省(自治区、直辖市)制定的有关法规所规定的具体比例，安排残疾人就业。暂时未达到比例的，应按财政部发布的《残疾人就业保障金征收使用管理办法》交纳残疾人就业保障金。对于安排残疾人就业超过规定比例或成绩突出的单位，要给予精神和物质奖励。对于拒不执行按比例安排残疾人就业规定的，要予以批评、教育，责令改正。

（三）个体就业

个体就业是指残疾人从事独立的生产、经营活动，取得劳动报酬或经营收入。《残疾人保障法》第三十四条规定，国家鼓励和扶持残疾人自主择业、自主创业。《残疾人就业条例》第十九条规定，国家鼓励扶持残疾人自主择业、自主创业。对残疾人从事个体经营的，应当依法给予税收优惠，有关部门应当在经营场地等方面给予照顾，并按照规定免收管理类、登记类和证照类的行政事业性收费。国家对自主择业、自主创业的残疾人在一定期限内给予小额信贷等扶持。事实上，有不少残疾人在政府和各有关方面的支持下，根据自己的才能和智慧发挥一技之长。

（四）农村残疾人就业

《残疾人保障法》第三十五条规定，地方各级人民政府和农村基层组织，应当组织和扶持农村残疾人从事种植业、养殖业、手工业和其他形式的生产劳动。第三十六条规定，对从事各类生产劳动的农村残疾人，有关部门应当在生产服务、技术指导、农用物资供应、农副产品购销和信贷等方面，给予帮助。《残疾人就业条例》第二十条规定，地方各级人民政府应当多方面筹集资金，组织和扶持农村残疾人从事种植业、养殖业、手工业和其他形式的生产劳动。有关部门对从事农业生产劳动的农村残疾人，应当在生产服务、技术指导、农用物资供应、农副产品收购和信贷等方面给予帮助。

三、我国残疾人就业权法律保障存在的不足

（一）残疾人就业保障立法中的问题

1\. 反对残疾歧视的规定过于原则

《残疾人保障法》规定，残疾人享有与其他公民平等的权利，禁止歧视残疾人；在职工的招用、转正、晋级、职称评定、劳动报酬、生活福利、休息休假、社会保险等方面，不得歧视残疾人。此外，《残疾人保障法》和《就业促进法》还规定，对于残疾

歧视，有关部门应责令改正，残疾人也可以依法向人民法院提起诉讼。纵观上述法律规定，虽然明确规定了反残疾歧视的内容，但却过于原则，尤其是对如何界定残疾歧视、申诉和控告程序及法律责任等方面未做具体规定，以致歧视残疾人的社会排斥现象时常发生。

2. 包容性教育存在玻璃门现象

保障残疾人接受教育是残疾人实现就业的基本前提，《残疾人保障法》第三章对残疾人受教育问题专门做出规定，残疾人有权平等地接受教育，国家和社会应当根据残疾人的特点，为残疾人接受学历教育和参加职业培训进行特别管理和资助。应当说，让残疾人从小进入普通学校接受教育，是促进残疾人融入社会，与健全人进行沟通和理解的最佳途径。但目前，我国对此的法律规定存在缺陷，《残疾人保障法》第二十五条规定，普通教育机构应当对具有接受普通教育能力的残疾人实施教育，必须招收或接收能适应其学习和生活的残疾人入学。从立法目的而言，上述法律规定的出发点是保障残疾人进入普通教育机构接受教育的权利，但“具备接受教育能力”和“适应其学习和生活”的前提条件却成为很多普通教育机构拒绝接受残疾人入学的法定理由。此外，由于在残疾人教育与就业之间缺少必要的转换服务，如就业适应性培训等，导致残疾人直接面向工作时，容易出现就业障碍。

3. 残疾人岗位保留制度缺乏操作性

所谓残疾人岗位保留制是指由法律或政策为残疾人设定和保留特定岗位的制度。集中安排残疾人就业的庇护工厂和福利企业是残疾人岗位保留制度的集中体现。《残疾人保障法》和《残疾人就业条例》首先规定了残疾人集中就业的形式，即由政府和社会举办残疾人福利企业、盲人按摩机构和其他福利性企业，集中安排残疾人就业，其中，集中使用残疾人的用人单位中从事全日制工作的残疾人职工，应当占本单位在职职工总数的 25%以上。其次还规定政府应当确定适合残疾人生产、经营的产品和项目，优先安排残疾人福利企业生产或者经营，政府采购时，在同等条件下应当优先购买残疾人福利性企业的产品或者服务。上述规定虽然对于保障残疾人劳动就业具有重要作用，但在实践中缺乏操作性。一方面，福利企业因为经营成本等因素往往迁至较为偏远的地方，加之缺乏必要的就业便利设施，造成残疾人就业不便。[1] 另一方面，福利企业往往从事低端产品的生产，生产附加值低、市场竞争力弱，即使纳入政府采购的名录，又面临《招标投标法》等法律的规制，获得政府订单的难度加大。

4. 残疾人就业安置比例低且激励机制不足

《残疾人就业条例》第八条规定，包括国家机关在内的各类用人单位应当按照不低于1.5%的比例安排残疾人就业，并为其提供适当的工种和岗位。1.5%的残疾人就业安置比例，在世界范围内处于较低水平。从目前各地实践看，虽然对于超过1.5%安置比例的，均给予奖励，但由于奖励机制不足，导致部分企业缺乏超比例安置残疾人的动力。《残疾人保障法》第三十三条规定，国家实行按比例安排残疾人就业制度。残疾人就业的具体办法由国务院规定。《残疾人就业条例》第九条规定，用人单位安排残疾人就业达不到其所在省、自治区、直辖市人民政府规定比例的，应当缴纳残疾人就业保障金。《残疾人就业条例》规定的残疾人就业保障金制度，虽然源于《残疾人保障法》第三十三条的立法授权，但《立法法》第八条规定，对非国有财产的征收只能由法律做出规定。因此，征收残疾人就业保障金属于法律保留事项。虽然《立法法》第九条规定相对法律保留事项可以由全国人民代表大会及其常务委员会授权国务院先制定行政法规，但立法授权的前提条件是该事项尚未制定法律，而实际又亟须进行规制。因此，《残疾人就业条例》做出的缴纳残疾人就业保障金的规定，存在法律位阶不高的问题。此外，因残疾人在劳动就业中存在自然附着成本，且由于工作流动性不能太大、体力强度不宜太强等因素，雇主往往宁愿缴纳残疾人就业保障金，也不愿意聘用残疾人，导致残疾人按比例就业制度流于形式。

5. 残疾人解雇保护机制有待完善且工作补贴制度规定过于原则

所谓解雇保护，是指残疾人在工作过程中具有与健全人一样享有不受错误或者不公平解雇的权利。而在实践中，基于特殊保护的原则，立法对于残疾人的解雇条件应当更为严格，除非雇主具有解雇残疾人的充分理由，否则不得予以解雇。但目前，《残疾人保障法》《残疾人就业条例》等法律法规基本上没有关于残疾人解雇

---

① 郑东亮、付红专:《残疾人就业岗位变迁研究》,《中国劳动》2008年第3期。

保障的特别规定,其适用程序与健全人没有区别,不利于残疾人的就业稳定。关于工资补贴制度,《残疾人保障法》的三十八条第二款规定在职工的招用、转正、晋级、职称评定、劳动报酬、生活福利休息休假、社会保险等方面,不得歧视残疾人。虽然该条规定残疾人应当与健全人一样同工同酬,但因规定过于原则,导致现实中残疾人的工资福利待遇往往难以达到法律规定的应然状态。

(二)残疾人就业保障执法中的问题

1. 执法主体、责任不明确

残疾人就业权的立法建设是残疾人就业权实现的基础,而残疾人就业权的执法建设则是残疾人就业权实现的关键。只有执法机关认真履行自己的职责,严格执法,有效监督,才能使促进残疾人就业的相关法律法规得到有效的贯彻和落实,才能使侵害残疾人就业权的行为得到及时有效的制止和纠正,也才能使残疾人的就业权获得有效的保障和实现。然而,在残疾人就业的执法方面,往往面临着由于执法主体不够明确、法律责任欠缺、法律可操作性不强而出现的执法困难。例如,残疾人就业权不是一个部门能够解决的,往往会涉及多个执法主体,而多个主体间的分工不够明确,造成执法障碍。这一障碍主要还是由于法律规定不够明确造成的,例如,《残疾人保障法》虽然规定有关部门的职责,但对承担的法律责任并未做出具体规定,而是笼统地用惩罚来代替。另外,一些执法主体素质有待提高,不能严格履行自己的职责,在促进残疾人就业的执法环节存在着执法主体不清、责任不明、相互推诿等问题,这些问题直接造成了法律法规落实不够得力,相关立法只具有形式而不具有实质意义等问题,严重阻碍了残疾人就业权的实现。

2. 残疾人就业的实现途径不足

按比例安排残疾人就业是促进残疾人就业的一种有效途径。与福利企业集中安排残疾人就业相比,按比例安排残疾人就业的优势体现在其强制力上。国家以法律的形式规定用人单位必须按一定比例安排残疾人就业,[①]这一规定使残疾人就业形式不再单一,分布的领域也更加广泛。同时,按比例就业也是残疾人享受平等就业权的一个重要表现,残疾人可以像正常人一样在各个领域有就业的机会和

---

① 杨立雄、兰花:《中国残疾人社会保障制度》,人民出版社 2011 年版,第 89 页。

权利，使他们更好地融入社会。但是就目前执行情况看，按比例就业存在很大问题：这一规定使用了统一的就业比例，这一规定虽然在形式上简化了工作程序，但是却忽略了实际情况。由于各个行业工作种类、工作强度、工作难度各有不同，如果单从比例上加以简单限制，会影响用人单位的工作进度，对不能很好地完成这项工作的残疾人来讲也是种负担。而一些大型的、适合安排残疾人就业的用人单位，实际上可以承担更大比例的义务，如果还按照单一比例进行安置，那么会使残疾人丧失很多合适的就业机会。

3. 残疾人就业保障金问题

残疾人就业保障金制度与按比例就业制度联系紧密，它是指当企业没有执行按比例安排残疾人就业这一规定时，应当缴纳一定数额的残疾人就业保障金。收取残疾人就业保障金实际上是为了更好地督促用人单位积极安排残疾人就业，但实际情况是有些单位宁愿缴纳残疾人保障金也不愿意安排残疾人就业，这与设置残疾人就业保障金制度的初衷相违背。另外，残疾人保证金的征收也存在问题。我国目前比较普遍的征收办法是税务机关代为征收。本意是想利用税收的强制性保障残疾人保障金的征收，可是却没有考虑到一些事业单位和大多数的公务机关是没有税务账户的，所以这一部分的残疾人保障金的征收就没有了保障，只能凭用人单位自觉缴纳。从残疾人保障金的使用方面来说，残疾人保障金是一种专项资金，必须严格按照法律规定的用途进行使用。然而，残疾人保障金的使用状况并未对缴纳保障金的广大企业和用人单位公开，这十分不利于对残疾人保障金使用的监督，也打击了广大企业和单位缴纳保障金的积极性。因此，应该将确保残疾人保障金征收的规范化、公开化、合理化列为下一步工作的重点。

（三）残疾人就业保障救助机制中的问题

残疾人就业权的救助一般包括司法救助、司法行政机关的法律援助及行政机关和社会力量的法律服务。司法是残疾人就业权受到侵害时的主要救济途径和手段，是残疾人就业权的最后一道防线和屏障。但就司法救助而言，目前存在三个较为突出的问题：一是尚未赋予宪法基本权利直接司法适用的效力，残疾人就业权无法获得最高的法律效力——宪法救济。二是我国并未对审理残疾人侵权案件的程序做特殊规定，残疾人往往会因为视听或语言障碍造成其诉讼权利无法得到充分保护；三是相关法律法规对残疾歧视举证责任没有做出特别规定，导致涉残疾人就业权案件因举证难而败诉风险高。另外，我国在对残疾人就业权的其他救助方面还相当有限，法律援助和其他社会服务的覆盖面还相当狭窄，难以有效发挥补充司法救济的作用。这些问题都使得残疾人就业权受到侵害后难以获得有效的救济，直接影响了残疾人就业权的实现。

第三节　残疾人就业权法律保障的借鉴与完善

一、国外残疾人就业法律保障现状

(一) 美国残疾人劳动就业保障

美国的残疾人权利倡导者在上个世纪初就开始探索如何为残疾人寻求法律保护，制定了许多的法律和政策，对残疾人劳动权益保护较好。为帮助残疾人恢复独立生活能力，美国国会1917年通过了《职业教育法案》。该法案规定，帮助残疾劳工和退伍军人设立康复与培训计划的资金由私人部门承担，联邦政府承担管理和监督费用。[①] 1990年，被肯尼迪称为残疾人“解放宣言”的《美国残疾人法》公布，它是美国残疾立法的典型代表，其核心思想是强调政府和社会有责任帮助残疾人自力更生，走向独立。《美国残疾人法》明确了残疾人在就业、公共交通、电讯服务等领域享有同健全人平等的权利。为了防止雇主随意解雇残疾职工，《家庭和病假法案》规定，残疾人在12周病假期间，雇主不得予以解雇。此外，《美国残疾人法》还规定了相关的救济和程序，劳动就业权受侵害的残疾人可以向联邦政府机构平等就业机会委员会提出诉求，在其调解不成功的情况下，可以向法院提起诉讼；原告不承担律师费、专家证人费以及诉讼费。由于在有关《美国残疾人法》就业案例中，胜诉方超过96%是雇主。美国随后又制定了一系列的优惠政策，通过税收减免鼓励雇主雇用残疾人，并为其提供便利的工作场所和设施，在最大限度上消除对企业的不利影响。

---

① 杨伟国、陈玉杰：《美国残疾人就业政策的变迁》，《美国研究》2008年第2期。

关于反残疾人就业歧视，《美国残疾人法》第 102—(a)条款规定，任何机构不得对一个具备资格的残疾人在应聘、雇用、晋升、辞退、补偿、工作培训和其他雇用的期限、条件和特别待遇方面因其残疾而予以歧视。何谓具备资格的残疾人?《美国残疾人法》第 101—(8)条款做了规定，不论是否经过合理的调整，能够完成其现有或者预期雇用岗位的关键内容的残疾人，即在雇主合理调整或没有合理调整时，能够完成工作关键内容的残疾人就属于具有资格的残疾人。[①] 由此可知，只要残疾人能完成工作的关键内容，雇主就不能在应聘，雇用，晋升，辞退，补偿，工作培训和其他雇用的期限、条件和特别待遇方面因其残疾而予以歧视。如果雇员能完成关键部分的工作，而雇主拒绝雇用雇员的，则违反了《美国残疾人法》。所谓合理调整，《美国残疾人法》第 101—(9)条款规定，合理调整可以包括(A)使雇员使用的现有设备易于被残疾人接近和操作，(B)工作程序的调整，如半职或者修订工作时间，调整到其他空缺岗位，设备或者装置的获取或者改造，体验的适当调整或者改变，考试、培训材料或政策的适当调整或修改，合格的宣读者或者口译者的提供，以及为残疾人配备的其他类似设施。当然，如果雇员要求雇主提供的调整不合理或者将对雇主造成过度负担，则雇主可以不提供调整。[②]

(二) 德国残疾人劳动就业保障

德国残疾人社会保障政策最早可以追溯到俾斯麦时期。1883 年，德国颁布了世界上首部《疾病保险法》，成为现代社会保障制度诞生的标志，这其中就包括了残疾人保障的规定，其成为德国最早有关残疾人社会保障的法律。在随后的《意外伤害保险法》和《伤残老年保险法》中，分别对因职业伤害导致的残疾和对由于疾病、意外事故等导致的伤残保障进行了规定，完善了残疾人社会保障政策。到魏玛共和国时期(1918—1933)，重度残疾人法律被法典化，残疾人的保护和残疾预防被置于首要位置。1953 年《重度残疾人法》颁布，将保护对象放宽到了盲人、聋哑人和残疾军人，同时，这部法律特别对残疾人就业政策进行了规定，确立了残疾人按比例就业的原则，规定企业单位和公共部门雇用残疾人必须达到规定的比例，否则就

---

① 谢增毅:《美国就业中的反残疾歧视——兼论我国残疾人按比例就业制度》，http://www.iolaw.org.cn/showarticle? id=2183。

② 沈培建:《加拿大的残疾人平等就业实践及其启示》，《中国残疾人》2007 年第 3 期。

应当交纳残疾人就业补偿金。1974 年的《重度残疾人保障法》对原有的残疾人法律原则进行了修正,规定只要一个人存在残疾的事实或有残疾的危险,就可以享受到法律规定的一切待遇,这就抛弃了之前适用的归因原则,即只有某些特定原因致残的残疾人才可以享受规定的待遇。2001 年 6 月 19 日,德国专门规定残疾人保障的法律以社会法典第九章的形式颁布,并于 2001 年 7 月 1 日以"残疾人的康复与参与"的名称生效,德国形成了专门性的残疾人保障法律,其关注的不仅仅是对残疾人或面临残疾风险的人提供照料,而且要保障他们自主地参与社会以及减少他们在获取平等机会上存在的障碍,为残疾人或有残疾危险的人创造更好的生活,因此,社会法典第九章规定了残疾人医疗、职业和福利津贴待遇等各个方面,以更快、更有效、更经济和更持久地实现上述目标。但是,在实践中,德国残疾人康复、保障等事务并没有像法律那样由一部法律集中起来,而是仍然沿袭了以前的做法,由医疗保险经办机构、联邦劳动局、工伤保险经办机构、法定养老保险经办机构、残废军人福利机构、青年保护部门和社会救济部门等不同的部门分别负责残疾人保障的不同方面。除了独具特色的自治管理方式,德国社会保障的另一个特征是保障的全面性和不同项目之间衔接的紧密性,虽然不像英国、瑞典那样高福利,但其不同层次的保障也几乎完全覆盖了所有应该覆盖的人群。在任何国家,残疾人社会保障都是一项比一般社会成员社会保障更复杂的工作,在德国也不例外。德国残疾人社会保障几乎分布于养老、医疗、工伤、护理、保险等所有社会保障项目之中,分散而复杂。总体来看,其具体内容大致可以分为三个方面:残疾人社会服务,包括医疗、康复、工作介绍等服务;残疾人福利津贴,包括直接的现金津贴(如残疾保障待遇)和间接的经济福利(如免费乘车等);其他保障。

在德国,任何残疾或面临着身体、精神和心理残疾危险的人,不管致残原因如何,都有权利获得各种社会服务的帮助,包括避免残疾、消除残疾或降低残疾程度、防止状况恶化或减轻残疾负面影响的一切服务,这些服务旨在帮助残疾人,使他们的活动范围变得更安全,帮助他们找到适合并符合他们兴趣和能力的工作。其中的就业援助和职业介绍服务旨在帮助残疾人保持其现有工作而不被解雇或失业后获得新的工作,主要内容包括工作建议、工作介绍、就业培训和工作变动援助,课程补习、职业训练、再培训以及为获得相应的学习课程所需要的认证,根据不同的残疾状况所需要的培训以及参加培训前需要采取的一切必要措施(如盲人学习所需要的盲文资料等),以及旨在使残疾人获得合适的工作或实现自雇等其他形式的就业和职业提升所需的援助。在残疾人就业服务中,其兴趣爱好、择业倾向和先前的工作经验、当前的劳动技能状况以及劳动力市场的整体状况等各种因素都会被考虑在内。在某些就业服务和援助中,职业服务机构还可以承担残疾人食宿的费用,这部分费用由失业保险等社会保障承担。如当某一残疾人的身体状况和残疾程度使他参加某种培训时不方便居住在其家庭内,或者当其所接受的康复措施要求他必须寄宿在康复或培训中心时,则可以享受免费的食宿待遇。支持开发就业领域的工作、职业讲习和职业准备指导工作等职业康复服务,不断拓宽其业务范围。

(三) 日本残疾人劳动就业保障

1960 年,日本颁布了《残疾人就业促进法》。1987 年,又颁布了《关于残疾人的就业促进法》。1982 年 3 月,日本成立了国际残疾人推进本部,制定了《关于残疾人的长期计划》。日本各级政府每年在福利资金预算中有相当大的比例用于残疾人劳动就业,并于 1959 年制定了《国民年金法》。2003 年,日本又制定了支持费制度,为残疾人参与社会生活提供服务和特别扶助,这使残疾人的生活水准跟上了社会经济的发展。目前,日本对残疾人实行发放年金(退休金)制度,同时对重度智障者和重度残疾人并存的家庭给予特别福利津贴。在日本,每个残疾人经确认后,国家将每年发给一定的生活费:一是月收入在 5.5 万日元以下的家庭,20 岁以下的残疾人每月补助 3.4 万日元;二是 20 岁以上的不能就业的残疾人可领取每月 6 万日元的国民年金,重度残疾人每月 8 万至 10 万日元;三是有过劳动就业经历,但因残疾不能再干了,并在劳动就业期间交纳过社会保险的,可从不工作之日起,领取厚生年金,最低保障额为 60 万日元。此外,重度残疾人进入收养机构,费用不足部分国家另给补贴;残疾人需要康复疗养的,政府补贴 90%,家庭困难的残疾人康复疗养费由政府承担;政府对残疾人康复、劳动就业、教育、培训、体育活动用品用具的研制和供应,重度残疾人住宅改造等都给予补助。

日本残疾人劳动就业分为两个渠道:一是成立集中安排残疾人工作的场所。日本法律规定,在一般单位就业确有困难的重残人,由庇护性工厂予以安置,并为其提供适宜的劳动岗位、劳动条件和环境;二是以法律形式规定各企业、事业单位都要按一定比例招收残疾人。《残疾人就业促进法》规定，非经营性公有机构残疾人雇用率为 2.0%；经营性公有机构残疾人雇用率为 1.9%；大型企业、财团为 1.9%；一般民间企业为 1.6%。对未达到雇用比率的单位，每月要交纳一定的罚金；对雇用超标者，则给予一定奖励。近几年，日本政府还大力推行"残疾人社区援助"，从 2003 年开始制定了"社区福利计划"。各社区在社区残疾人职业中心建立以后，正式开展了劳动行政方面的残疾人的职业能力评价。1960 年日本颁布《残疾人就业促进法》之后，轻度残疾人的就业逐步发展起来，但是，中度、重度的残疾人就业仍很困难，就业率很低。因此在 1970 年，日本政府提出主要以就业困难的中、重度残疾人为对象，建立心身残疾人职业中心。1987 年，《关于残疾人的就业促进法》颁布，社区残疾人职业中心以及在中心工作的残疾人职业咨询员专职位置得以确定。1991 年，残疾人职业综合中心开业，残疾人职业综合中心—地方残疾人职业中心—社区残疾人职业中心这一网络形成。社区残疾人职业中心，根据服务对象的变化，将以职业适应力评价为中心的业务转变为以提供职业准备训练为中心。

二、国外残疾人劳动就业法律保障的借鉴意义

除美国、日本、德国等国家外，世界其他国家为促进残疾人就业也做出了一些行之有效的法律规定，取得了很好的效果，这些经验值得我国加以借鉴和吸收，有助于我国残疾人就业保障的完善，从而促进残疾人实现充分就业。

（一）在立法中明确规定反残疾人就业歧视原则

通过对国外残疾人就业权利保障的法律研究，我们发现各国大部分立法中都包括强调残疾人享有平等就业的权利和反对歧视残疾人的原则性规定。德国《残疾人社会保障法》中明确提出，德国境内不应当有任何一个人有被忽视和被排斥的感觉，这就是任何一个残疾人或者面临致残危险、需要特殊帮助的人都有权利得到康复的原因，而不论他们致残的原因。[①] 将反残疾人就业歧视作为一项基本原则，甚至加重保护残疾人在劳动就业中的权利。美国《残疾人保障法》中就规定了在与

① 刘林艳：《残疾人就业过程中的社会支持研究》，华东师范大学硕士学位论文，2009 年。

州政府签署的合同，或者是由于州政府资助而实施的项目中，企业必须保障本公司中残疾人的各项权利，包括各项就业利益在内。同时在美国，对违反歧视残疾人法律法规的现象会进行严厉的处罚。但是我国目前并没有针对违反残疾人反歧视原则的行为制定处罚机制。这主要也是由于我国传统的立法思路和我国残疾人就业权利保障制度还处于初级阶段。因此，国外在立法中明确反残疾人歧视立法原则值得我国参考。

（二）转换服务

残疾人教育在美国学校教育体系中占有重要地位，且愈来愈受到国家和社会的高度重视，并得到来自法律的有效干预和强大推动。从1958年的《残障儿童教育补助法》、1968年的《协助残障儿童早期教育法案》、1975年的《所有残障儿童教育法》到1990年的《残疾人教育法》、1997年的《残疾人教育法修正案》、2004年的《残疾人教育促进法》，在教育对象、资源配置、教学管理、经费保障、教师队伍建设等方面做了详细规定，每一部法律都为实现残疾人平等受教育权做出了重要和独特贡献。《残疾人教育法》除了保证残疾学生在入学方面不受歧视外，让残疾学生在最少限制中接受教育，使残疾学生在无障碍环境中生活，还致力于在学习方面提供详尽的指导和周到的服务。转换服务是指继续中学后教育以及培养就业、独立生活的能力，以使残疾学生在中学后的生活中具有最大的独立性和创造性，从而充分有效地挖掘残疾人人力资源和创造潜力。《残疾人教育法》要求学校和家长必须为每个残疾学生设计个别化的教育计划（IEP）。IEP是一个书面报告，旨在识别和评估学生的残疾，制定短期和长期的学习目标，说明学校为学生提供什么服务以帮助他们实现这些目标，并责成中学教育人员在残疾学生的个别化教育计划中，增加一项关于接受高等教育或者就业的转换目标。1997年修正案要求为14岁以上残疾学生制定个别化教育计划，要对他们的转换服务需求进行陈述并且必须每年更新，以强化转换计划的重要性。除此之外，从16岁开始，个别化的教育计划必须包含一个给残疾学生提供所需转换服务的陈述，包括各机构之间的责任和必要的联系。可见转换服务为残疾学生中学后阶段的培养做好了充分准备，为进一步接受高等教育打下了坚实基础，为残疾人未来的就业拓展了广阔空间。

（三）按比例安排残疾人就业

按比例安排残疾人就业，是世界各国普遍采取的措施，即企业或事业单位必须按照法律规定的比例，无条件地安排残疾人就业，使按比例安排残疾人就业成为法定义务。各国对于安排残疾人就业的比例的规定不尽相同，德国法律规定为6%；荷兰按照工业、服务业和商业等不同行业，将安排残疾人就业的比例分别规定为3%至7%；日本法律规定，国家和地方公共机关为2%，公共企业为1.9%，民间企业为1.5%。[①] 为了落实按比例安排残疾人就业规定的实施，一些国家制定了相应的奖励和惩罚制度。如西班牙法律规定，雇主每安排一名残疾人就业，则可得到税收减免和政府津贴，同时还可以减少缴纳社会保险金的比例。日本法律规定，每少安排一名残疾人就业，处以每月4万日元的罚款，每多安排一名残疾人就业，每月奖励2万日元。

（四）确定岗位保留制度

集中安排残疾人就业的庇护工厂和福利企业都是岗位保留制度的集中体现。日本法律规定，在一般单位就业确有困难的重残人，由庇护工厂予以安置，并为其提供适宜的劳动岗位、劳动条件和环境。英国《慢性病患者和残疾人法案》规定，每个地方保障当局有责任提供内政大臣可以批准的福利工厂，在这样的工厂内，残疾人可被雇佣做适当的工作。爱尔兰《残疾人雇工法》规定，庇护站或福利工厂中的工作任务和项目是专门为残疾人提供的。当然，不同于上述法律将残疾人保留的岗位限定在低级别的岗位上，有些国家的立法专门给残疾人预留一些社会地位较高的职位。希腊法律规定，公共部门中一定比例的岗位必须由残疾人担任。丹麦法律规定，只有残疾专业人员才能提供一定的残疾人就业服务。意大利法律规定，有视力残障的残疾人可以获得话务员和物理治疗师及教师的职位保留。瑞典政府则致力于扶持残疾人在主流企业工作，提升残疾人就业层次和质量。[②]

（五）禁止企业任意解雇残疾人职工和实行工资补贴制度

《德国解雇保护法》规定，雇主行使解雇权时必须遵守法定解雇期限且具有社

---

① 中国残联教育就业部：《国外残疾人就业立法情况概述》，《中国残疾人》2007年第4期。

② 廖娟：《残疾人就业政策：国际经验及对我国的启示》，《人口与经济》2008年第6期。

会正当理由，社会正当理由包括与雇员自身行为有关、雇员行为、经济原因等。《德国社会法典》第九部分第八十五条规定，只有征得残疾人行政管理部门的同意才可以解雇严重残疾雇员。[①] 在解雇获得准许之前雇主还需要先与地方援助评议会、职工代表大会以及残疾人代表进行协商，并且，雇主解雇残疾人后必须退还政府给的各种补贴。另外，德国法律还规定，对于重度残疾人的就业进行特殊保护，确保他们不被解雇并有权获得每年额外五个工作日的带薪假期。日本法律规定，企业解雇残疾人职工时，必须向公共就业保障机构的负责人备案。对残疾职工，国外立法往往明确实行工资保护和补贴政策。法国法律根据残疾人工作单位的不同，对其工资收入进行了不同的规定，即对于在一般企业工作的残疾人，应保证其工资收入与在同一企业、从事同一工作的健全工人的工资相同。对于在残疾人福利工厂和劳动援助保护中心工作的残疾人，应保证其工资收入分别不得低于法定最低工资标准的90%和70%。[②] 德国设立了残疾人再就业基金，用于残疾人的工资补助和培训补助。同时，对残疾人职工免征个人所得税。奥地利每年向残疾人就业中心拨付专项资金，用于残疾人工资的补贴。加拿大的魁北克省规定，残疾人职工除获得工资外，还可得到政府部门给予的工资补助。

三、我国残疾人就业权保障制度的完善

（一）完善残疾人就业权的立法保障

1. 完善禁止残疾歧视制度

通过分析《美国残疾人保障法》可知，其对残疾人就业歧视的规定较为具体。因此，我国立法反对歧视残疾人，应对禁止歧视行为做出明确规定。具体如：禁止对残疾人的工作种类或岗位进行限定、分类以致残疾人就业机会受到影响；禁止在日常管理的过程中通过利用有关标准或管理措施来对残疾人产生歧视影响；禁止雇主基于歧视拒绝给予适合残疾人的岗位或待遇，除非有合理的理由；禁止雇主通过职业资格标准或者其他标准对残疾人进行鉴定，除非与工作具有关联性等。残

① 杨鹏飞：《残疾人就业立法何以参照德国模式》，《社会观察》2007年第8期。

② 中国残联教育就业部：《国外残疾人就业立法情况概述》，《中国残疾人》2007年第4期。

疾人歧视首先关乎残疾人的人格尊严，在司法审判中也是通过救济人格权来处理的。目前，由于我国没有专门的反残疾人歧视法律，在法律救济效果上难有成效。2013年6月，日本第183次国会通过了《推进消除以残疾为由的歧视之法律》。借鉴日本禁止残疾歧视立法方面的经验，我国应专门制定《反残疾人歧视法》，明确禁止残疾歧视原则，并将反歧视工作予以具体化。①

2. 完善残疾人包容性教育制度

作为增强残疾人竞争力的有效途径，对于残疾人教育的投入，无论是从社会整体角度，还是残疾人个体角度，都具有很高的收益率。因此，应当对《残疾人保障法》的第二十五条进行修改，删除"具备接受教育能力"和"适应其学习和生活"等前提条件，修改为普通教育机构应对残疾人实施教育。对于《残疾人保障法》第二十六条，则修改为高级中等以上特殊教育机构、普通教育机构附设的特殊教育班和残疾人职业教育机构，应对符合国家规定录取要求的残疾人实施高级中等以上文化教育、职业教育。如此规定，可以从立法上最大限度地消除残疾人平等享有教育权利的障碍，也可以让残疾人的监护人根据残疾人儿童、少年的情况，在包容性教育体系中选择适当的教育。同时，为了让残疾人更好地融入包容性教育体系中，普通学校还应提供必需的专业人员、特殊教材及各种教育辅助器材、无障碍校园环境及相关教育资源等。借鉴美国《美国残疾人教育法》规定的"转换服务"制度，我国应当建立转换服务制度，以培养残疾人学生的就业和生活能力，为残疾人学生接受高等教育和拓宽就业空间打下坚实基础。②

3. 完善残疾人就业岗位保留制度

对于目前福利企业等残疾人集中就业企业面临的困境和问题，除大力发展福利企业外，应注重完善福利企业机制，既要引入公司制规范福利企业的管理体制，也应细化福利企业依法享有减免税、政府补贴、信贷等优惠政策。此外，《残疾人保障法》第三十六条第四款规定，地方各级人民政府应当开发适合残疾人就业的公益性岗位。国务院转批《促进就业规划(2011—2015)》强调，各级政府开发的公益性

---

① 魏倩：《日本残疾人立法：从国家主义到个体独立演进综述》，《残疾人研究》2013年第4期。

② United states. School to Work Opportunities Act of 1994[Z]. http://www.ncrel.org/sdrs/areas/issues/envrnmnt/stw/sw3swopp.htm.

岗位优先安排残疾人。残疾人就业工作“十二五”实施方案提出，把公益性岗位就业安置作为促进残疾人就业的重要渠道之一，各级政府开发的适合残疾人就业的公益性岗位，应优先安排残疾人就业。因此，各级人民政府应当加大扶持力度，开发适合残疾人就业的公益性岗位。由于公益性岗位主要是政府出资购买的短期工作机会，其目的是为就业困难的残疾人提供一个过渡性的救助或基层服务性工作机会，从而缓解其生活压力。实践中，应注重通过合理的制度安排，解决残疾人在就业后，因增加收入而丧失低保金和附带福利引发的“勤劳致贫”现象。政府应从鼓励贫困残疾人从事公益性岗位就业，促进就业增收的角度出发，在探索建立低保待遇渐退机制的同时，对实现公益性岗位就业的残疾人，在一定期限内，对其本人或家庭保留全部或部分低保待遇，使贫困残疾人的基本利益得到有效保障。①

4. 完善残疾人就业安置比例制度

鉴于《残疾人就业条例》法律位阶不高，建议由《残疾人保障法》对残疾人就业保障金制度做出规定。借鉴日本、美国等国家的做法，应明确规定国家机关、事业单位和国有企业等应比一般企业安置更高比例的残疾人就业。并且，还应制定相关制度，定期检查政府公务员中是否提供了足够的适合残疾人劳动就业的岗位，是否依法招收了足够的残疾人，并将有关情况向社会定期公布，对没有完成要求的单位或负责人依法追究法律责任。② 因《残疾人就业条例》规定的残疾人就业安置比例较低，而我国残疾人失业率相对较高，比较其他国家，应考虑提高残疾人就业安置比例至3%或4%。当然，残疾人就业安置比例还要考虑残疾人残疾程度等因素，对于安置重度残疾人，可以考虑按照安置一个重度残疾人视为安置两个一般残疾人的标准进行计算，这样有利于加大对重度残疾人就业的保护力度。此外，为提高雇主雇用残疾人的积极性，应适当提高政府财政补贴额度和加大对社会保险费的减免力度，其中，对于财政补贴的额度，可以按照残疾人的残疾程度予以细化，残疾程度越高，财政补偿的额度越大，避免简单的“一刀切”。

① 赵龙：《我国残疾人劳动就业法律制度的缺陷及完善》，《西北工业大学学报》2015年第6期。
② 许琳：《残疾人就业难与残疾人就业促进政策的完善》，《西北大学学报》2010年第1期。

5. 完善残疾人解雇保护机制和明确工资补贴制度

在劳动法律关系中，由于雇员亲自履行劳动合同是其特有的履行原则，残疾人由于其自身原因可能会影响其完成劳动给付的效率，因而雇主往往以残疾人存在履行劳动合同障碍为由，解雇残疾人雇员。但残疾不等于丧失劳动能力，最高人民法院曾明确指出，如果雇员的身体机能受损但其劳动能力未受实质性损害，其劳动权的实现理应不受什么影响。劳动者存在生理缺陷，但其身体并未达到严重缺陷的程度，可以适应其所担负之工作，用人单位不能以此为由解除劳动合同。① 既然法律已经设定了企业残疾人就业安置比例及其拒绝雇用残疾人而必须承担额外的法律义务，从一定意义上而言，雇主就应当承担起雇用残疾人所带来的额外负担。因此，残疾人的劳动合同应受到法律的自动保护。借鉴德国对残疾人解雇保护的做法，完善我国残疾人解雇保护机制，可以从三个方面做出规定：第一，雇主在调整工作岗位时，要避免残疾人因工作岗位变动而下岗；第二，雇主在进行经济性裁员时，要优先留用残疾人；第三，在对残疾人进行经济性裁员或解雇前，应当与残疾人、残疾人组织进行协商，并要征得有关行政主管部门同意。明确残疾人工资补贴制度。保障残疾人取得劳动报酬的权利，应进一步明确用人单位应当向残疾人按时足额支付劳动报酬，并且不得低于当地最低工资标准。

（二）完善执法监督机制

1. 明确在残疾人保障金征收过程中的执法主体

政府有义务和责任保障残疾人平等地参与生产劳动，参加社会生活，残疾人的就业权无论是在形式还是实质上都应与其他公民是平等的，这不仅是社会文明的象征，更是社会进步的标志。《残疾人保障法》《残疾人就业条例》明确规定了政府在保障残疾人劳动就业权方面应当采取的各种措施，这是各级政府和相关部门在开展残疾人就业工作中的重要方针，体现了现代文明国家的责任意识。政府在安置残疾人就业中处于双重角色：一是作为用人单位，其担负着直接安置残疾人就业的社会责任，而且应当起到模范和表率的作用，该责任重在守法。二是作为社会事务管理者，其担负着执行残疾人就业相关法律法规，促进残疾人就业的管理责任，

① 江必新等：《最高人民法院指导性案例裁判规则理解与适用》，中国法制出版社 2013 年版，第 27 页。

而且应当起到主导和推动作用，其责任重在执法。在这两种角色中，政府在后一角色中显得更为关键和重要。因此，政府首先应履行自己作为用人单位的义务和职责，在此基础上，扮演好社会事务管理者的角色，发挥统筹作用，召集各种资源力量建立起较为完备的责任体系，促进残疾人就业工作的开展，发挥政府的主导作用，明确政府的执法责任，建立专门的事务管理机构，提高工作效率，各司其职，防止各部门之间相互推诿的现象发生。就我国残疾人就业执法保障工作而言，首要的任务是要明确我国各级政府的执法责任，建立起政府促进残疾人就业的责任体系。残疾人就业工作需要社会各界和各部门的关注和支持，而政府因其社会公信力可以起到良好的沟通协调作用，使各部门相互配合，统筹工作，优化利用各方面的资源，给残疾人就业以良好的支撑。具体体现在：各级政府要重视残疾人就业保护工作的法制建设，结合本地实际，尽快制定出保障残疾人就业工作的相关地方性法规或政策；要重视促进残疾人就业工作，将残疾人就业工作纳入重点工作内容并进行考核；加强对残疾人就业工作的领导职能，促进各级基层政府部门、民政部门、审计部门、财政部门、税务部门、残联等工作部门之间工作统筹规划，及时了解残疾人就业动态方向并给予必要的资金政策等支持。鼓励用人单位积极接纳残疾人雇工，并以税收、政策、奖励等方式进行支持，确保按比例就业的顺利实施。

2. 加强政府对残疾人劳动就业的保障和监督

由于地区经济和发展状况的不同，要实实在在地做好残疾人就业保障工作，主要依靠的还是地方政府。第一，建议各级人民政府结合实际，制定残疾人就业的规划和扶持措施，明确目标和任务，并切实加强领导。各级残疾人工作协调委员会应该承担对残疾人就业的组织实施、综合协调和检查指导工作。其中劳动部门应该加强劳动保障监察工作，督促检查残疾人劳动保障法律法规政策的贯彻实施。要采取日常巡视检查和不定期检查两种督促模式，对用人单位在工作时间、劳动强度、社会保险等方面进行严格监督。各级地方的劳动部门、民政部门和残疾人联合会要按照各自地方的实际情况划分工作职责，分别制定集中就业、按比例就业、下岗残疾职工再就业等各项残疾人就业工作的实施方案。残疾人联合会还应该设立调查小组对残疾人就业问题进行及时的收集、解决和反映，以保障残疾人劳动权利的实现。第二，完善残疾人劳动就业权法律保障的平衡机制。残疾人劳动就业保障在地区间存在差异，这不仅是地区间的经济发展所导致的，也与各级政府和政府部门对残疾人劳动就业保障注重的程度有关。因此，建议加强地方政府对残疾人劳动就业权保障的地方性立法，以达到地区间保障力度的平衡。同时政府在提供残疾人劳动就业保障的资源分配时，应该注重资源和财政的平衡机制，保障各个地区之间残疾人劳动就业法律保障的平衡发展。

3. 加强政府部门对残疾人再就业社会服务的管理平台

在我国经济转型、调整过程中，也出现了大量的残疾下岗职工，建议加强我国政府部门对残疾人再就业社会服务的管理。首先，劳动保障部门在残疾人失业期间，应该提供免费的职业介绍，建立公共就业服务制度，对残疾人下岗失业人员提供免费的职业咨询和再就业培训，在本地区范围内同等条件下，优先考虑介绍残疾人上岗。对管辖范围内的下岗残疾人进行登记和建档，定期对残疾人再就业工作进行督促和检查。其次，财政部门应该优先安排残疾人再就业保障资金。各级政府也要加大残疾人再就业资金的投入和残疾人保障金的管理。最后，各级政府应该依托社区和街道的力量，深入了解残疾人未就业人员的具体状况，提供残疾人劳动就业保障服务，并及时为残疾人提供失业保险，确保残疾人的基本生活保障。

(三) 完善残疾人就业的救助机制

1. 完善各级人民法院的司法救济

权利之所以能够行使，除了具备被正当地赋予这一条件，还离不开权利的救济和保障。制度化的救济不仅促进权利的法律性保护而提供的享有的可能性，而且创立实践“机制”以实现现有的权利的享有。① 只有从宪法权利救济的角度来审视我国公民权利的司法救济，才能准确把握权利救济的根本，做出合理评价，并找到完善的途径。而宪法权利的救济从全球范围看以司法救济为主流，以非司法或准司法救济为例外。② 必须承认的是，我国宪法权利的司法救济已经存在，但是还不够完善，甚至可以说司法救济是我国公民寻求权利救济最薄弱的方式之一。因此，

① L. 亨金：《权利的时代》，知识出版社 1997 年版，第 47 页。
② 陈焱光：《公民权利救济论》，中国社会科学出版社 2008 年版，第 222 页。

除了要完善行政救济，残疾人劳动就业权的实现必须依赖更加完善的司法救济机制。在明确残疾人与用人单位之间的权利义务关系、具备完善的劳动权立法和健全的行政执法细则的前提下，可以通过几个途径完善司法救济机制：一是改革我国现行的“调解、仲裁、诉讼”单轨制劳动争议处理机制，简化程序，节省时间，降低成本。求助于调解等非诉讼方式，有助于使法院摆脱困境，也有助于使诉讼当事人摆脱困境。[①] 二是加强法院专业化机构建设，在适当时机，设立专门的劳动法院或者劳动法庭。对残疾人就业诉讼的运行程序做出必要的规定，并在案件中引入“举证责任倒置”规则，为残疾人行使诉权提供方便，降低司法成本。三是探索建立一种专门针对就业弱势群体的劳资纠纷的解决机制，比如效仿加拿大，设立专门的调解和解决就业歧视的机构，即人权委员会和均等就业机会委员会。

2. 完善各级司法行政机构的法律援助

法律援助是指在国家设立的法律援助机构的指导和协调下，律师、公证员、法律工作者等法律服务人员为经济困难或特殊的当事人给予减、免收费，提供法律帮助的一项法律制度。[②] 当残疾人就业权利在现实生活中遭到侵害时，由于残疾人自身不够了解相关法律政策，加之大多数残疾人经济能力十分有限，他们不能通过法律途径维护自己的合法权益。残疾人在发生法律纠纷时普遍会遇到咨询难、请律师难、打官司难、无力支付法律服务费用等问题。而法律援助恰恰弥补了这方面的问题，法律援助因其公益性、无偿性和特殊性，可以有效地帮助残疾人通过诉讼渠道维护自己的权益，是保障残疾人就业权的重要手段，在促进残疾人就业方面有重要意义。

为了更好地促进残疾人就业，保障残疾人劳动权利，各级法律援助机构应该对法律援助加以更加细致的规定，例如适用条件、适用范围、援助内容等。具体而言，法律援助工作可以在以下方面有所作为：其一，进一步明确和扩大援助对象，对这一特殊弱势群体获得法律援助的条件在传统法律援助基础上加以调整。对困难人员、零就业家庭、残疾登记失业人员、农转城人员提供法律服务和法律咨询，使得他

---

① 陈焱光：《公民权利救济论》，中国社会科学出版社 2008 年版，第 222 页。

② 王利明：《人身损害赔偿疑难问题》，中国社会科学出版社 2004 年版，第 222 页。

们可以优先获得法律援助。配备在劳动就业侵权案件方面有丰富经验的律师专门为残疾人就业工作提供长期帮助;法律援助业务经费的投入也需不断加大,切实提高对残疾人法律援助的质量。其二,加强同残联、法院、劳动保障、民政、教育、鉴定、仲裁等部门的配合,尽可能减少在援助残疾人案件时办案的障碍,为残疾人援助工作提供必要的便利和帮助。其三,开展多种形式的法律援助活动,向残疾人做法律援助方面的各种宣传活动,让他们了解法律援助,获取法律援助方面的知识。充分发挥城市社区和农村法律援助机构的作用,设立法律援助联络点,配备法律援助联络员和法律服务工作者,在基层残疾人比较集中的社区及时收集残疾人就业过程中遇到的问题,开展法律法规的宣传和普及活动。提供专业的法律咨询,同时法律援助机构可以帮助协调沟通用人单位和残疾人之间的矛盾纠纷,可以极大地提高解决问题的效率。

3. 完善各级行政机关、残联和社会力量提供的法律服务

残疾人就业工作涉及面很广,牵涉到财政、教育、就业、社会保障、民政等多个行政管理部门,只有这些部门各司其职、相互协作、互相配合,才能真正把残疾人就业工作落到实处。这些部门既要履行自己的职责,也要在残疾人权利遭到侵害后及时为残疾人提供法律服务。各级政府不仅应当严格执法、履行职责,而且应当自觉树立为残疾人服务的理念,由"管理型"向"服务型"部门转变,从消极的"不作为"逐步向积极的"有所作为"转变。当残疾人的就业权利受到侵害时,各级政府部门应当主动向残疾人提供法律服务。例如,向残疾人讲解相关的政策法规和获得救济保障的途径程序,提供有关残疾人就业方面的法律咨询,积极化解用人单位与残疾人之间的矛盾纠纷,对被侵害残疾人合法权益的申诉、控告、检举及时受理,依法处理,严肃查处,切实维护好残疾人的就业权利。各级残联组织要发挥自己作用,不仅要及时向残疾人就业者反馈新的政策法规,还要在残疾人权利受到侵害时,协助各级行政机关和各级法律援助机构做好残疾人维权工作和维护社会稳定的工作。残联应当加大对残疾人就业和相关社会保障的宣传力度,以活动、宣传页、晚会等各种方式使更多的人了解残疾人就业,关注残疾人就业,使他们对残疾人就业方面的法律法规有更深层次的了解;同时要注重对残疾人自身法律意识的普及,培养他们的维权意识,提高他们维护自身权益的能力。在残疾人就业权受到侵害的

时候，残联应当为残疾人提供法律服务，提供各种咨询，协调用人单位、各级行政机关与残疾人之间的关系。动员用人单位和社会理解、尊重残疾人，与司法行政机关和法律援助机构密切配合，健全和完善法律救助程序、维权网络和信访程序，切实维护残疾人的合法权益。除各级行政机关、残联外，社会各界力量都应当积极关注包括残疾人就业在内的残疾人事业。社会各界应当深入开展文化助残、科技助残、法律助残、志愿者助残等活动，给残疾人就业以行政援助、法律援助、经济援助、道义援助和舆论援助。

第四章　残疾人就业境外经验借鉴

第一节　美国残疾人积极就业政策与经验

美国是一个受自由主义思潮影响颇深的国家，“自由”“民主”“独立”始终是其所标榜的“美国精神”。美国公民相信只要在保障机会均等的前提下，通过个人努力就能够实现自我价值，残疾人亦不例外。故而残疾人在社会中被视为平等主体、自立主体和权利主体。在自由主义影响下，美国政府奉行“自由放任”的理念，在社会福利供给中激发社会和个人能力，政府只在市场和社会功能失灵时才开始发挥补充作用，只在社会福利保障中提供基础性保障措施，这使其成为自由主义福利体制国家的典型代表。在美国，残疾人的“公民身份”表现为社会福利待遇和就业状况与普通人群的细微差别，残疾人就业的“赋权”理念始终在残疾人就业政策中扮演主流思想的角色。随着美国残疾人福利体系的建立，残疾人就业理念也日趋成熟，“积极福利”残疾人理念逐渐成为残疾人就业政策制定和实施的主要价值依据。

一、美国残疾人定义及残障资格获取

（一）残疾人定义

残疾人定义是一国残疾人政策制定和残疾人分类标准的基本依据，反映了社会对残疾人的根本认知和观念。在美国，现代社会对残疾人的认识已经从传统社会的“弱势视角”向“优势视角”转变，残疾人被视为社会资源和自立个体，对残疾人的定义也从人格歧视向身心障碍视角转变。在美国联邦或各州现行法律条文和官

方文件中残疾人的定义众多，其中最为重要的法律文本是1990年颁布的《美国残疾人法》(American with Disabilities Act of 1990, ADA)。该法案对残疾人的定义为：因身体或精神损伤而造成某方面或多方面生活产生实质性限制的人，以及具有此类限制既往史或被认为有此类限制的人。美国将残疾人视为身体带有残疾的人(American with Disabilities)，这包括了短期带有残疾的人或终身残疾的人。该障碍包括了肢体行动、视觉、听觉、饮食、睡眠、行走、站立、攀爬、弯曲、言语、呼吸、学习、阅读、思考、交流和工作的各方面障碍。[①]此后，美国残疾人法案经历了不断的修改和完善，对残疾人的定义始终与1990年法案保持一致。残疾人定义的外延被不断扩大，其与普通人群体间的边界被模糊化。与其他大多数国家相比，美国残疾人宽泛的标准使其残疾人的占比相对较高，人数也较庞大。因此，残疾人在美国没有被当作具有歧视意味的对象，而是具有赋权意义的积极群体，其定义表述倾向于对障碍的关注，区别于残疾人 Disabled Person 或 Disabled People。

(二) 残障资格获取

残疾人残障资格的获取是残疾人获得特惠社会福利和就业帮扶的基础条件。在美国，残疾人要想获得残障资格必须通过医疗机构的鉴定，具体要求为：有可能造成死亡或疾病将持续1年以上，且无能力从事实质性收入活动的残障人士。[②]

残障资格的认定首先必须由个人进行申请。由于美国残疾人就业和社会福利享受的重心放在民营企业，故而残障资格的审查也放在民营企业内部操作。残障资格申请人须向各州社会保障局的残障确认处(Disability Determination Services，DDS)递交申请，该部门对申请者的身体障碍程度和工作与身体条件匹配度进行评估以判断障碍的具体表现。具体审核过程分为工作检验、严重性检验、医疗表检验、以前工作检验和任意工作检验五个步骤。每项工作的推进都是以之前工作完成的情况为前提，若之前审核程序未能通过申请，将被驳回不能进入下一审

---

① Americans with Disabilities Act of 1990(ADA), Pub. L. 101 - 336, 104, Stat . 327, enacted July 26, 1990, http://en. wikipedia. org/wiki/Americans with Disabilities Act of 1990.

② Szymendera, Scott, Primer on Disability Benefits: Social Security Disability Insurance(SSDI) and Supplemental Security Income(SSI), Washington, D. C. , Congressional Research Service & the Library of Congress, December 26, 2006.

核阶段。在任意工作检验程序通过后，残疾人即可获得残障资格，并享受相应福利待遇。美国的残障资格审核极其严格，真正能够通过全部审核的残疾人大约只占到所有申请者的四成。

针对申请审核被驳回的情况，申请者可以通过复议、行政法审判听证、上诉理事会决议、联邦法院系统听证的程序进行上诉，申请的程序也是按照步骤依次进行。另外，美国残障资格的获取还是一个动态过程。美国社会保障局定期进行“残障维持审查”(Continuing Disability Reviews, CDR)，以审查职工本人是否依然处于残障状态。若残障资格获取人的身心健康状况有所改善，第一次审核将安排在领到第一笔残障福利金的6—18个月内进行。倘若健康状况持续改善，一般3年审核一次。假如受益人已经领到24个月的福利金，医疗审核将不会单独按照工作能力进行。①

二、美国残疾人就业福利供给：自由主义积极福利

(一) 权利与义务相结合的社会福利供给制度

从1956年美国《残疾人社会保障保险法》的颁布开始，残疾人作为特殊群体被纳入美国社会福利体系中。到目前为止，与残疾人相关的社会保险主要包括：老年、遗属与残障保险(OASDI)，老年社会保障残障保险(SSDI)或称为残障保险补助(DIB)以及老年和残障健康保险(Medicare)。与残疾人相关的社会救助法案是1974年颁布的《收入补助保障法》，具体项目为补充收入保障项目(SSI)。可见，美国残疾人的社会福利体系得以基本建立，残疾人基本权利得以保障。

然而，美国残疾人社会福利供给始终本着权利与义务相结合的宗旨，突出在工作环境解决残疾人福利。残疾人要想获得更好的生活，就必须进入到劳动力市场与普通人一样工作。在工作环境下，残疾人、雇主和政府共同承担残疾人社会保险购买责任，残疾人及其子女亦有权利享受福利待遇。该积极福利理念在就业市场的表现进一步得到了美国政府的政策支持。2001年美国《力争自足计划法》实施，

① 李超民：《美国社会保障制度》，上海人民出版社2009年版，第74页。

鼓励残疾人在保有医疗保险和救济资格的同时积极就业，以抵消照顾负担的影响。[①] 该法案不但强化了美国自由主义积极福利思想，降低了残疾人对社会福利的依赖程度，也实现了福利发展对经济的支持。美国康复服务管理局（the Rehabilitation Services Administration，简称 RSA）的数据显示：在参加支持性就业前至少有75%的残疾人领取联邦残疾保障金，其中61%的残疾人是SSI的受益人，超过25%的人是SSDI的受益人。而在参加一段时间支持性就业之后依赖联邦补助的人数减少到30%，接近23%的残疾人可以完全依靠自己的收入维持生活而不需要国家补助。[②] 一方面，通过积极的残疾人就业政策减少了残疾人的福利依赖。另一方面，政府的残疾人就业扶助资金投入大幅下降，有利于缓解福利财政压力。

（二）潜能发展的就业服务

残疾人就业能力的提升和潜能的发展主要依靠就业服务供给。其实，受到传统的自由主义思想影响，以残疾人自立自强就业为导向的政策设计早已有之。1917年《职业教育法案》（Smith-Hughes Act of 1917）、1918年《士兵康复法案》（Soldiers' Rehabilitation Act）和1920年《职业康复法案》（Civilian Vocational Rehabilitation Act of 1920，也称 Smith-Fess Act）对残疾劳工和残疾军人制定了康复、职业指导、技能开发、就业和独立生活计划，并对资金供给和管理做了明确规定。1943年的《巴登—拉佛列特法案》开启了美国联邦和州政府共同进行盲人职业重建的先河，并将受益的残疾群体扩大到精神障碍者和智力障碍者。战后的美国进一步加大了对残疾人就业服务的资金支持力度和范围。1973年颁布的《职业康复法案》中规定要"运用最先进的解决康复问题的医疗技术、科技成果、心理学及社会学知识，研究设计出具有创造性的向残疾人提供康复服务的项目"。1986年《职业康复法》更将残疾人就业服务项目的资金和比例明确化，服务项目更加具体化。[③] 随着20世纪80年代美国残疾人人权运动的兴起以及残疾的社会模式理念在西方国家流行，残疾人就业服务开始逐渐由单一资金扶持向具体化的服务项目扶持和独立人权政策转变。1990年《美国残疾人法》的颁布突出了就业服务对残

---

① 杨立雄：《美国、瑞典和日本残疾人服务体系比较研究》，《残疾人研究》2013年第1期。

② 杜林等：《美国残疾人支持性就业的发展及对我国的启示》，《中国特殊教育》2013年第9期。

③ 杨伟国、陈玉杰：《美国残疾人就业政策的变迁》，《美国研究》2008年第2期。

疾人自立的意义，此后的政策更具有残疾人潜能开发和自立自强的就业导向功能。1998年《劳动力投资法》（Workforce Investment Act）把以前分散的联邦培训计划如工作培训、成人教育、职业康复计划等，转变为一个协调的、综合性、一站式的服务体系。建立了全美范围内的劳动力参与和就业体系（即美国劳动力网络）以满足企业、就业者和希望拓展职业生涯者的需要。残疾人在该计划中受益匪浅。1998年《辅助科技法》（Assistive Technology Act of 1998）要求为各个年龄的残疾人提供与科技相关的服务支持，增加公共机构和私人部门提供、购买科技型设施以及提高为残疾个体提供科技型服务的能力，并对提供这些服务的州给予资金支持。同年，克林顿政府成立了成年残疾人就业小组（Presidential Task Force on the Employment of Adults with Disabilities），进一步对美国残疾人现有政策进行革新和评估。1999年《工作凭证和改善工作刺激法》（Ticket-to-Work and Work Incentives Improvement Act）颁布，以确保每一个残疾人有机会进入劳动力市场。2001年，美国劳工部成立了残疾人就业政策办公室（Office of Disability Employment Policy），举办了各种促进残疾人就业、提供残疾人职业技能、拓展残疾人职业发展空间的项目，成为至今美国残疾人就业潜能发展服务的重要政策标志。[①]

（三）以工作为基础的就业保险机制

与北欧福利国家不同，除了基本的社会救助，美国残疾人基本生活保障和养老保障需要靠以就业为基础的职业保险机制来实现，这在很大程度上激起残疾人的就业动力。在美国现行社会保障体制下，只要达到法定工作年限，且属于在参保季（quarters of coverage）计算年限内的最近参保对象，可以领取伤残保障金。领取伤残保障金的职工，必须是致残后不能再从事他之前所从事的工作，也无法调整工作者，伤残必须是超过12个月的长期伤残。根据伤残者年龄、教育程度、工作经历和养老金缴纳记录发放保障金。另外，美国还建立了补充保障收入制度，其发放不是以残疾人参保与否为标准，而是通过中位数检验的方法来进行。美国老年人和残障健康保险计划也是以职工就业薪金税缴纳为基础，其受益者一般要求是年满65周岁的职工，没有年满65周岁的应当为享受过24个月社会保障计划或铁路退

---

① 杨伟国、陈玉杰：《美国残疾人就业政策的变迁》，《美国研究》2008年第2期。

休局残障者。由此可见,美国残疾人社会保障金的获得均以残障者是否就业为基础,其社会保障金主要的来源是雇主和职工。所以,残疾人只有具备工作的经历和意愿才能拥有退休和医疗等相应保障,充分体现了美国带有积极福利意味的自由主义思想特质。

(四) 多维支持性就业

残疾人就业有别于普通人,需要全方位、立体式的政策、资金和环境支持,要想实现真正意义上的积极就业就必须将康复、医疗、就业、教育、环境和技术开发等多维元素进行整合,以打通残疾人就业中的政策壁垒、身体壁垒、环境壁垒、知识壁垒和技术壁垒。美国残疾人多维积极就业是在政策的不断完善中实现的。

在环境方面,1968 年《建筑无障碍法案》、1970 年《城市公共交通法》、1973 年《高速公路建设法案》、1988 年《听觉辅助法》、1988 年《远程通讯无障碍增强法》等法律的颁布为残疾人积极融入社会打通了环境壁垒,从道路设置、建筑物进出、公共交通、远程通讯等方面为残疾人更好地进入工作环境创造了条件。

在康复方面,从 1954 年《职业技术康复法案》到《1973 年康复法》再到 1986 年《职业康复法》,美国政府提倡运用最先进的医疗康复技术为残疾人提供康复服务,并设立专项资金和服务项目为残疾人顺利进入劳动力市场进行职业康复。

在教育方面,1975 年针对全体残疾儿童实行的教育法案和 1994 年《残疾人教育法》为残疾人享有良好的教育基础并能顺利进入劳动力市场创造了条件,且突出了政府在其中的责任。在美国,残疾儿童享有初级和中级学校免费和适当公共教育权利,政府承担所有残疾儿童特殊教育评估经费,并针对个人制定个性化支持服务,以保障残疾儿童可以顺利实现向劳动力市场的过渡。

在就业方面,1975 年《救助发展中的残疾人法及人权法》要求接受政府援助的受益人承担雇用和扶持残疾人的义务。1990 年《美国残疾人法》更进一步明确残疾人的就业权利和社会的义务。1999 年《就业和积累就业券法案》的颁布是为了改变残疾人福利依赖问题进而有效促进残疾人融入劳动力市场。2002 年《创造就业机会与帮助工人法》则通过降低中小企业税收的办法鼓励企业雇佣残疾人就业。将教育和就业进行有机结合的法规主要是 1994 年《从学校到工作机会法》和 1998 年《劳动力投资法》。一方面,各州为学生从学校进入就业市场提供了资金帮扶,通过建立地方性学习组织的方式帮助残疾人获得适应社会的技能。另一方面,将分散在联邦的如工作培训、成人教育、职业康复等培训计划进行整合,形成协调的、综合性、一站式的残疾人就业服务体系。且随着网络化的发展,功能强大的残疾人就业信息服务中心也随之形成。2001 年,美国劳工部成立了残疾人就业政策办公室(Office of Disability Employment Policy),通过商界领导网络(BLN)、多重文化网络(CDN)、就业帮助推进网络(EARN)、国家成年残疾人劳动中心(NCWE - A)和人才招聘计划(WRP)等计划,致力于残疾人就业能力开发、就业机会增加和就业权利维护。

三、美国残疾人就业中的多元治理

美国的社会福利制度受自由主义思想影响深远,在社会福利的资金供给和责任分担中强调各福利主体责任分担。但是,残疾人作为社会中的弱势群体受到美国社会的特别关注。特别是残疾人的就业支持中,政府始终发挥着举足轻重的作用。美国残疾人就业保障体系逐渐形成了政府与社会,联邦政府、州政府和地方政府共同负责和协调的制度化模式。

(一) 政府机构资金主导递送

早在美国内战时期,政府就鼓励残疾军人回到家庭,在适合自身残疾状况的岗位工作,并提供残疾津贴,到 1900 年该项津贴已经成为政府最大的一项财政开支。从 1935 年《社会保障法》的实施开始,为残疾人提供政府公共救助补贴和医疗补助计划就成了政府的责任。2008 年,美国政府规定:个人月收入 2016 美元以下,每月领取 637 美元;家庭月总收入 2 973 美元以下,每月领取 956 美元;补助经费由国家税收支付。到 2009 年约有 890 万人享受残疾人福利,领取的残疾金平均每月为 1 064 美元,联邦政府为此每月支出约 91 亿美元,每年花在这方面的经费高达千亿。[①] 可见,美国政府为残疾人、特别是贫困残疾人提供了主要的收入来源。就算是由非营利组织提供的残疾人就业服务,其主要的服务购买资金也主要来源于政府。然而,美国政府也并非一味"奖励贫困",为了减少残疾人的福利依赖,促进

① 谢琼:《国际视角下的残疾人事业》,人民出版社 2013 年版,第 262 页。

残疾人积极就业,美国 1996 年通过了“个人责任与就业机会折中法案”,以激发残疾人就业动力。

(二) 非营利组织的强势参与

美国是世界上非营利组织最为发达的国家之一,各类型的非营利组织遍布各个地区和领域。美国残疾人非营利组织对残疾人就业服务的强势参与是在 1970 年“残疾人权利运动”之后,其主要类型为:为特定残疾人群提供服务的机构、为多类残疾人群提供服务的机构和地方性残疾人服务机构。例如俄勒冈州的美好愿望工场(Goodwill Industries)就是一家专门为智力残疾人提供就业机会的特定残疾人群就业服务机构。该机构接受社会捐赠废旧物品,按能力分组安排智力残疾人整理这些回收物品,并进行销售,对残疾人的能力再评估,向其他社会单位推荐残疾人就业。[①] 通过该组织实现了残疾人就业的科学评估、能力重塑、机会供给和社会参与。在美国,大量的残疾人组织参与到残疾人积极就业政策的实践中,包括技能培训、就业咨询、就业介绍、信息服务、职业评估、职业规划、器具研发,以及为残疾人能适应工作环境所提供的服务。政府在积极就业政策中充当资金供给的作用,大量的残疾人就业服务递送工作则由非营利组织来实现。

(三) 企业参与的两难境地

企业是残疾人积极就业政策实现的主要阵地,但是营利性和慈善性的矛盾让企业在参与残疾人就业岗位供给和管理中处于两难的境地。美国《残疾人法案》明确规定了企业在残疾人就业保障中的责任和残疾雇员的基本权利。残疾雇员的工作申请、工作环境和工作程序可以根据残疾人的具体情况进行合理调整。为了保障企业的正常经营,《残疾人法案》还通过“过渡负担”的界定对有义务的雇主进行合理保护,主要考虑残疾人就业成本、职工人员结构、职能分配等。虽然法案规定了对企业的保护,但是在实际操作过程中很难避免企业发展和残疾雇员安排的矛盾。

---

① 谢琼:《国际视角下的残疾人事业》,人民出版社 2013 年版,第 305 页。

四、美国残疾人就业的困境及经验借鉴

(一) 残疾人就业的困境

研究表明,1990年美国《残疾人法案》虽然对残疾人就业给予法律上的支持和政策上的帮扶,但是在残疾人就业率的提升方面效果还是差强人意。一位美国学者对20世纪90年代美国男性残疾人的就业率调查发现:在《残疾人法案》颁布后的五年间(1991—1995年),男性劳动者的就业率为92.4%,男性残疾人的就业率为48.9%。而法案颁布前的五年(1985—1990年)男性劳动者的就业率为95.5%,男性残疾人就业率为59.8%。可见,法案颁布后反而使男性残疾人就业率下降了10.9%,而此时男性劳动者的就业率仅下降了3.1%。这说明法案的实施不但没有带来残疾人就业状况的改变,反而造成了残疾人就业率的下降。该研究的解释是,由于法案的实施增加了企业对雇佣残疾人的成本,加大了企业参与残疾人就业服务的困境。①

在接下来的数十年间,残疾人就业服务的困境并未得到根本改变。2008年1月,美国公平就业机会委员会发布"提高特定残疾人在联邦机构的参与率"(Improving the Participation Rate of People with Targeted Disabilities in the Federal Work Force)报告,指出在联邦政府公共部门工作的残疾人比率下降,2006年下降到了0.94%,达到了近20年的最低点(特定的残疾是指:聋、盲、部分或全部瘫痪、精神病或者缺少胳膊或下肢的人等)。② 据美国劳工部2010年8月25日公布的数据,2009年,残疾工人失业率为14.5%,近1/3的残疾人只做兼职工作,有学士或以上学位的残疾人的失业率为8.3%,高于非残疾的大专院校毕业生的4.5%。2010年7月,残疾人失业率高达16.4%。2009年,2.1万多残疾人因遭受就业歧视向美国就业机会均等委员会投诉,比2008年和2007年分别增加10%和20%。③ 以上数据显示,虽然美国在残疾人生存环境改善和就业服务方面

---

① 谢琼:《国际视角下的残疾人事业》,人民出版社2013年版,第272页。

② 杨伟国、陈玉杰:《美国残疾人就业政策的变迁》,《美国研究》2008年第2期。

③ 参见国务院新闻办公室:《2010年美国的人权记录》,中央政府门户网站,http://www.gov.cn/jrzg/2011-04/10/content_1841245.htm.2011年4月10日。

做了大量努力，并希望通过法律的形式对残疾人就业给予保障，但残疾人就业的形势依然不容乐观。除了美国社会依然存在人群歧视外，根本的原因还在于企业参与就业机会供给和市场竞争的矛盾。另外，高额的残疾人救助补贴，也成为残疾人自我参与就业意识不足的重要因素。

（二）美国经验对我国的借鉴意义

美国的自由主义精神和民主主义传统为其推行积极的残疾人福利政策创造了先天条件。在美国残疾人社会福利政策的发展中，积极福利思想的形成经历了古典自由主义、福特主义、新自由主义和“第三条道路”政治思想的影响，并非一蹴而就。反映残疾人观的残疾模式也在这一变化过程中经历了从个人模式向社会模式的转变。美国积极福利思想主要体现在残疾人就业政策和就业服务供给中，以残疾人最大限度地参与社会生活和进入劳动力市场为目标，来实现残疾人自我价值的实现。

首先，美国残疾人定义外延的不断扩大弱化了残疾人身份。对残疾人特殊身份的淡化有助于残疾人融入社会，强化自我意识，树立自立自强观念，从思想深处确立积极福利价值观，这种体现自我能力和自我价值的“美国精神”始终是积极福利残疾人就业观的支柱。

其次，政府强化财务供给责任。虽然美国一再强调政府的辅助作用，而让市场充分发挥其价值。但在对社会福利的财政投入中，政府的作用在不断加强。在残疾人就业服务中，大量的财政支持是美国残疾人就业政策得以实施的绝对力量。

再次，多主体参与残疾人就业服务递送。美国是在残疾人就业服务中多元主体递送做得最好的国家，这与其慈善传统息息相关。正是大量的社会组织、非营利团体和志愿者的加入，让残疾人就业工作更体现出融入感。残疾人在准备就业和进入就业岗位的过程中不断得到自我认可和社会认可。

最后，环境保障和高科技投入提升残疾人就业服务质量。美国在残疾人就业环境改造和科技投入方面堪称世界的典范，他们将其最先进的医疗和康复设施投入残疾人康复和就业环节，根本目的就在于通过环境改造和器具使用让残疾人树立信心、提升能力、提高自我悦纳感，最终实现积极就业。

第二节　日本残疾人就业政策与经验

一、日本残疾人定义及福利思想特征

(一) 扩展的定义与清晰的分类

日本对残疾人福利资源的分配建立在明确的定义和清晰的分类基础之上。1960 年的《日本残疾人福利法》中就对残疾人做了明确的限定，认为残疾人是指相关标准所列残疾，年满 18 岁、领取都道府县知事发给的残疾人手册者（见下附表）。为了对残疾人有更进一步的解释，1970 年《日本残疾人对策基本法》将残疾人定义为由于有肢体残疾、视觉残疾、听觉残疾、平衡机能残疾、声音机能残疾或者语言机能残疾、心脏机能残疾、呼吸器官机能残疾等固定的内脏器官机能残疾或精神呆滞，日常生活或社会生活长期受一定程度限制者。此时，残疾人定义还相对局限，内容也仅涉及身体障碍方面，而对社会障碍并未提及，具有明显的医疗模式特征。此后，日本残疾人定义中残疾人群体范围开始扩展。1993 年，《残疾人基本法》取代《日本残疾人对策基本法》，将残疾人扩展到与精神有关的残疾。之后，在 2004 年和 2011 年又经过了两次修改，对残疾人的定义又进行了进一步修正。目前，日本在法律上规定残疾人主要包括四种类别，即身体残疾、智力残疾、精神残疾和发育残疾。①

1949 年日本《身体残障者福利法》规定，残障者是指 18 岁以上身体上障碍（未满 18 岁称“残疾儿童”），且接受了都道府县知事交付的身体障碍证者。② 身体残障者是由先天或后天原因而造成的身体功能性损伤，进而造成的生活障碍。身体障碍证的领取或福利资格的享受，需要通过都道府县知事指定医师，并出具诊断书，方可获得相应福利待遇；精神残疾（精神身体障碍者）是指患有精神分裂症、精神作用物质引起的急性中毒或其依赖症、智力障碍、精神病质及其他的精神疾患

① 温婷：《日本残疾人康复经费保障研究》，首都经济贸易大学硕士学位论文，2013 年，第 4 页。
② 桑原洋子：《日本社会福利法制概论》，韩君玲、邹文星译，商务印书馆 2010 年版，第 288、323 页。

者。[1] 在《智力障碍者福利法》中对智力障碍者并没有进行定义而是将其包含在精神身体障碍者中;2004 年日本颁布了《发育障碍者支援法》,该法将患自闭症、有石棉沉着病症状等广泛性发育障碍、学习障碍、缺乏注意力多动症障碍及其他与此类似的脑功能障碍者定义为发育障碍者。[2] 可见,日本残疾人具有清晰的分类和明确的定义,并根据不同类型的残疾人颁布了相关法律,从类型角度入手让残疾人服务更具有针对性和可行性。

附表 1960 年《日本残疾人福利法》残疾分类标准列表

残疾类别	具体内容
视力残疾为永久性的残疾	1. 两眼视力(指以万国式视力测试表测得的视力,对屈折异常者,则指对矫正视力测得的视力)分别低于 0.1。 2. 有一眼视力低于 0.02,而另一眼视力低于 0.6。 3. 两眼视野分别小于 5 度。 4. 两眼视野损失大于 1/2 以上。
听觉或平衡功能的障碍为永久性的残疾	1. 两耳平均听力损失大于 70 分贝。 2. 有一耳平均听力损失大于 90 分贝,另一耳平均听力损失大于 50 分贝。 3. 两耳的普通语声最佳明缭度低于 50%。 4. 平衡功能有明显障碍。
声音功能、语言功能或咀嚼功能的障碍	1. 丧失声音功能,语言功能或咀嚼功能的。 2. 声音功能、语言功能或咀嚼功能有显著障碍并为永久性的。
肢体残疾	1. 单上肢,单下肢或躯干的功能有明显障碍,并为永久性的。 2. 单上肢的拇指伴有指骨间关节以上缺损或包括示指在内单上肢有二指以上分别伴有第一指骨间关节以上缺损。 3. 单下肢在踝关节及其上部截肢或缺肢。 4. 双下肢缺损所有脚趾。 5. 单上肢拇指功能明显障碍或包括示指在内单上肢的三指以上的功能有明显障碍并为永久性的。 6. 第 1 项至第 5 项所列残疾之外,其程度被认为超过第 1 项至第 5 项所列残疾程度的残疾。
心脏、肾脏或呼吸器官功能障碍及其他政令规定的残疾	程度被认为人为永久性的,并且日常生活受到明显限制的。

资料来源:1960 年《日本残疾人福利法》

① 桑原洋子:《日本社会福利法制概论》,韩君玲、邹文星译,商务印书馆 2010 年版,第 323 页。

② 韩君玲:《析日本障碍者福利立法的变迁过程及特点》,《东岳论丛》2011 年第 12 期。

(二) 残疾人福利思想特征

日本福利体制具有混合型特质,既有保守型体制特征,又具有东亚福利体制特征,其残疾人就业福利也构成了自己的特色。

第一,“家本位”与政府有限责任。在日本,儒家文化传统影响至深,其社会福利建立的理念是东方家庭中心主义的责任观念和孝道传统,而非西方社会的社会权利基础。家庭成员对残疾人的照顾责任是残疾人社会服务的核心价值理念,家庭成为残疾人服务运行的主要载体,并通过法律的形式得以强化。与此同时,日本政府认为残疾人的照料应由家庭来承担主要责任,政府只应该承担兜底作用的有限责任。在此文化背景下残疾人社会福利分配的选择性特征明显。

第二,“因果论”和“依靠论”思想根源。在日本本土文化中残疾人“因果报应”思想根深蒂固,虽然受到西方慈善主义和现代公民权利思想的影响,可残疾的“宿命论”和不幸思想依然存在。认为残疾人只要从康复和医疗角度进行恢复就可以维护其权利,而并未从社会融入的角度来进行分析,所以属于明显的个人模式或医学模式阶段。日本人个性中具有鲜明的自立自强精神,而残疾人因身体或精神原因具有较强的依靠性,被当作社会的负担,故而在残疾人社会福利政策的设计上显得较为谨慎,在政府进行福利资源分配时选择性明显。

第三,残疾人政策的“自立性”设计原则。与欧洲福利国家残疾人政策理念的演变不同,日本没有经历过残疾人“无义务享受权利”到“无责任即无权利”的消极福利向积极福利转变过程。而是在残疾人政策的转变中实现从家庭“无能照顾”到家庭和社会共同支持的“自立性”照顾。在 1960 年《日本残疾人福利法》中规定:“残疾人必须通过发挥自身的能力,努力参与社会经济活动。”1970 年施行的《日本残疾人对策基本法》中进一步规定:“残疾人的家庭,必须为促进残疾人的自立而努力。”日本“自立性”残疾人社会福利资源的分配是基于对残疾人概念的严格界定,并通过科学的评估和资格认证来进行的,所以依然具有鲜明的“选择性”特征。

二、日本残疾人就业福利供给:“生产性”与自立性

(一) 法律保障:奖励与惩罚并重

日本针对残疾人就业最为主要的法律是 1960 年颁布的《残疾人雇佣促进法》

和 1994 年颁布的《残疾人基本法》。《残疾人基本法》主要强调了国家和社会团体在残疾人就业培训、就业指导、职业介绍、促进就业等方面的责任和义务。经历 25 次修订的《残疾人雇佣促进法》除了强调国家、社会团体在残疾人劳动就业工作中的责任和义务，还强调残疾人职业介绍机构的职责和法律地位，残疾人应享受到的职业介绍、职业指导、心理支持等服务内容，以及残疾人就业保障金的收取、奖励等业务流程，残疾人就业的主要形态等内容。① 法律中规定根据不同类型和性质的就业部门要按一定比例雇佣残疾人，比例从 1.8%到 3%不等。其中，政府和社会团体在残疾人就业中具有示范作用，国家和地方公共团体安置残疾人的比例为 2.1%，高于一般企业 1.8%，体现了政府对残疾人就业的支持和责任。所有企业、单位必须每年向公共就业保障办公室递交报告，对超过比例安排的企业、单位实行奖励，每多招收一名残疾人，每月奖励 2.7 万日元，这些补助金主要是用于企业为雇用这些残疾人而在工作环境、工作设备、福利设施等方面的成本支出，从而缩小企业由于雇用残疾人而导致的成本上涨趋势，有利于建立企业持续雇用残疾人的长效机制。

同时，日本的法律对于没有按照规定雇用残疾人的企业，制定了相应的惩罚措施。对没有达到比例的企业或单位，该办公室发出警告并要求做出解释，制订行动计划，限时限额完成；同时收取保障金，每少雇用一名残疾人，每月缴纳 5 万日元。日本《残疾人雇用促进法》还规定，雇主解雇残疾工人时，必须事先向公共就业保障机构负责人报告。日本厚生劳动省和地方政府有关部门还定期发表公报，公布各单位执行情况，通过舆论监督推动按比例安排残疾人就业的实施。②

由此可见，日本在残疾人就业的法律规定中，既强调了政府和社会的责任，也充分考虑了企业雇佣残疾雇员的成本压力。做到奖励与惩罚并重，有效保障了残疾人就业的基本权利。

（二）就业服务：从封闭式走向融合式

日本残疾人就业服务按照服务类型可以分为：职业介绍、职业指导和适应性训

---

① 吕学静、赵萌萌：《中美日残疾人就业保障比较研究》，《社会福利》2012 年第 10 期。
② 同上。

练以及就业后指导等。职业介绍服务是收集残疾人求职信息和企业岗位提供信息,为残疾人就业寻找匹配岗位和适宜的工作。[①] 对残疾人具备的能力和借助辅助器具能达到的能力展开评估。提供工作需求双方的详细信息,并在上岗后进行为期一年的追踪指导。日本公共职业安定所的主要职能就是从事职业介绍和职业指导;职业指导服务是根据残疾人手册和诊断书等残疾情况证明材料,采取职业能力、认知水平、职业兴趣倾向等要素进行测试和评价,以对残疾人适合的岗位及职业规划提出可行性意见。当残疾人将要进入或已经进入工作岗位后,残疾人服务机构就需要对残疾人进行适应性训练。训练的内容包括了机械、木工、计算机操作、缝纫、印刷等 20 多种专业,根据学员的残疾程度和文化水平不同进行为期 6 个月到 1 年不等的个性化指导训练。国立职业复健中心所提供的专业化和个性化职业训练在日本起到了良好的示范作用,其学员的就业率一直高达 90%;就业后指导是指让残疾雇员在就业后能迅速适应工作环境的相关服务,包括残疾人职业能力和适应性测试、岗位适应指导和就业信息提供等。东京精神残疾人职业中心和残疾人就业自立中心就是此类服务的典型代表。另外,日本还建立了残疾人职业综合服务中心,对残疾人职业康复进行调查研究,并为各地残疾人职业康复中心和职业中心提供建议和技术支持。

可见,残疾人就业服务已经从过去单纯进行庇护式集中就业服务向残疾人能力建设的扶持型就业和自主创业模式发展。残疾人开始从封闭式就业走向融入社会的开发式就业。

(三) 能力评估:精准就业福利供给的实现

公共职业安定所是日本为残疾人提供就业服务的重要部门,其主要职能为收集残疾人求职的信息,提供企业雇佣信息,开拓适合残疾人能力的工作招聘渠道,评估残疾人就业能力,为残疾人提供相应的职业指导等各种必要措施。其中最为主要的职能就是对残疾人就业能力进行评估。残疾人能力评估主要包括:个人背景法、心理和生理检查法、工作样板法和职务试行法。个人背景法的内容为了解残

---

① 吕学静、赵萌萌:《典型国家残疾人社会福利制度比较研究》,首都经济贸易大学出版社 2012 年版,第 177 页。

疾人的生育史、工作简历、残疾状况等与职业自立有关的情况和其家属的需求、想法。其优势在于可以建立起与残疾人的信任关系。心理和生理检查法包括从身体方面(身高、体重、视力、听力、肌力、动作等),精神方面(智力、性格等),社会方面(身边照料情况、社会生活能力等),职业方面(劳动积极性、适应能力、工作能力、职业兴趣等)四个方面掌握情况。其优势在于更加全面和科学地了解残疾人身心状况和职业需求;工作样板法是指参照心理、生理的检查结果,设定更接近现实工作岗位的工作课题。其优势在于在提高残疾人积极性的同时,对其进行职业评价;职务试行法是在协作单位的工作场地,以 3 周为期限,通过使其体验实际作业,从而掌握职业的各种特性。其优势在于对实际工作环境进行最为直接的测评。①

三、日本残疾人就业三维递送模式

(一) 三级政府递送主体体系

《日本残疾人对策基本法》中第 4 条明确规定国家及地方公共团体负有预防残疾的发生以及增进残疾人福利的责任,其中包括医疗、康复、保护、教育、职业指导、雇用、支付年金等有关残疾人福利对策事项。在《身体障碍者福利法》中强调国家及地方公共团体必须为综合实施促进身体障碍者的自立及对其参加社会经济活动的援助和必要的保护等而努力。② 日本实行"中央政府—都道府县—市町村"三级管理与服务体系。因此,厚生劳动省、都道府县、市町村等各级政府对残疾人就业服务的递送负有主要责任。其一,日本厚生劳动省设立中央残疾人对策协会,其主要职责是调查审议关于制定残疾人政策的基本事项,并推进相关残疾人机构的相互联系和协调工作,起到残疾人就业服务递送中政策主导的作用;其二,都道府县负责策划本辖区内残疾人相关政策实施且与相关部门联系和指导工作,设置障碍者更生咨询所,并安排障碍者咨询员从事障碍者的咨询和援助等工作。③ 其三,市町村是日本政府残疾人就业服务递送最基础的组织主体,主要负责发现障碍者,提供相关福利信息,提供残疾人咨询服务,根据残疾人调查情况提供服务建议和技术

① 吕学静、赵萌萌:《我国残疾人就业保障的核心问题及国际经验借鉴》,《经济论坛》2012 年第 10 期。
② 桑原洋子:《日本社会福利法制概论》,邹文星译,商务印书馆 2010 年版,第 289 页。
③ 宋健敏:《日本社会保障制度》,上海人民出版社 2012 年版,第 443 页。

支持;其四,都道府县和市町村必要的地方设置具有行政机关性质的身体或智力障碍者更生咨询所,并安排具有公务员身份的障碍者福利员,进行障碍者服务咨询、指导、鉴定和直接递送服务。

(二) 家庭递送的承载平台

作为东亚福利国家的代表,日本具有良好的"家庭主义"传统,家庭成员在残疾人社会服务的递送时一直扮演着重要角色。这不仅成为日本大和民族的道德载体,也成为残疾人获得情感支持和心理慰藉的主要平台。为保障家庭在残疾人服务递送中的责任,日本在相关法律中也给予家庭服务递送以保障。《残疾人基本对策法》中规定:"残疾人的家庭,必须为促进残疾人的自立而努力。"可见,除了对于残疾人基本服务的递送责任,家庭也承载了对残疾人自立的责任。政府对提供残疾人服务的家庭在税费减免和经费补贴方面给予了一定优惠,并通过法律给予保障,让"家本位"传统可以继续作为残疾人服务递送平台继续承载其基础功能。

(三) 福利法人递送的制度保障

与英国非营利组织主导服务递送不同,日本民间递送组织以福利法人为主。福利法人是指以进行社会福利事业为目的,根据社会福利法的规定设立的法人。法人是自然人以外,具有法人资格,享有权利、承担义务的团体(社团)。社会福利法人比公益法人更具公益性,是特别法人,因为要求具有较强安定性和公正性,所以社会法人必须具备必要资产和品行信用,以向政府申请的形式获得资格。福利法人具有严格的管理规定和退出机制,政府对其服务递送质量和经营透明性均有严格的标准,并对其管理和服务递送过程进行严格监督。同时,社会福利法人可以优先获得政府提供的财政补助并享受法人税和固定资产税的免除等优惠政策。社会福利法人制度建立在公助基础之上,通过发挥民间力量帮助政府解决了满足本地社会福利服务需要的实际问题,而且还为社会提供了大量的就业机会,应该说是政府购买服务的一种形式。[①]

① 杨立雄:《美国英国和日本残疾人福利制度比较研究》,《黑龙江社会科学》2014 年第 3 期。

四、日本残疾人就业的经验借鉴

（一）重视公共部门在就业安置中的责任

与美国《残疾人法案》颁布后残疾人就业率下降不同，日本在 2013 年将企业雇佣残疾雇员的比例从 1.8%提高到 2%以后，残疾人就业出现大幅度增长。根据日本厚生劳动省公布的一项调查报告显示，截至 2013 年 6 月，残疾人的就业比例和就业人数有了大幅提高。其中身体残疾人士就业人数 22.49 万人，较上年提高 4.9%；智力残疾人士就业人数 7.28 万人，较上年提高 12.5%；精神残疾人士就业人数 2.6 万人，较上年提高 34.9%。就业残疾人的总数首次突破 30 万人。在就业率提升的过程中，法定雇佣率达标的企业为 42.7%，反而下降了 4.1%。厚生劳动省解释为政府提高了雇佣残疾人比例。①

一方面，日本在残疾人就业中不断强化公共部门责任，不断加大对残疾人就业岗位的安置和消化。残疾人在公共部门中就业使其职业发展更加具有稳定性和科学性，使残疾人充满自信并受到尊重，真正实现了残疾人的自我价值。另一方面，日本政府还不断激发企业接收残疾雇员的动力和热情，从政策扶持和资金支持方面增强企业雇佣残疾雇员的推力。

（二）建立科学的残疾人就业法律体系

日本在残疾人就业相关法律的制定中将残疾人细分为身体残障和智力残障两个部分，根据残疾类型进行就业援助。从内容上看，将就业服务细分为岗位信息、职业鉴定、职业培训、职业康复、职业指导、职业诊断、职业评估等。将残障类型和就业服务深入细分使得残疾人就业服务供给更具有科学性。另外，在就业岗位安排的法律条文设计中并非一味对企业强调责任，同时也从市场和企业角度考虑长远发展。对于反残疾人就业歧视的法律条款设置细致，约束力较强。对未达标企业的处罚费用也投入到残疾人就业设施的建设中。因此，日本残疾人就业帮扶相关法律的制定具有较强的科学性和执行的可行性。

---

① 柳翠、余洋：《日本残疾人就业保障及其对我国的启示》，《现代商贸工业》2015 年第 10 期。

(三) 注重激发积极性的机构设置

日本残疾人福利政策的根本目的是让残疾人可以自立、自强地融入社会生活和参与社会事务。在机构设置方面,日本公共职业安定所作为中介较好地将残疾人教育、就业和福利等部门有机联结,实现了跨部门和跨领域的就业资源整合,将残疾人从学校到劳动力市场科学地相连。公共职业安定所不但具备为残疾人直接提供就业服务的职能,还具有对企业进行监督指导的职能。正是日本合理的中介机构设置让残疾人积极性的激发成为可能。

第三节 英国残疾人就业政策与经验

一、英国残疾人定义和残疾人就业政策溯源

(一) 英国残疾人定义

1995 年的《残疾人差别待遇法案》将残疾定义为:在生理或心理上受到损伤,并对其日常活动能力产生了实质性和长期性的不利影响。[①] 2005 年的法案修正案中废除了精神残疾的临床认证,并在新残疾定义中加入多发性硬化症、艾滋病和癌症患者。[②]《2010 年平等法案(残疾定义指南)》[The Equality Act 2010 (Guidance on the Definition of Disability)]将残疾人定义中各主要名词进行了详细解释。该指南以障碍(Impairment)为残疾定义的核心,障碍包括:感觉障碍(听力和视觉障碍)、循环性障碍(类风湿性关节炎、慢性疲劳综合征、抑郁症和癫痫等)、渐进性障碍(运动神经元疾病、肌肉营养不良和痴呆)、自身免疫性疾病如系统性红斑狼疮、器官特性障碍、发展性障碍、学习障碍和精神障碍等。[③] 对残疾的评估和社会歧视被视为一个动态过程,残疾人有被模糊化的趋势。残疾定义在对残疾认识不断深

---

① 英国政府公共服务网站:《Disability Discrimination Act 1995》http://www.legislation.gov.uk/ukpga/1995/50/pdfs/ukpga_19950050_en.pdf。

② 英国政府公共服务网站:《Disability Discrimination Act 2005》http://www.legislation.gov.uk/ukpga/2005/13/pdfs/ukpga_20050013_en.pdf。

③ 英国政府公共服务网站:《The Equality Act 2010 (Guidance on the Definition of Disability)》http://www.legislation.gov.uk/uksi/2011/1159/pdfs/uksi_20111159_en.pdf。

化和残疾模式进化过程中不断扩大，这说明在提供政策支持、就业帮扶和资金补贴方面残疾人群体的规模在不断扩大。

（二）英国残疾人就业政策溯源

英国是世界上第一个提出按比例安排残疾人就业政策的国家。此后，该政策被认为是促进残疾人就业的合理措施而被世界各国广泛接受。1944 年为解决残疾人就业问题，英国出台了首个《残疾人就业法案》，规定雇用 20 名员工以上的雇主必须至少使用 3%的残疾人。1948 年英国政府在综合性的《就业及职业训练法》中规定：国家及地方政府负有对残疾人进行康复和职业训练的责任，并对有生活需求的残疾人给予经济上的帮助。中央政府就业部、劳工部培训司和伤残人员司等部门负责为残疾人提供就业安排和指导，地方政府则设立残疾人训练所、康复中心以提供相应的职业培训。1970 年的《慢性病和残疾人法案》进一步规定，地方政府通过向残疾人提供适当服务，使之在社区中获得更多生存机会，并明确了残疾人与正常人拥有同等的社会权利。[①] 1995 年《反残疾歧视法案》中对涉及残疾人就业申请、面试、测试、聘用、晋升、解雇和就业环境等方面存在歧视的行为明令禁止。1997 年布莱尔政府上台后，对残疾人就业政策和法令进行改革，改革要求以激发残疾人就业动力、减少就业津贴支出为主的积极福利就业观为目标，并要求公共部门拓展残疾人积极就业平台。此后，英国残疾人就业政策的设计更加注重残疾人潜力开发和积极性调动，就业政策变得更为科学。

二、英国残疾人就业福利供给：积极福利楷模

（一）科学化的就业津贴补助系统

以现金为支付方式的社会救助和津贴是残疾人就业的经济基础和重要调节器。就业津贴补助过多将会消磨残疾人斗志，造成残疾人的福利依赖；就业津贴补助过少则不能保障残疾人基本生活。所以，对残疾人进行补助需要科学的体系。英国残疾人社会救助和津贴项目是一个内容繁多、覆盖对象全面、支付方式科学的津贴补助系统，该内容将积极福利思想和独立生活理念合理地融入其中，转变了残

① 许洁明、刘苏荣：《英国的残疾人就业政策及对我国残疾人事业的启示》，《思想战线》2012 年第 1 期。

疾人就业服务供给的价值理念。当前英国残疾人津贴分为:独立生活补贴、就业支持补贴、医疗康复补贴、税收减免、交通优惠、教育补贴、战争伤残抚恤等类别。从内容上看,充分表现出残疾人能力培养和自我发展的意图(如下表)。税收减免包括残疾人减免计划、盲人减税补助和确保生育补助金,交通优惠包括蓝徽停车计划、交通工具计划和公共交通优惠计划,教育补贴主要是残疾学生补助,战争伤残抚恤主要是战争残疾抚恤金和服役补助金计划,这些内容旨在为残疾人更好地融入社会降低成本,提供辅助工具,提升智力水平,以实现真正意义上的残疾人社会权利结果平等。

英国残疾人社会服务相关津贴

补贴类别	补贴项目	主要内容	负责部门
就业支持补贴	就业支援补贴	凡因病或残疾而影响到个人工作能力者均可申请。	特别就业中心和特别就业办公室
	无行为能力补助	因病或残疾需要治疗而造成无法工作者,可按无力工作的时间长短,申请相应补贴。	救助中心、特别就业中心和社会保障办事处
	就业计划	针对残疾人的工作交通补贴和购买工作特殊设备的补贴。	残疾人就业顾问
	收入支持	低收入残疾人可享受看牙、拿药、学生餐免费,以及获取相关房屋补助和税收补助。	特别就业中心、社会保障办事处
	工作抵税	通过减免税或退税提高低工作收入残疾及家庭收入。	皇家税务局和海关
	工伤残疾补贴	根据受伤者的年龄和受伤程度按等级每周获取补贴。	特别就业中心、社会保障办事处
医疗康复补贴	直接支付	具有社会服务资格的残疾人,自行安排照料服务,可要求政府提供直接补贴,也可采取自我照料或机构照料的方式获得服务补贴。	地方政府
	护理津贴	因生活不能自理而需要个人护理的老年人和残疾人可享受免税补贴。	特别就业中心,社会保障办事处和救助中心的残疾和护理服务处
	照料提供者补贴	为16岁及以上且已加入指定补助项目的残疾人每周提供至少35小时照料的残疾人照料者,每周可领取53.10英镑。	同上

（续表）

补贴类别	补贴项目	主要内容	负责部门
独立生活补贴	残疾生活补贴	针对65岁以下有生活帮助需求和出行困难的残疾人给予照料和活动补贴。	同上
	独立生活基金	为有独立生活需求的重度残疾人提供个人和家庭的照顾费用。	独立生活(1993)基金会、当地社会服务
	残疾设施补助金	提供帮助残疾人改造、改善家中居住环境的补助及减免残疾人设计、改装的商品和服务增值税。	地方政府房屋署

资料来源：http://www.gov.uk/browse/benefits/disability.htm

（二）更具个性化和增能意义的就业服务

英国残疾人社会服务供给种类丰富，项目齐全，其中最具有“积极属性”的当属就业服务供给。英国残疾人就业服务有三个主要特征：其一，预防性与干预性相结合。政府对残疾人就业需求和能力进行评估，设计科学的残疾人职业规划和就业指导，让残疾人享受全过程就业服务；其二，个性化服务与专家服务相结合。就业指导专家深入了解残疾人就业的具体状况和职业能力状况，针对每个残疾人提供个性化的咨询服务；其三，权利获得与责任义务相结合。英国的法律规定：没有工作但有工作能力且不积极寻找工作的人不能得到失业救济。[①] 残疾人的自尊和潜能在积极就业思想下被激发，残疾人获得自我价值的实现和真正意义上的发展。

在英国，残疾人就业安排和指导主要由中央政府就业部、劳工部培训司和伤残人员司等部门负责，地方政府则设立残疾人训练所、康复中心以提供相应的职业培训。[②] 2002年特别就业中心(Job Centre Plus)成立，并相继在各地成立了特别就业中心的办事处(Job centre offices)，将积极就业政策理念贯彻执行。该中心工作人员通过面谈详细了解残疾人状况和就业意愿，对其提供岗位信息、职业培训和就业指导等服务，以保障残疾人积极就业。其中最体现服务精细化的当属残疾人就

---

① 中国劳动保障科研网：《赴英国“促进困难群体就业”培训团培训考察报告》。http://www.calss.net.cn/calss_wai/chengguo.asp? depno=&pageno=2&radio=0.

② 许洁明、刘苏荣：《英国的残疾人就业政策及对我国残疾人事业的启示》，《思想战线》2012年第1期。

业顾问的咨询服务工作。其主要内容包括:第一,就业评估计划,是指为残疾人确定合适的工作和培训进行的科学评估;第二,准备就业计划(Work Preparation Programme),是通过工作技能和经验的学习让长期伤残和失业的人员重返工作岗位;第三,工作阶梯计划(Work Step),是指让就业困难或继续工作障碍的残疾人通过对不同工作的尝试而获得阶梯性的适应能力,以获得公平的薪酬待遇;第四,获得工作计划(Access to Work),对于即将进入或已经进入工作岗位的残疾人,若其工作因身体原因不能持续一年,可以获得就业顾问的多种帮助;第五,残疾符号计划(The Two Ticks Disability Symbol),该计划是指对积极聘用残疾人的雇主颁发"支持残疾人"标识,以鼓励全社会支持残疾人就业。在残疾人新政(New Deal for Disabled People)中来自不同机构和组织的工作经纪人(Job Brokers)可以通过互联网与残疾求职者沟通,并了解其基本情况和求职意向,经过一系列准备帮助求职者达成就业服务目标。[①] 另外,就业直接支付制度和个人预算为个性化就业服务的实现提供了手段和杠杆。

(三) 中央和地方双元支持的筹资体系

英国残疾人就业服务的资金基于中央和地方税收,通过中央财政拨款给地方政府,加之地方税收收入、个人捐赠、自愿或第三部门收费和补贴共同构成其资金来源。[②] 虽然大量的残疾人就业服务进行了外包和政府购买,但政府并未放弃其自由集体主义精神,依然在服务资金供给中占据绝对主体地位。其中卫生保健康复服务是由国家卫生服务系统(NHS)提供,由卫生部资助,就业服务的经费大多也是由特别就业中心提供。

在残疾人社会给付项目中,公共部门的支出从1980年开始就一直处于主导地位,特别是1990年后其在GDP中的占比明显上升。与美国不同,英国志愿部门的残疾人社会给付支出超过了私人部门,虽然近年来志愿部门在GDP的占比有所下降,但依然远超私人部门,(见下表)这主要源于英国的慈善精神传统。

---

① 岳晨:《英国残疾人社会福利制度研究》,中国人民大学出版社2008年版,第58—61页。

② Teresa Poole(2010). The King's Fund (2009) Funding Adults social care in England. www.kingsfund.org.uk.

1980—2011 年英国残疾人社会服务支出占 GDP 比重(%)

年份	1980	1985	1990	1995	2000	2005	2010	2011
公共部门	1.0	1.5	2.1	2.9	2.4	2.3	2.4	2.5
志愿部门	0.7	0.8	0.3	0.6	0.6	0.4	0.4	0.4
私人部门	0.2	0.2	0.1	0.1	0.0	0.0	0.1	0.1

与其他自由主义国家相比，英国对残疾人津贴的现金给付占有重要地位，这也成为英国残疾人福利的特色，该部分资金在残疾人社会给付中数额较大。虽然残疾人社会给付中现金占有比重在下降，服务给付的比重在上升。但是从绝对数来看，残疾人社会给付的现金给付从 1980 年的 20.758 亿英镑增加到 2011 年的 303.099 亿英镑，上涨了约 15 倍，服务给付从 1980 年的 2.844 亿英镑增加到 2011 年的 76.308 亿英镑，上涨了约 27 倍。2011 年，英国残疾人社会支出总数为 379.407亿英镑，其中现金给付是服务给付的 4 倍，这说明在英国现金给付依旧是残疾人社会福利支出的主要内容(见附表)。公共部门是社会支出中的重要支柱，且负担较重。为了减轻公共部门残疾人社会服务经费的负担，英国开始实行新政以缓解财政压力。在英国 2009 年绿皮书(2009 Green Paper)中，建议社会照顾的资金选择包括合作伙伴和保险选择。用这种合作伙伴方法，残疾人可以通过付费获得照顾和支持，也可以选择高额医疗保险以防范风险和自我保护。另外，一种新型的普遍递延支付机制(Universal deferred payment mechanism)将允许居民的照顾和住宿费由房屋财产作为抵押，当其去世则后用于递延支付生前照顾服务所产生的费用。①

1980—2011 年英国残疾人社会支出金额(百万英镑)

年份	1980	1985	1990	1995	2000	2005	2010	2011
现金给付	2 075.8	4 975.9	11 284.8	19 562.7	21 594	24 493.2	28 895.9	30 309.9
服务给付	284.4	409.8	1 195.1	2 179.6	2 739	5 039.5	6 961	7 630.8
志愿部门	1 688.8	3 057.8	1 599	4 869	5 938	5 444	6 607	6 492
私人部门	567.4	700.6	529.5	386.5	385	412	1 658	1 706

数据来源：根据 OECD 数据库整理得来。http://stats.oecd.org/Index.asp

① HM Government (2009) Green Paper: 'Shaping the Future of Care together'. Norwich: The Stationery Office Limited. P20.

三、英国残疾人就业的多元伙伴治理典范

英国是新公共管理革命的倡导者，在撒切尔政府上台后，政府在社会服务递送方面始终在退让，并力推营利组织和非营利组织进入递送体系。经过多年改革，英国社会服务递送体系逐渐呈现出政府监管为主，非政府组织递送为主的多元服务递送合作伙伴形态。英国残疾人就业服务以残疾人个性化发展为目标，其实现途径必然是各项就业服务的整合化和残疾人个体的介入化。该目标要求服务递送主体发挥各自优势，与残疾人及其家庭进行资源整合和优势介入，打破组织间壁垒，建立合作伙伴关系。因为残疾人的特殊身份和健康状况，政府在伙伴关系中的作用发挥和角色定位显得尤其重要。政府、营利组织、非营利组织、家庭和个人在残疾人独立生活的目标导向下，共同形成了健全的残疾人就业服务递送体系。

（一）公共组织主导，规范多元运作

虽然英国与美国同属自由主义福利体制国家，但是英国具有自由集体主义特质，在追求市场化递送的同时也并未放弃政府在经济社会政策制定与监管中的扩张性角色。在残疾人社会服务递送过程中，英国政府有效整合了政府监管和市场机制的优势，树立了多元整合典范。以官方为主的残疾人社会服务管理部门主要有四种：一是社会保障办事处和救助中心的残疾和护理服务处，负责提供残疾护理服务和各种津贴的管理；二是残疾人日间护理中心，负责联系当地议会以了解在日间照顾中心残疾人士所需提供的支持和帮助；三是残疾福利中心，负责为已经获得残疾生活津贴，考勤津贴或个人独立生活支付的残疾人提供建议或信息；四是特别就业中心，负责通过各种可行方式，为有工作意愿、已参加工作和正在工作的残疾人提供就业指导、职业咨询和技能培训。当出现以下情况时，英国政府将作为主要责任者，直接为残疾人递送服务：第一，地方政府有法定义务亲自提供的服务，如残疾儿童服务；第二，非公服务供给方不愿或承担不了的服务，如高度依赖照料的残疾人服务；第三，公众意愿导向应由公共部门持续提供的服务。[①]

在非政府组织维护残疾人权利和递送服务的过程中，英国政府更倾向于统一

---

① 李兵：《社会服务研究》，《知识产权出版社》2012 年版，第 155 页。

进行组织管理。2007年平等和人权委员会(Equality and Human Rights Commission)成立,该委员会独立于政府的非政府公共机构,为残疾人权利维护提供了整合的服务资源和信息。[①] 另外,2005年残疾人问题办公室(Office for Disability Issues)的成立也起到了资源整合的作用。其在协调残疾人健康、教育、就业等政府部门之间社会服务供给的同时,发挥协调政府部门、非政府部门和个人在残疾人服务递送中的作用。2008年英国地方政府通告中强调将各服务递送主体愿景和价值观壁垒的打破作为提供残疾人个性化服务的重要实现方式,并建立包括地方政府指标组合和地方协议履行的联合评估框架。[②]

(二)社会组织递送,市场化模式运作

除了政府必须进行递送的服务项目,英国残疾人社会服务递送的绝大多数任务还是以非营利组织和营利组织为主,政府主要是以资金供给为己任。1990年,《国民健康服务和社区照顾法案》的颁布将市场化运作机制引入国民健康服务,服务的供给者和购买者开始正式分化。在市场化模式的驱动下,服务递送以合同外包的政府购买为主要形式。政府从服务的直接递送中解放,作为发包方将残疾人社会服务以项目形式外包给非营利组织和营利组织。非营利组织和营利组织成为承包商,按照政府服务供给标准要求进行服务递送。递送方在市场中形成竞争机制,尽量满足残疾人服务的个性化需求以获得组织生存和发展机会。从残疾人服务递送的进程来看:首先,由政府组织,专家和残疾人根据残疾人服务需求设计服务项目和服务标准,并由政府购买标的,发出竞标邀约邀请;其次,选择合适的竞标方签订服务合同,按照合同规定完成递送服务;最后,由政府或第三方组织对服务结果进行监测和评估。英国非营利组织服务递送的典型代表是英国隆纳济世助残之家。该组织与政府形成了长期合作,是英国最大的为残疾人提供托养照料和居家护理服务的非营利残疾人服务组织,其分支机构已经遍布英国的各个城市社区,

---

① 岳晨:《英国残疾人社会福利制度研究》,中国人民大学出版社2008年版,第25页。注:平等和人权委员会由残疾人权利委员会(Disability Rights Commission)、种族平等委员会(Commission for Racial Equality)和平等权利委员会(Equal Opportunities Commission)合并组成。

② The New Performance Framework for Local Authorities & Local Authority Partnerships: Single Set of National Indicators, Department for Communities and Local Government, 2007. http://www.communities.gov.uk/documents/localgovernment/pdf/505713.pd.

主要工作项目来源于与政府的购买服务，其收入的 90%来源于此。到 2001 年，英国营利组织和非营利组织提供的院所照顾已达到 90%以上。另外，绝大多数残疾人就业服务递送来自非营利组织的购买服务。① 英国残疾人社区服务和独立生活理念让社区成为残疾人社会服务递送的主要平台。在英国社区，政府对社会服务递送起到穿针引线的作用，残疾人独立生活和社会融合在社区得以实现，非营利组织、营利组织、志愿者和残疾人及其家庭在社区服务递送过程中结成服务递送伙伴关系，最大限度整合社会资源。英国在 2001 年和 2006 年的立法中不断强化接受服务的残疾人参与服务设计与服务递送过程。政府鼓励地方当局和用户领导组织（User Led Organisations）建立三角伙伴关系支持个性化服务的残疾人独立生活。② 除了在不同主体间和不同层级间体现残疾人就业服务递送伙伴关系外，政府部门内部也表现出伙伴合作关系。例如，"获得生命计划"（The"Getting a Life" Programme）就是由工作与养老金部门、儿童学校与家庭部门、创新部门和教育部门四个部门组成，旨在以年轻人想要的方式获得工作、教育和社会生活帮助，该项目现在已经在英国 10 个大区运行开来。③

四、英国残疾人就业经验借鉴

（一）积极的就业政策

英国在新公共管理运动后开始大力倡导积极福利思想，残疾人作为积极福利的主要对象，其政策重心则放到了残疾人就业领域。英国积极的就业政策主要通过以下的基本措施来实现：其一，个性化专家服务。残疾人失业的具体情况个体化差异性较大，需要进行差异化的个性指导，才能通过能力塑造和信心重塑的方式实现残疾人积极就业。英国针对残疾人就业专门配备专家进行指导，专家通过各种方式深入了解残疾人，并分析合适的培训机会和就业机会，然后针对每个残疾人的

---

① 任占斌、丛向群、段小蕾：《英法残疾人社会保障和服务工作考察》，《残疾人研究》2011 年第 1 期。

② Cabinet Office (2009) Learning from the World's Best Public Services: Cabinet Office, London http://webarchive. nationalarchives. gov. uk/+/www. dh. gov. uk/en/SocialCare/Socialcarereform/Userledorganisations/DH_083152.

③ National Disability Authority (2011), Health and Personal Social Services for People with Disabilities in England. P:26. http://www. docin. com/p-619566696. html.

具体情况提供全方位的就业咨询服务。其二，适度适时的介入制度。残疾人就业的政府介入并非越早越好，也非越全面越好。残疾人就业是一个自我认同和自我开发的过程，政府在就业服务介入中应该把握好介入的时间和程度。英国对残疾人就业服务的介入是在进行了有效评估后，对个人的需求进行有针对性介入，并综合考虑劳动力市场和残疾人特征在合适的时机进行介入，且介入的程度根据残疾人自我意识状况和就业能力开发状况来决定。其三，一站式服务平台建设。许多国家在对残疾人实施积极的就业政策时，效果不佳的重要原因并非在政策理念方面，而是在就业服务供给过程中，没有有效整合资源造成残疾人就业服务供给低效。2002 年 4 月起，为了提供更加高效的就业服务，英国将残疾人就业服务部门和就业津贴发放部门进行合并。之后，英国开始对针对残疾人就业的公共服务进行全方位整合，大大提升了残疾人就业率。其四，权利和义务相平衡的就业制度。"无义务即无权利"，这成为布莱尔政府上台后实施积极福利政策的导语。残疾人就业能力的激发在很大程度上取决于就业中权利和义务的平衡状况。布莱尔政府规定：有工作能力但不工作的残疾人，其失业救济金额将减少。通过技能训练获得就业技能，却拒绝到政府提供的岗位就业的残疾人，也将面临失业救济金减少的可能。所以，科学地将残疾人权利和义务相结合，是提高残疾人就业意愿的重要举措。

（二）科学、全面的残疾人就业津贴支持

英国的残疾人津贴覆盖面广，关乎残疾人就业的主要是生活津贴、健康和独立生活方面的津贴、雇佣与就业方面的帮助、与工作收入相关的津贴等九大类，基本实现了残疾人需求全覆盖。然而，残疾人就业津贴的申请强调权利和义务的均衡，体现出科学性，是积极福利就业政策的具体体现。英国对积极寻求工作的残疾人给予补助，这主要是针对残疾人在求职和工作过程中产生的其他支出的补贴，以保障残疾人的生活。包括工作计划补助（购买工作设备费用和上下班交通费）和就业补助（针对丧失工作能力 26 周之后才重新就业的补助）。[①] 补助的申领需要专门训练的残疾分析专家通过严格的个人工作能力评估来确定。另外，丧失工作能力

① 谢琼：《国际视角下的残疾人事业》，人民出版社 2013 年版，第 191 页。

津贴的领取人还可以通过“许可工作”的福利安排。此类残疾人通过向特别就业中心咨询并获得许可的方式，在当地政府的安排下参加特殊工厂或机构的工作任务，以避免造成社会隔离。

（三）连贯的支持性实习机制

实习阶段是残疾人从学校顺利进入到就业市场的关键阶段，该阶段对于树立残疾人积极的就业意愿和扎实的就业技能至关重要。除了在观念上秉承积极就业的思想，英国还特别重视残疾人的实习过程，建立了支持性实习机制。英国教育部规定，从 2013 年 8 月起，所有 16—19 岁或者 16—24 岁的有学习困难评估或者教育健康保健计划的青少年，不管他们在何种教育机构，都必须有一个连贯一致的学习计划。[①] 为了有效保障该制度的实施，英国以支持性的实习合作团队和真实情景下的结构化职业培训为主要手段。英国通过建立学校、实习单位、工作教练以及家长或者主要照料者共同合作机制，形成支持性实习资源供应链。这样既保障了实习学生的就业机会，也保障了残疾学生自主地选择就业岗位。另外，英国的真实情境结构化职业培训大大缩短了残疾学生进入工作环境的适应时间。实习单位会根据实习学生的兴趣、能力和职业规划寻找其适合的实习岗位。进入实习岗位后，残疾学生对工作内容、工作要求、工作环境、工作规章制度等内容有了深入的了解，增强了工作适应性和就业信心。

第四节　中国台湾残疾人就业政策与经验

一、残疾人定义及福利制度发展

台湾地区一般将残疾人称为“身心障碍者”。根据台湾地区 2009 年所修正的“身心障碍者权益保障法”，参考世界卫生组织分类方式，将身心障碍者定义为身体系统构造或功能有损伤或不全，导致显著偏离或丧失，影响其活动与参与社会生

---

① Department for Education. 16 to 19 Study Programmes [EB/OL]. https://www.gov.uk/government/uploads/sys-tem/uploads/attachment_data/file/343147/16_to_19_study_programmes_departmental_advice, 2014-8.

活，经医事、社会工作、特殊教育与职业辅导评量等相关专业人员组成的专业团队鉴定及评估，领有身心障碍证明者。[①]

20世纪70年代末，台湾的残疾人社会福利制度已初步形成。1980年台湾通过“残障福利法”意味着以机构收养为主的消极残疾人福利政策正在向积极福利的政策转变，其标志是开始注重就业的帮扶。残疾人开始经过鉴定后取得资格手册，并进行残疾人口统计。1997年时将所谓“残障福利法”更名为“身心障碍者保护法”，除规定卫生、教育、劳工、建设、工务、住宅、交通及财政等相关目的事业主管机关的权责，还规定了医疗健康、教育权益、促进就业、福利服务、福利机构等法定权益及福利。2006年，台湾地区“行政院”通过有关“身心障碍者保护规定”的修正草案，旨在维护残疾人士的合法权益及生活，保障其公平参与社会机会，将残疾人士视为独立自主个体予以保障，等同一般人该有的权益。2007年，该规定正式更名，各章名称也做了修正，彰显保障残疾人士健康、教育、就业、经济各方面权益的决心，并对于不同类型残疾人士的特殊需求，给予个别的支持服务。[②]

此外，台湾有关就业规定也涉及残疾人就业：“民众有选择职业自由的权利”，“民众具有工作能力者，接受就业服务一律平等”，“为保障民众就业机会平等，雇主对求职人或所雇佣员工，不得以种族、阶级、语言、思想、宗教、党派、籍贯、性别、婚姻、容貌、五官、残疾或以往工会会员身份为由予以歧视”。这些规定是对残疾人就业权利和就业服务供给的根本性保障。[③]

这些规定在就业服务供给中逐渐形成了独特的实施原则，如社会正义原则，提升自我尊严原则，全面参与原则，个别化原则，小区化原则，多元化原则，整合化原则，全面服务原则，无障碍原则和预防、康复与治疗并重原则。

二、分类化就业援助服务

（一）一般性就业服务

一般性就业服务是对所有具有就业意愿的残疾人提供的服务内容，主要是就

---

① 田蕴祥：《台湾地区残疾人士就业协助措施之研究：立法、实践与启示》，管理现代化2011年第4期。

② 同上。

③ 谢琼：《国际视角下的残疾人事业》，人民出版社2013年版，第430页。

业信息服务和就业适应团体建设。其一，建立信息平台，为残疾就业者和残疾人雇主搭建信息桥梁。例如“行政院劳工委员会职业训练局”设置的“全台就业E网身心障碍者专区”“身心障碍者就业开门网”、各县市政府的劳工处残疾人士就业信息网站，例如台南县政府设置的“身心障碍者梦工坊”。其二，就业适应成长团体建设。残疾人对工作岗位的适应往往比普通人需要更为漫长的过程，通过办理“身心障碍者就业适应成长团体活动”，透过团体辅导的方式，可以有效增进残疾人士的就业适应能力。例如2007年“行政院劳工委员会职业训练局”桃竹苗区就业服务中心所举办的“追求卓越、就业长红”就业适应成长团体，就是针对职场共同性问题，设计适应成长的课程，协助残疾人士养成良好工作态度，重拾信心，增进就业能力。课程内容包括了建立良好应对方式、正确工作态度养成、压力管理、沟通管理、时间管理、建立生涯规划观念、求职面试技巧与社交礼仪等。

(二) 支持性就业服务

对于无法直接进入普通劳动力市场的残疾人，需要经过一段时间和一定训练方能顺利开展工作。针对该类残疾人，2010年台湾“补助地方政府办理身心障碍者支持性就业服务计划”中规定就业服务专业应该通过支持性协助使残疾人能与普通人一起且能够独立工作，并获得全职或每周至少平均20小时以上，符合劳动法规薪资规定的工作。具体服务项目包括：就业机会开发、发展职业重建计划、拟订案主就业服务计划、案主(工作)配对检核、就业前工作能力训练所需工作流程分析、职务分析、就业前工作能力训练、陪同面试与职场安置、强化稳定就业辅导、转介与联结相关资源、追踪辅导等。

(三) 庇护性服务

2003年起，台湾“行政院劳工委员会”开始补助办理身心障碍者庇护性就业服务计划，对于年满15岁具有就业意愿而就业能力不足、需长期就业支持的残疾人士，提供适当的庇护性就业安置。有庇护性就业需求的残疾人士，经由有关主管单位评量后，认为确实有需求者，由主管单位派至适合的庇护工场，庇护工场再对该残疾人士进行评估，认为适合者即予以雇用。庇护工场与在内部工作的残疾人士签订工作合同并议定薪资，报呈政府劳工主管机关核备，并应依法为其办理参加相关的社会保险，依相关劳动法规以确保庇护性就业者权益。[①]

三、整合化就业教育生涯转衔服务

生涯转衔是指残疾人在不同的人生阶段，随着角色、任务与生活形态变化而发生的生涯规划和衔接教育。残疾人就业中教育阶段和就业阶段的生涯转衔对于残疾人就业的质量和残疾人就业自信心的树立极为重要。台湾“内政部”大力推广残疾人全方位生涯转衔服务整合模式，以此为残疾人就业提供良好基础。其一，加大经费补助，鼓励民间组织办理“残疾人生涯转衔研讨会”和“残疾人转衔服务管理研讨会”；其二，定期进行数据汇总，建立整合式残疾人个案管理系统；其三，会同专家学者、残疾人代表和社会组织共同协商通过“残疾人生涯转衔服务整合实施方案”，于 2005 年颁布“残疾人生涯转衔服务整合实施要点”，以此作为工作的具体指南；其四，由个案管理专责单位及人员邀请家长共同制定个别化的转衔服务计划，协助促进残疾人生涯转衔服务的有效落实。[②]

四、多样化的就业服务项目计划

（一）职场扎根学习计划

为了增强残疾人职业技能与经验，有关部门与社会组织和事业单位共同合作于 2010 年试行“身心障碍者职场扎根学习计划”。计划内容包含两个阶段，第一阶段是职前学习课程，内容包括了残疾人专业技能及就业准备课程（如职业认知、职涯规划、就业环境分析、求职技巧、劳动法规、职场安全等课程）；第二阶段为职场适应课程，借以强化残疾人实务经验，合计以一年为限，其中职场适应课程至少三个月。

（二）进用身心障碍者加值辅导补助计划

为促进残疾人士进入竞争性就业市场工作，提供残疾人职场辅导及补助，协助其就业稳定，“行政院劳工委员会职业训练局”于 2009 年颁布“进用身心障碍者加

---

① 田蕴祥：《台湾地区残疾人士就业协助措施之研究：立法、实践与启示》，《管理现代化》2011 年第 4 期。

② 谢琼：《国际视角下的残疾人事业》，人民出版社 2013 年版，第 440 页。

值辅导补助计划”，企业根据此计划雇用残疾人士，除了可申请薪资补助之外，若同时进用三人以上，还可进一步申请补助工作教练辅导费。对于企业而言，可以降低运营成本，提高雇主进用身心障碍者意愿。

(三) 身心障碍者职业重建服务窗口计划

2010 年修订的“身心障碍者职业重建服务窗口计划”，主要是由地方行政主管部门设置职业重建窗口，以个案管理方式，根据残疾人个人意愿动机与能力需求，有效连接及运用残疾人士各项职业重建服务资源，安排适性就业环境，提供不同形态就业与培训模式，由就业服务员给予专业辅导，协助其稳定就业，或转介安置于其他社会福利、教育、卫生医疗等非就业相关单位，并持续追踪后续情况。使身心障碍者在职业重建过程中，获得连续性、适当的专业服务，达到协助残疾人士就业目的。[①]

五、台湾残疾人就业政策经验借鉴

(一) 重视家庭和社区作用

台湾地区与祖国大陆一样，深受传统儒家文化影响，强调传统伦理道德规范，家庭成员表现为生命共同体关系，并将该关系延展至社区范围。台湾地区残疾人就业服务的供给非常重视家庭作用和社区作用，将许多服务工作放到社区执行，并将家庭帮扶、社区服务和政府救助良好结合。这样既符合儒家传统家庭伦理要求，又可以通过综合帮扶使残疾人顺利融入社会，提升其就业的积极性。

(二) 注重教育与就业的有效衔接

台湾地区独特的“就业教育生涯转衔服务”有效地将残疾人教育与就业有机整合。该服务方案能够保障残疾人在人生的不同阶段根据自我特点和发展需要，做出最有利于个人发展的选择。残疾人通过有效地进入就业市场增加了经济收入，提高了生活水平，自信心增强。“就业教育生涯转衔服务”可以实现残疾人在不同人生阶段获得新生机会和自我选择的能力。

---

① 田蕴祥:《台湾地区残疾人士就业协助措施之研究:立法、实践与启示》,《管理现代化》2011 年第 4 期。

（三）政府主导，多元合作

无论是资金投入、计划倡导，还是就业岗位安排，政府在残疾人就业供给方面都体现出了主导作用。例如“身心障碍者权益保障法”中明确规定，各级行政机关、公立学校及公营事业机构员工总人数在 34 人以上者，进用具有就业能力之身心障碍者人数，不得低于员工总人数 3%。包括“职场扎根学习计划”和“身心障碍者职业重建服务窗口计划”在内的多项就业服务计划都是在行政部门大力倡导下进行并完成的。同时，在计划的倡导中，行政部门大力扶持营利组织、非营利组织和志愿者参与残疾人就业服务或进入就业市场的服务中，从资金、税收和政策等方面给予大力支持。在这样多元合作的环境中，社会各主体对残疾人的责任意识不断增强，就业服务的递送也实现了资源的高效整合。

第五章　残疾人就业特点与就业现状

第一节　残疾人就业特殊性与残疾人就业社会环境

残疾人就业质量受多种因素影响，既包括社会、经济、文化等社会运行要素，又包括意愿、家庭成员、邻里等周遭环境要素。因此，残疾人就业较之其他社会成员具有一定的特殊性，而这种特殊性会直接影响残疾人的就业环境。

一、残疾人就业的特殊性

由于残疾人受自身身体、精神方面的限制，以及历史和社会经济发展水平的制约，残疾人在就业方面也存在一定的特殊性。这表现在：

其一，残疾人的职业选择和工作类型要受其残疾类型和残疾程度的约束。不同的残疾类型（如肢体残疾、听力语言残疾、精神残疾或者多重残疾）对残疾人的工作能力有着不同的影响，比如视力残疾人就不能从事对视力有要求的工作，语言听力残疾人难以从事教师、口语翻译等工作，智力残疾人不能从事脑力劳动和技术工作，肢体残疾人基本不能从事强体力劳动，精神残疾人不应从事管理等工作等。不同的残疾程度也对残疾人工作的能力有重大影响。这都极大地限制了残疾人的就业面，使残疾人难以在更为广泛的领域展示自己的才干，制约了残疾人在就业上的灵活性和可选择性。

其二，残疾人就业的稳定性较差。由于残疾人文化水平较低（目前文盲率约占66%），劳动技能较为单一，往往只能从事一般的、单调的、不稳定的工作，且就业结构单一，就业可替代性高。例如，盲人所从事的职业主要局限于盲人保健按摩，而劳动力市场中这一行业或工作所容纳的劳动力也有限，并不断有健全人进入这一领域。用人单位稍有风吹草动，这些残疾人便会首当其冲。

其三，残疾人就业受到外部环境的影响较多。例如，残疾人经常要承受的外部环境影响有：社会对残疾人和残疾人就业的歧视性态度，接受教育和培训机会的不平等，有障碍的建筑等公共设施，就业信息不灵，与就业相关的交通不便，缺少残疾人用品、用具及支助服务等，这些都对残疾人就业和职业活动造成了一定程度的影响。

其四，严峻的就业形势使残疾人在就业中处于劣势。随着我国市场经济的深入和经济增长方式的逐步转变，以及高新技术的快速发展，企业之间竞争的日益激烈，导致就业结构调整，劳动密集型工作逐渐消失，劳动力总量供大于求的矛盾突出，这都使本身劳动能力不强的残疾人群体在就业上处于更为不利的地位。

其五，残疾人就业要促进与保障并重。在就业和劳动过程中，通常要求用人单位在精神和物质上给予更多的照顾，支出更多的资金，对残疾人的就业安全给予保障。例如支付各种保险，在企业提供无障碍环境，提供特殊的工作用具和交通工具等。

其六，残疾人就业需要更多的人文关怀和照顾。残疾人是在身心活动上有不同程度困难的群体，这是由于残疾的存在和影响所造成的，应该给予特殊的关心和照顾，以利于他们克服这些困难，为他们能力的充分发挥创造必要的条件。

二、残疾人就业环境分析

随着改革开放的发展和社会主义和谐社会的建设，残疾人就业政策也越来越趋向于全面和完善。逐渐形成了以《中华人民共和国宪法》为核心，《中华人民共和国劳动法》和《中华人民共和国就业促进法》为基础，《中华人民共和国残疾人保障法》《残疾人就业条例》为主要内容的残疾人就业保障政策体系。在以上政策体系的指引下，残疾人的就业环境得到了不断改善。从目前来看，残疾人的就业环境主要包括：

(一) 政策环境分析

1. 就业保护制度

自“九五”计划实施以来，政府在坚持以市场为主导就业机制基础上，按照平等、参与、共享的原则，对残疾人就业采取优惠政策和扶持保护相结合的措施，在竞争的基础上实行保护，实行集中就业与分散就业相结合，鼓励个体自主就业的方针，采取优惠政策和扶持保护等措施，通过多渠道、多层次、多形式帮助残疾人就业。如通过税收减免等优惠措施，鼓励和扶持街道、厂矿、乡镇兴办残疾人福利企业、盲人按摩机构、工疗机构等残疾人集中就业单位；依法落实用人单位按比例吸纳残疾人就业，并对残疾人进行培训，帮助其选择适当的工种和单位，对达不到要求的单位依法收取残疾人就业保障金；对在传统部门就业的残疾人，采取各种优惠政策，扶持鼓励城乡残疾人个体就业，通过扶贫贴息、贷款等扶助措施帮助残疾人自主创业，发展种植业、养殖业、手工业等多种经营。

2. 就业援助制度

通过开发适合残疾人就业困难群体特点的就业岗位特别是公益性就业岗位，税收优惠政策鼓励企业雇佣残疾人，提供免费就业服务等政策措施，帮助困难残疾人实现就业。2007 年颁布的《残疾人就业条例》第三章十五条明确提出：拓宽残疾人就业渠道，开发适合残疾人就业的公益性岗位，保障残疾人就业，县级以上地方人民政府发展社区服务事业应当优先考虑残疾人就业。近年来，开发公益性岗位和发展残疾人社区就业方式已成为解决困难残疾人就业问题的主要途径。

3. 就业服务配套政策

包括加强残疾人联合会的残疾人就业服务机构建设，免费为残疾人集中就业，分散按比例就业和个体就业提供就业信息、职业指导、职业介绍、职业培训、职业评估和职业能力评定等一系列服务项目，从而提高残疾人的就业率与就业质量。通过建立一体多功能的残疾人就业信息网络，全面、及时、准确地掌握残疾人劳动力资源情况，掌握用人单位的用工信息、空岗信息，为用人单位和求职残疾人搭建一个交流平台，并为他们提供快捷、方便的服务。进一步发展无障碍环境建设和信息交流无障碍工作，为残疾人平等参与社会生活、平等就业提供更为有利的物质条件和就业环境。开展残疾人的职业康复，帮助残疾人恢复或补偿功能，提升其就业能力。

(二) 生活环境分析

在残疾人就业中,帮扶政策对就业大环境起着关键性作用。残疾人由于受到肢体或精神上的限制,主要在家庭、社区等场所从事工作。家庭、社区等对残疾人群体的社会化过程不仅产生重大影响,同时也是促使他们走进社会、融入社会、参与劳动分工与竞争的重要环境。残疾人群体可以动用的周边资源较为丰富,归纳起来主要是以下两大类:家庭和社区。如何引导残疾人在这两种场合扮演好自身角色,在解决困难的过程中得到成长和锻炼,深度挖掘潜在力量,充分利用有限的各类资源,对绝大多数的残疾人来说有着举足轻重的作用。

1. 家庭环境的稳定性

对残疾人而言,家庭是他们就业环境中最贴近实际生活的单位。家庭是社会的最小细胞,是最基本的社会群体之一。家庭环境是家庭经济水平、父母对儿童发展的认识以及知识传递行为等多个方面的综合性复杂系统。家庭的物质条件,家庭氛围,父母的教养方式和家庭的组成结构等对残疾人的心理发展与个性完善都会产生影响。因此,稳定的家庭结构和完善的硬件设施,是残疾人群体居家就业时所拥有的优势。通过构筑较为稳定的家庭结构与和睦的成员关系,以及家庭无障碍设施的完善,充分利用家庭这一基础性优势,使得残疾人在从事特殊工作时能够减少自然阻力,从而实现技能与价值上的增权。

2. 社区的无障碍环境建设

社区作为残疾人除工作单位和家庭以外的第三大活动场所,是残疾人群体的主要活动区域。由于较多肢体残疾者行动不便和精神障碍者无法独立外出等,熟悉的生活社区就成为其最主要的活动区域,诸多残疾人群体则在本社区范围内开展各类生产活动。因此,社区作为残疾人群体日常生活和工作的主要区域,其提供的各类服务与帮扶措施为残疾人群体创造了良好的外部就业环境。而完善的社区硬件设施则是残疾人在社区内从事各类生产活动的前提及有力保障。

(三) 社会环境分析

由于残疾人扮演的社会角色和社会地位较特殊,其所面临的社会环境也错综复杂。本研究所指的社会环境则是特指残疾人生存和发展过程中所处的人文环境和社会支持网络。

1. 社会舆论环境

残疾人作为社会弱势群体，不仅在政策和就业安置模式上受到政府及企事业单位的特殊照顾，而且在人文环境方面受到社会舆论的支持。社会大众的正向舆论环境，在一定程度上是制定残疾人优惠政策，开展残疾人专项服务的基础之一，也影响着社会大众对残疾人树立正确残疾观念。尽管新的残疾人观大力宣扬减少歧视，努力营造公平正义的社会舆论环境，但在实际社会生活中依然存在着一些歧视现象。因此，树立正确、科学的残疾人观，积极引导残疾人舆论向导，不仅是社会发展的客观要求，也是创造残疾人良好就业环境的重要前提之一。只有如此，才能妥善解决残疾人的就业问题，消除就业环境中的“隐性歧视”，真正实现残疾人回归正常社会生活，参与社会劳动与分工。

2. 社会支持网络及公益性力量

残疾人的社会支持网络构建是残疾人个体、残疾人联合会乃至整个社会共同的话题，需要各方共同努力，汇集成强大的社会力量。残疾人的社会支持网络既包括上文提及的家庭、社区，也包括政府、企业和社会性组织。而公益性力量则主要是指各类非营利性、非政府性社会组织为残疾人的就业提供的各类技能培训、生计辅导，以及生态与人文等方面的帮扶和指导。

三、现有环境对残疾人就业的影响

(一) 利好政策的积极效果

1. 优惠政策的积极效果

我国残疾人就业相关政策的制定及实施是以政府为主导，协调社会各种资源的有效配置。残疾人就业的相关法律政策不断健全和完善，政府通过财政、税收等各项政策为残疾人就业提供一定的优惠措施和便利条件；通过发展教育和各项职业技能培训，使得残疾人个体不断强体增能，提高人力资本以提升就业的能力；残联、教育、劳动、卫生等部门相互配合形成了良好的协调机制。

2. 集中就业政策的积极效果

福利企业集中就业是残疾人就业的一种重要形式，在我国也是最早出现的残疾人就业形式。经过几十年的发展，我国已经拥有一批设备齐全、资金雄厚、职工素质较高、经济效益较好的福利企业，集中就业已经具有一定的发展基础，这些福利企业的发展，为国家和社会创造了财富，在创造着经济效益的同时，也带来了显著的社会效益。最重要的是解决了相当一部分残疾人，尤其是重度残疾人的就业问题，为社会的稳定做了贡献。残疾人在福利企业集中就业，是我国安置残疾人就业的传统渠道，是计划经济体制下解决残疾人就业问题的主要形式，在残疾人就业问题中发挥了重要的作用。

3. 按比例就业政策的积极效果

依靠社会力量分散按比例安排残疾人就业，正是国家克服单一依靠举办福利企业集中安置残疾人就业的局限性，适应市场经济的要求，按照国际惯例解决残疾人就业问题所采取的一项战略措施，其实质在于把残疾人就业的任务和义务由国家负担转变为社会责任。更重要的是分散按比例就业是残疾人回归主流社会的主要方式，已成为我国残疾人就业的重要形式。同时，分散按比例就业增强了残疾人平等参与社会的积极性和创造性。

（二）积极影响之社会治理方式转变的有利影响

目前，在多元治理、多主体参与等积极理念的影响下，政府购买服务的力度不断增强，残疾人就业也随之收到诸多利好的影响。主要表现在：

1. 多元就业格局已然形成

多形式就业成为主要方向，社区就业的潜力巨大。根据国家有关调查显示，目前我国人力资源市场80%以上的用人需求集中在制造业、居民服务、餐饮服务和其他服务业。社区服务业对从业人员文化素质和职业技能的要求相对低些，绝大多数残疾人经过短期的职业培训就可以很快达到上岗要求。随着国家城镇一体化进程的加快，城市社区建设的加快必然要带来大量新兴经济体的进驻，必定要创造大量的就业机会和就业岗位，顺势推进和实现多种形式残疾人就业的潜力巨大，成为我们顺势安置残疾人就业的重要机遇。各地陆续制定、完善和落实有关扶持政策和措施，从项目、资金、技术、办证、税费、场地等方面给予支持和优惠，促进残疾人个体从业或自愿组织起来就业的工作健康开展。根据就业形势变化有针对性地促进残疾人自主创业和自愿联合就业，越来越成为残疾人劳动就业的一种重要方式。

2. 服务机构建设得到加强

经过残联系统多年的持续努力，目前全国各地的残疾人就业服务机构大多数达到了规范化建设要求，并做了大量卓有成效的工作。一是实现了组织机构规范化。多数残疾人就业服务机构能够争取到事业编制，业务上接受上级相关部门和同级残联就业部门、人力资源和社会保障部门的指导，综合管理本地残疾人劳动就业工作。二是业务工作流程化运作。建立健全残疾人培训管理和就业服务(职介、指导、求职和失业登记)，就业援助，与社会用人单位联系和依法征收残保金等业务工作制度和流程，有序开展各项工作，具备和承担起了一定的独立职能。三是内部管理和基础设施逐渐制度化、标准化。各地服务机构能够按章办事，按岗定责，分工明确，在绩效考评、工作规则、档案管理、信访接待等制度上，形成了一定的运作和管理模式。另外，在基础设施方面都能对照规范化要求，促进包括无障碍在内的各项软硬件建设，为提升服务残疾人就业的能力和水平，促进就业服务体系建设的进一步完善打下了基础。

(二) 就业歧视的消极作用

用人单位缺乏了解残疾人工作能力的途径也是造成用人单位雇佣残疾人时犹豫不决的原因之一。当很多用人单位在面临残疾人的数量和质量都好于正常人的情况时，都会放弃残疾人而选择正常人，而这样的选择结果只是基于对残疾人固有的标签化认识，缺乏对残疾人的客观和全面、公正的了解，忽略了残疾人本身的实际工作能力。

1. 大多数用人单位不愿主动招聘残疾人职工。用人单位认为残疾人身心的残疾导致他们有形象受损、能力有限、专业技能低、人际关系差等一些问题，而现今人力资源丰富，在付出同样薪酬的条件下，用人单位都倾向于雇佣健全人。

2. 用人单位招聘残疾人的动机不单纯、功利化。包括为免缴残疾人就业保障金、享受残疾人福利性企业待遇、遵守刚性政策要求等，较少是出于承担社会责任的原因。安置残疾人职工会为企业带来一定的利益，尤其是对中小企业而言，安置一定名额的残疾人对企业有较大的好处，正是出于此种目的，有一定比例的用人单位接受残疾人用工。

3. 用人单位对残疾人的就业能力的偏见。受残疾歧视观念影响，在残疾人就业中，用人单位不同程度地存在着岗位偏见。他们认为，残疾人无能力或能力素质低下，因而为残疾人提供的只是技术含量极低的体力劳动或根本不安排实际工作任务。固有的价值观念和偏见，使得大多数用人单位不能公平看待残疾人，认为他们无论是个人素质还是能力都低于健全人，不能胜任健全人的工作。在这种观念支配下，残疾人就业往往受阻在“能力”和就业岗位的所谓矛盾上。

第二节　残疾人就业创业概况及存在问题

改革开放以来，受国家政策、社会认识的利好影响，残疾人就业创业环境得到了不断的改善，残疾人就业人数及规模也不断扩大。与此同时，受残疾人自身的特殊性以及社会环境的影响，残疾人就创业亦存在诸多需要解决的问题。

一、残疾人就业创业现状

（一）残疾人就业基本情况

2007—2012 年间，我国残疾人就业率分别为 46.4%、46.8%、44.9%、44.2%、43.7%和 45.2%，6 年间残疾人就业率基本保持稳定，维持在 45%左右。通过 2006 年第二次残疾人抽样调查数据测算表明，残疾人就业率为 41.6%，非残疾人口对应比例为 78.7%。可见，近些年来残疾人就业率整体上稳中有升，在全球金融危机时和后金融危机时代，残疾人就业率依旧保持较稳定的水平，离不开国家对残疾人就业工作的积极支持。①

截至 2015 年 12 月，我国城镇新就业残疾人 26.3 万，其中，集中就业残疾人 6.8 万，按比例安排残疾人就业 6.6 万，公益性岗位就业 1.2 万，个体就业及其他形式灵活就业 10.4 万，辅助性就业 1.3 万。全国城镇就业人数 430.2 万；1 678 万农村残疾人在业，其中，1 323.2 万残疾人从事农业生产劳动，39.3 万人次城镇残

① 石丹浙、王琦：《残疾人就业状况变动趋势分析》，《残疾人研究》2013 年第 4 期。

疾人接受了职业培训。[①]

(二) 就业创业类型

1. 集中就业

集中就业主要形式是将残疾人集体安排在福利企业之中，这在解决残疾人就业问题上有着不可忽视的作用。但福利企业数量有逐年减少的趋势，其原因是：其一，福利企业结构单一、设备老化、缺乏资金、管理人员和生产人员素质偏低，在现代竞争中逐渐被淘汰；其二，福利企业申办主体规定为国有或集体企业，投资主体限于民政部门、乡镇政府和街道办事处，而国家规定政府不再投资办企业，部门之间政策不一，限制了福利企业发展步伐；其三，福利企业生产政策的严重滞后束缚企业发展的手脚，以致企业中出现弄虚作假的现象；其四，税收返还标准的不严格执行，造成企业资金周转困难等。

福利企业未发展成熟完善就有衰弱趋势，主要是由于我国进入新的劳动增长高峰阶段，劳动力供求严重失衡，而残疾人综合素质偏低，本身缺乏竞争实力。此外，社会对残疾人能力缺乏正确认识导致残疾人就业机会少、就业层次低、工资水平不高；企业稍有变故，往往导致残疾人最先失业。残疾人是社会的弱势群体，需要国家大力扶持才能更好地在竞争激烈的社会中生存。所以从全局来看，要想大幅度地提高残疾人的就业率，提高他们的生活水平，集中就业仍将是残疾人未来就业的主要形式。

2. 按比例就业

按比例就业是企业根据国家的规定，按照一定的比例雇佣残疾职工的就业模式。目前我国规定企业按照不低于 1.5%的比例安排残疾人就业，对不予以安排或未达到标准的企业征缴残疾人保障金。目前，我国一些发达城市如北京、上海、广州、沈阳地区，企业按比例就业安排残疾人已达到 1.8%以上，这种就业形式在一定程度上改善了残疾人在竞争中的不利地位，就业形式也较为多样化，促进社会融合，激发了残疾人工作的潜力，减少了残疾人就业压力。

① 2015 年中国残疾人事业发展统计公报[残联发(2016)14 号]。

3. 个人创业

目前,我国残疾人个体就业的规模超过了集中就业和按比例就业,体现了残疾人寻求工作机会的高主动性。自主就业形式灵活,但多局限于传统经营项目,而且这些经营项目竞争力不强,这可能与残疾人技术水平不高、缺乏资金有关,残疾人自主就业的相关优惠政策较难落实,也是阻碍残疾人实现自主就业的重要原因。此外,残疾人个体很难承担社会保险费的缴纳,参保率极低,残疾人的可持续生计问题得不到保障。因此,政府须加大残疾人自主就业的指导力度,快速落实税收、信贷等政策,加强残疾人各方面知识与技能训练,并增加资金投入,减少残疾人参保顾虑,以保障残疾人自主就业的发展及未来生活质量。

二、残疾人就业创业存在的问题

(一) 残疾人就业方面存在的问题

自改革开放以来,残疾人的就业问题一直是政府重点关注并着力解决的重大问题,残疾人就业工作也有了明显的进展。但是,与广大残疾人群体的就业期望依然高涨相比,残疾人就业工作仍需进一步推进。残疾人由于自身障碍和社会环境的综合影响,在整个社会就业形势比较严峻的大背景下,其就业问题依旧十分突出。

从残疾人就业环境角度来看:首先,由于我国人口基数较大,人才市场上供大于求的情况并不少见,这一矛盾导致我国残疾人就业更为困难。长期以来,在我国的劳动力市场中,就业竞争日益激烈的现状一直存在。作为弱势群体的残疾人,就业形势异常严峻。其次,我国尚不具备完善的就业保障体系。大量针对残疾人就业的政策法规仍需要进一步完善和落实,残疾人就业权的实现无法得到事实性的保障。第三,社会上的"残疾偏见"和就业歧视问题依然严重。劳动力市场中针对残疾人的歧视随处可见,不平等待遇也广泛存在。

从残疾人就业市场的需求角度来看:第一,集中就业安置功能逐渐减弱。福利企业在安排残疾人就业方面出现的问题和障碍越来越多。第二,按比例分散就业方式发展停滞。用人单位的消极应对等原因,导致按比例安排残疾人就业的政策执行不力,按比例分散就业方式的发展受到阻碍。第三,残疾人自主灵活的就业模式困难多、障碍大。由于相关部门在政策执行方面主观性较大以及残疾人综合素质低、技能差等,造成残疾人个体就业困难。

从残疾人就业市场的供给角度来看:第一,残疾人就业总量规模大,由于多种原因,总体就业参与率低;第二,青年残疾人的就业率较低;第三,不同性别的残疾人就业率差异明显,女性残疾人就业率较低;第四,城乡残疾人就业差别较大,农村残疾人口就业率低;第五,残疾人受教育程度较低直接导致就业率低下;第六,残疾人就业质量低,失业问题突出。总之,我国残疾人规模庞大,但就业面临的问题较大,就业形势总体比较严峻。

(二) 残疾人创业方面存在的问题

当前残疾人创业存在的问题及需求主要体现在以下几个方面:

一是资金供给存在困难。残疾人自身生活比较困难,他们往往只能维持基本的生活,想筹集到一定的资金,走上创业的道路,要比健全人困难许多。目前,那些开始创业或已经创业成功的残疾人,或有亲戚朋友的资助,或有某些企业的赞助,或是进行无息贷款,然而有这样"好运"的残疾人毕竟只是少数。更多残疾人却求助无门,缺乏必要的创业启动资金,不得不做简单的工作。

二是就业知识与能力较缺乏。残疾人创办的企业能够良性运转、保本盈利的很少。一方面是残疾人企业中残疾员工占较大比例,需要经常对其进行职业和技术培训,这无疑加大了企业运营成本。另一方面,由于残疾人企业缺乏相关的创业知识,如市场、人事等经营管理的知识,企业的运行存在很大的滞后性,在市场竞争中常常处于劣势。

三是可涉及领域狭窄。残疾人由于自身条件的限制,受教育程度普遍较低,在很多人的印象中,适合残疾人的工种似乎只局限在极少数几个中,在创业方面则受到技术条件方面的很大限制。目前,残疾人的创业领域主要集中在资金投入相对较少、技术要求较低的服务行业。

第三节　积极福利理念对残疾人就业制度的促进作用

从积极福利的视角出发，对残疾人就业政策、残疾人就业体系及制度建设等方面均具有重要启迪与指导意义。

一、对残疾人自身发展的积极作用

积极福利的观点认为，福利既是每个人的权利，也是每个人的责任与义务。福利供给不仅是应对贫困问题，而且要进一步推动人的发展；强调自我实现和责任，是一种发展型福利。基于此种观点，在积极福利的视角下，残疾人就业就需要更加强调其自身的发展。

（一）提高自身生活水平

根据《2012 年度全国残疾人状况及小康进程监测报告》，2012 年度残疾人家庭人均可支配收入仅为全国居民家庭人均可支配收入的 56.2%，差距十分明显。残疾人家庭恩格尔系数为 48.5%，比全国居民家庭恩格尔系数高出 10.8 个百分点。[①] 面对这一现状，需要从积极福利视角提高残疾人的反贫困能力，使残疾人获得一份收入，进而提高其生活水平；就业是残疾人走出贫困的主要路径。

（二）增强社会融入能力

在积极福利的视角下，就业使得有劳动能力、有愿望就业的残疾人在平等的基础上充分参与社会建设，在开放、包容、无障碍的环境中与健全人一起工作，获得与健全人同等的收入和保障条件。就业对于残疾人而言具有非常重要的作用，是残疾人走向社会的重要途径。解决好残疾人的就业问题是解决其他一切问题的根本。就业不仅具有经济功能，还具有重要的社会功能，这就是残疾人社会融入的必要性所在。

---

① 数据来源：新华网“残疾人总体生活水平与全社会平均水平仍存较大差距”，http://news.xinhuanet.com/politics/2013-06/26/c_116301019.htm. 2016 年 6 月 26 日。

就业的经济功能是就业能使劳动者与生产资料相结合，获得经济收入。同时，就业有助于提升生活质量，缓解贫富差距。残疾人生理或心理上的障碍，导致这一群体具有经济上的低收入性、生活上的贫困性、政治上的低影响力和心理上的高度敏感性等社会特征。政府的补贴只能部分地解决残疾人的温饱问题，等、靠、要不应该是他们生活的主旋律。就业是他们获取生活来源的重要方式，拥有一份稳定的收入，生活上的贫困状况才能得到改善，家人才能过上正常的、体面的生活。这在一定程度上缓解了贫富差距，为他们平等参与社会创造条件，具有稳定社会的功能。

从积极福利的视角出发，就业对于残疾人的社会融合功能主要体现在以下方面。第一，就业是人们进行正常的社会生活不可缺少的必要条件。每个人都无法离开社会；对于残疾人而言，就业是他们融入社会的重要方式，只有通过就业，进入正常的生活环境，才能进行平等、对称的社会互动。第二，就业是实现社会成员自身发展的重要保证，是继续社会化与再社会化的平台与依托。通过就业，残障人士才能认识到自身的价值与潜能，才能正确地看待自己与社会，认识到生活与工作的重要意义。第三，就业是保证社会成员后代健康成长的必要。就业是家庭得以维系的重要因素，物质保障不足会直接影响子女身体的发育及受教育程度。并且父母心态上的问题也会影响子女的心理健康，妨碍他们正常价值观念的形成。第四，充分就业有助于提高社会的整合程度。就业能使残疾人进行平等的社会交往与沟通，让社会大众改变对残障人士的固有印象，最大限度地消除群体之间的隔离因素，在价值观念和行为规范上取得共识，提升社会认同感，促进社会融入与社会整合。

二、残疾人福利政策的积极作用

（一）完善残疾人福利体系构建

“在社会经济快速发展的今天，把积极福利理念和政策运用到残疾人社会福利的政策制定与具体实施过程中来，对促进我国残疾人社会保障体系与服务体系建设，科学设计残疾人社会福利制度，提升残疾人福利水平，无疑具有十分积极的理论意义与实际推动价值。”①在积极福利的视角下，残疾人福利体系的构建会更加完善，主要表现在：

第一，服务更加专业。与其他服务相比，残疾人就业服务专业化较为明显，专业化能使得残疾人服务更具有针对性与有效性。残疾人就业服务专业化的组织系统应该由几部分构成：一是由政府部门组成的资源和服务的管理系统。其主要职责是制定政策，整合与分配资源，积极推进残疾人福利服务；二是由专门性的服务机构及服务人员构成的服务传递系统。专门性的机构及服务人员就是服务专业化和职业化的具体体现。政府部门不必事必躬亲做第一线的就业服务工作，而应该出资购买NGO提供的职业化与专业化服务。这样不仅可以发挥服务机构和服务人员的专业化特长，而且可以大幅度提高社会福利的供给水平。针对不同类型和不同需求的残疾人，提供不同类型和模式的专业化就业服务。

第二，就业最大化。从积极福利视角，变消极被动福利为积极主动福利之最为行之有效的举措就是促使残疾人充分就业，使其就业最大化。就业是民生之本，是最为基本，也是最为有效的保障性福利。增加残疾人福利供给，除基本生活保障及社会化服务、精神性支持外，帮助其充分就业，变消极福利为积极的工作福利，是政府和社会的重要责任，也是积极福利政策的重要内容。

（二）促进公共服务均等化理念的实施

我国现阶段基本公共服务的范围可以界定在医疗卫生、基本教育、社会救济、就业服务、养老保险和保障性住房内。公共就业服务是其中重要的组成部分，所以要实现我国基本公共服务均等化的重要一步就是公共服务就业的均等化。而残疾人这一弱势群体由于自身的缺陷，比非残疾人在就业过程中遇到的困难更多更大，需要国家政府企业的帮助才能更好地完成就业，由此更显出实现残疾人就业服务均等化的重要性和紧迫性。

当下，要实现基本公共服务均等化，对于残疾人这一特殊社会群体来讲，就是要实现其服务保障体系尤其是就业服务的均等化。总体来说，基本公共服务均等化的对象和内涵要大于就业服务的对象和内涵，更大于残疾人就业服务的对象和

① 周沛：《积极福利视角下残疾人社会福利政策研究》，《东岳论丛》2014年第5期。

内涵。基本公共服务均等化在内容上决定了其与广泛的社会民生问题有着紧密的联系，而就业则是民生的一大问题，也是残疾人群体迫切需要解决的问题。公共就业服务是基本公共服务均等化的基本内容和任务，残疾人就业是基本公共服务均等化在残疾人服务保障方面的重要内容和任务。

三、对残疾人就业服务体系建设的积极作用

残疾人就业服务体系，是指为残疾人服务的主体，通过准确掌握残疾人信息和科学有效的方法，向残疾人提供就业项目服务，提高残疾人"民生"水平的整个系统。现阶段，我国要"根据经济社会发展水平及残疾人的实际需求，坚持以残疾人为本，将普惠与特惠相结合，重点保障与特殊扶助相结合，一般性制度安排与专项政策倾斜相结合，构建起政府公共服务、残疾人专业机构服务、社区服务、社会组织服务与残疾人自助服务等'五位一体化'的服务体系"。[①] 在积极福利的视角下，推动残疾人就业服务体系更加完善：

第一，促进残疾人就业培训。在积极福利视角下，加强对残疾人就业培训，可以结合当地经济特色，定期开展残疾人技能培训；对已经就业的残疾人开展岗位安全、就业能力、交往能力、提高自信心等方面的培训和讲座。聘请行业能工巧匠，对失业残疾人进行技能培训，如对农村残疾人开展种养业培训，对有文化需求的残疾人提供网络、函授等高等教育培训等。培训的开展要充分针对不同地域、不同经济、不同残疾类别，符合残疾人的实际需求。

第二，进一步加强制度与管理。要完善公共服务体系，理顺残疾人就业管理工作机制。将残疾人就业纳入公共就业服务体系统一管理，加强与人力资源社会保障部门的沟通与协调，做好政策对接。完善残疾人就业档案管理工作，建立残疾人就业信息服务网络平台，将残疾人就业信息翔实、准确地录入管理系统；对扶持资金申领人员或单位的资格、条件严格把关，采取切实可行的措施做好各项政策扶持对象的审核、认定工作，提高扶持补助资金使用管理的规范性、安全性和有效性。只有切实加强和落实残疾人就业的各种帮扶措施，才能真正解决残疾人就业问题。

---

① 丁建定:《我国残疾人服务体系的完善对策》,《社会工作》2012 年第 10 期。

第三,加强政府对残疾人用工单位的辅导指导和监督。积极福利要求政府的主体地位能进一步得到有效提升,因此政府要多渠道鼓励用人单位安置残疾人,对于提供爱心岗、公益岗、残疾人专用岗的单位应给予奖励或表彰,如帮助开展手语培训,残疾人就业心理培训辅导,残疾人岗前和在岗培训辅助。政府部门主动加强对残疾人就业情况的督查,定期深入企业,对就业残疾人就业情况进行抽查,从制度层面积极推动残疾人就业工作的落实。

第六章　积极福利视角下残疾人就业条件与就业政策分析

残疾人就业是残疾人事业发展中最重要的组成部分之一，历来受到党和国家的高度关注，并已经形成了相对完整的残疾人就业政策支持体系。“扩展残疾人就业，发展残疾人事业”旨在倡导“提升残疾人就业能力，创造适合的工作岗位，促进平等地参与社会生活，挖掘残疾人的潜能，为社会创造价值”的理念，进一步推动残疾人就业事业的发展。

残疾群体是处在社会底层的特殊弱势群体，其生存及发展能力远低于健全人，因而无法依靠自身力量摆脱经济上的低收入性、生活上的贫困性和心理上的脆弱性。社会弱势群体基本需要的满足程度、可行能力的发展程度恰恰是衡量一个社会是否平等、公平与正义的重要尺度。改革开放三十多年来，我国残疾人事业得到了卓有成效的发展，残疾人社会保障体系与社会服务体系（“两个体系”）的覆盖面也在不断拓展，残疾群体生存和发展状况得到了明显改善。从残疾人事业的顶层设计路径出发，我国残疾人事业发展的落脚点逐渐由“生活保障”向“能力建设”转变，由“消极救助”向“积极服务”转变，由“保障安置”向“就业创业”转变。这些转变的实现离不开各级政府的“兜底保障”，健康有序地保障残疾人就业无疑具有发展性、可持续性以及社会包容性的深远意义。然而，残疾群体就业服务可及性弱、就业率低、就业能力不足、受教育程度低和社会排斥严重等问题十分突出。随着工业化进程的推进和与人口预期寿命延长相伴随的伤残期延长，我国将进入残疾人口快速增长时期，而绝大部分残疾人是具有劳动能力或具有一定劳动能力的，这就对残疾人就业提出了新的要求。因此，必须在积极福利理论的指导下，优化残疾人就业服务供给，推进残疾人事业健康可持续发展，全面系统推进残疾人就业服务与社会福利，提高残疾人的生活水平，改善其生活质量。

第一节　积极福利视角下残疾人就业条件系统分析

一、积极型残疾人福利政策框架

我国已进入城乡社会保障制度全面并轨和衔接的时代，适度普惠型社会福利基本实现，公平和正义理念得到进一步体现。根据西方福利国家的发展经验，随着社会保障制度的不断健全和完善，仅靠资金投入的社会保障并不能很好提升民众的社会福祉水平，反而会产生“福利依赖”甚至“福利危机”。此时，若要规避社会保障投入对经济的纯损耗，实现社会和经济的协调发展，就必须充分重视社会服务。对社会服务的投入，可以满足民众差异化和个性化需求，提升民众的社会福利质量和满意度；可以充分实现民众增能和赋权，提升民众的自我能力，实现人力资源质量的提升和社会整合。社会服务对有限社会资源和人力资源质量的提升将有助于经济发展水平的提升，经济发展带来的财富积累反过来对社会福祉的实现又起直接推动作用。可以说，社会服务是打破社会福利发展瓶颈的关键工具，也是经济和社会协调发展固有矛盾的破解之道。然而，我国现有残疾人社会服务体系和框架是建立在补缺型社会福利基础之上，缺少具有前瞻性、动态性和发展性的视野，是一种被动和消极的剩余型社会服务，缺乏应有的科学理论指导。福利国家危机和欧洲新福利改革经验为政策设计者寻觅到发展型社会政策，成为现代社会发展的重要理论参考和研究范式。现代社会服务的发展性诉求和差异化需求，为残疾人社会服务和发展型社会政策提供了链合背景和愿景。社会服务的发展历程和发展型社会政策的发展趋势让二者在对象、内容、手段和功能等方面实现了全面链合。为了实现社会服务的发展目标和经济与社会的共进，将发展型社会政策的价值理念嵌入社会服务之中，以构建现代社会服务体系，使我国在实施全面适度普惠型社会福利制度的前提下，及时规避福利国家危机，实现社会发展促进经济发展的目标。

我国“积极性”残障福利政策框架内涵外延与基本特征一览表

积极政策框架	传统政策框架	积极政策框架	主要创新之处	案例或议题
宏观社会环境	未成政策议题	公共政策议题	具备发展条件	2010 年是福利元年
社会态度倾向	歧视排斥疏离	宽容平等友好	社会环境改善	社会态度转变
政策价值基础	人道关爱慈善	公平责任权利	福利理论基础	社会福利与保障
政策理论基础	生产福利增长	福利需要发展	以人为本思想	科学发展理论
照顾责任主体	家庭福利企业	国家家庭社区	明确福利责任	谁为残疾付费?
法规政策目标	自救增长稳定	平等参与共享	共享发展成果	社会福利企业
残疾服务原则	应急补救治疗	预防三早原则	制度功能前移	成本效果分析
残疾服务对象	局限残疾人群	病残人与家庭	残疾与照顾者	家庭津贴体系
残疾服务范围	内容少分割化	内容多体系化	全面系统照顾	管理与服务取向
残疾服务方法	单纯经济管理	全面系统专业	康复社工体系	社工专业方法
残疾服务时限	病残发生之后	病残发生之前	预防生命周期	病残伤害预防
政策体系时效	长期保持不变	阶段动态发展	政策回应性强	保障法的修订
国家职能角色	消极被动剩余	积极主动承担	两个体系建设	国务院残工委
残疾服务水平	最低生活保障	人的全面发展	社会总体福利	健康福利状态
残疾服务层次	国家服务层次	全球服务层次	服务层次提供	国际残障标准
残疾服务体系	分割化水平低	综合系统科学	服务对象为本	行政化条块分隔
服务社会基础	行政管理为本	人性需要为本	社会需要为本	如何界定需要?
服务对象角色	被动接受服务	主动参与服务	社会互动过程	参与式发展模式
残疾服务效果	低效事倍功半	结构均衡和谐	制度安全质量	制度功能异化

中国特色残障福利政策框架范围内容与战略重点一览表

政策框架范围	针对主要问题	主要服务对象	功能地位作用	客观现实状况
全球残障福利	全球与国家标准	病残贫弱需要者	全球与国家福利	衔接协调整合
环境保护政策	环境保持与健康	病残贫弱受害者	宜居与身心健康	病残害预防弱
友好环境政策	歧视无障碍设施	病残贫弱受害者	权利平等处境	歧视障碍不公
人口健康政策	计生预防出生缺陷	病残贫弱需要者	预防出生缺陷	出生缺陷严峻
住房福利政策	住房类福利服务	病残贫弱需要者	安居家庭生活	住房问题突出
家庭福利政策	家庭津贴与福利	病残贫弱需要者	家庭福利基础	家庭福利匮乏

（续表）

妇幼保健营养	儿童与妇女健康	病残贫弱妇与儿	妇女儿童健康	妇幼保健严峻
医疗卫生服务	全民性健康服务	病残贫弱需要者	身心健康福利	残障人群困境
儿童福利政策	儿童福利服务	病残贫弱孤儿童	儿童福利体系	孤残儿童困境
康复假肢融合	康复假肢参与	病残贫弱需要者	康复假肢康复	康复服务匮乏
特殊教育政策	特殊教育服务	病残贫弱需要者	综合素质能力	特殊教育艰难
劳动就业政策	就业支援服务	病残贫弱需要者	收入保障认同	就业服务稀缺
文化体育政策	文化艺术体育	病残贫弱需要者	平等共享参与	文体休闲困难
社会救助服务	救助生活保障	病残贫弱受害者	减贫生活保护	最低体面生活
社区福利体系	社区福利体系	病残贫弱需要者	社区为基础体系	匮乏社会支持

资料来源:刘继同、左芙蓉:《中国残障福利政策模式的战略转型与“积极性”残障福利政策框架》,《人文杂志》2011 年第 3 期。

我国社会政策与社会福利时代的主题,社会立法与立法模式转型的战略重点,以改善民生为重点的社会建设和和谐社会的构建,“不约而同”地共同聚焦于中国特色社会福利制度建设,殷切呼唤“积极性”社会福利政策框架与福利服务体系,坚持在发展中保障和改善民生,使“幼有所育、学有所教、劳有所得、病有所医、老有所居、弱有所扶”①。积极性残障福利政策是积极性福利政策重要组成部分,二者是整体与局部的关系。总体来说,“积极性”福利政策应对的是消极性、补缺性、道德化和经济性福利政策,“积极性”残障福利政策应对的是传统的劳动就业和强调个人责任、家庭照顾型福利政策。“传统性”福利政策主要适应传统社会需要,“积极性”福利政策主要适应现代社会的需要。区分传统福利政策与现代积极性福利政策,一是福利哲学与价值观,二是政府结构职能与角色地位,三是社会福利制度范围内容与优先领域,四是服务提供方式。为了充分践行“发展为了人民,发展依靠人民,发展成果由人民共享”的科学发展理念,加快以改善民生为重点的社会建设,构建福利化和谐社会,参考欧美福利国家社会福利制度安排与残障福利体系惯例,结合中国经济社会发展的实际,尤其是中国宏观福利制度背景、残疾人的社会生活环境、紧迫的社会需要与现实的生活处境,亟须构建中国特色的残障福利政策框

① 十九大报告。

架,明确界定政策框架的范围内容,指明战略重点。这实际上是勾勒中国残障福利制度框架设计与福利服务体系建设的“路线图”,是残疾人积极福利的发展方向。

二、残疾人积极就业观:由“问题视角”转向“积极福利视角”

社会上普遍存在,甚至在部分残疾人身上也存在的对残疾人的偏见和歧视,源于从“问题视角”来看待残疾与残疾人。这种视角认为残疾与残疾人是不健全、有缺陷、有问题的,残疾人和健全人不同,由于身体的残疾,他们必然存在许多不便,他们自身就会存在一种矛盾心理左右着他们对问题的认识。一些残疾人在精神、智力上的缺陷,使他们在和健全人交往时会陷入难以解脱的复杂情感纠葛之中。同时,社会上一些人对残疾人存有偏见,残疾人在出行、生活和工作中受到歧视。因此,残疾人在心理上常常会出现一定程度的压抑感,认为自己和别人不一样,不能想做什么就做什么。盲人看不见蔚蓝的天空,聋人听不见优美的音乐,自己什么也做不了,是“废人”。因此,存在这种心理的残疾人就会处于一种忧郁状态,一些残疾人甚至会自暴自弃。在社区,残疾儿童不能和其他孩子愉快地在一起玩,呈现自我封闭;在家庭,残疾人常常性情暴躁,与其他成员不能和谐相处,把自己看作另类;在学校,残疾学生由于对未来没有信心,在学校学习没有动力,学习成绩下降。同时,个别残疾人认为,我是残疾人,国家就应该养活我。于是,在生活和一些事情的处理上,等、靠、要的依赖思想很严重。实际上,许多残疾人存在许多不为人知的潜能。因为,从医学上讲,残疾人由于一个方面失去功能,在另外一个方面就会有所补偿。如果残疾人能充分发挥自己的优势,使其潜能得到充分的释放,残疾人也能有让正常人敬佩的作为。但是,如果自卑心理很重,残疾人就会失去很多发展自己的机会,在就业上所走的路就会越来越窄。

残疾人虽然面临一些身体、精神方面的障碍,但仍具有独特的优势,同样可能拥有知识、智慧、技术和财富,也可能拥有用于扭转不幸、对抗疾病、消除痛苦、达成目标的力量和资源。“积极福利视角”的可贵之处就在于给我们提供一个甄别、发现优势和资源的全新视角。我们可以发现残疾人所具有的诸多优良品质,如顽强的意志、非凡的毅力、自强不息的精神、积极向上的心态、专注刻苦的品质等;也可以发现残疾人在某些方面存在障碍,但在另一些方面反而存在优势,如聋哑人能够抗拒噪音，盲人的触觉非常灵敏，瘫痪病者能够从事长期坐着的工作等。特别值得一提的是，随着知识与信息在人类社会经济发展中扮演的角色越来越重要，体力劳动的作用相对下降，同工业制造业时代相比，正如妇女的就业劣势得到遏制一样，残疾人的就业劣势也得到了一定程度的遏制。知识经济时代有利于发现与发挥残疾人的某些优势，如劳动密集型工种、网站维护、文字校对等，都为残疾人提供了很多新的生存空间。当然，我们也要帮助残疾人从"积极福利视角"来重新认识自己，或者说需要残疾人用自己的自我认识和行动来证明这种"积极福利视角"，从而帮助其他社会成员树立这种"积极福利视角"。"积极福利视角"使残疾人能够辨识出他们的个人资源和社会资源或重新建立起这些资源间的联系，鼓励他们忍受困难、克服障碍并从事与他们的目标相一致的行动。随着社会文明程度的提高，"积极福利"更加深入人心，社会对残疾人的歧视越来越少，一些企业也愿意聘请有能力的残疾人，甚至觉得雇用残疾人会提升他们单位的形象，而不是有损单位的形象。之所以发生了这样的转变，是因为政府、残疾人联合会等方方面面都加大了宣传力度，比如举办雇主培训班，让用人单位更加了解残疾人就业的政策法规，掌握残疾人就业心理特征以及与残疾人员工的沟通方法技巧，根据残疾人特性，开发更多适合残疾人的就业岗位，以此推动残疾人服务专业化，增强为残疾人延伸服务的能力。

三、残疾人积极就业内外部条件

残疾人就业是残疾人事业发展中的重要组成部分，也是残疾人及其家属所关心的社会问题。残疾人就业，意味着他们的经济生活、精神生活和社会地位的提高，因此，解决有劳动能力的残疾人就业，是实现残疾人走向社会的根本途径。然而，由于整个社会就业形势日益严峻，随着国企改革和城市化的发展，就业结构调整和市场竞争日益加剧，对高素质、高技能人才的需求日益增加，很多残疾人因为自身素质和就业条件不能适应市场需求，导致他们在就业方面面临着很大压力。

其一，残疾人就业政策难落实。目前，全社会对残疾人的关注度和相应宣传力度不断增强，但残疾人就业环境仍然不佳，歧视残疾人、对残疾人存在心理偏见、排斥残疾人等各种不良现象仍客观存在。以按比例就业为例，虽然国家和省出台了相关的法律法规和政策，但大部分单位仍未按相关规定、按比例安排残疾人就业；即使有的用人单位表示愿意支持政策，但又强调没有适合残疾人的岗位或没有能力安置残疾人就业或者不愿意安置残疾人。特别是党政机关、事业单位还需要进一步做好表率，带头安置残疾人。

其二，残疾人就业服务机构服务能力不足。残疾人自身特殊情况对工作岗位提出了更高的要求，这也要求残疾人就业服务机构要加强与用人单位的沟通，不断开发适合残疾人的岗位。“十三五”期间，我国残疾人就业服务机构建设取得较大成绩，但由于政府购买服务的力度还不大、机构工作人员少、专业人员比较缺乏，难以有效地为残疾人和用人单位提供富有针对性的就业服务。

其三，残疾人就业优惠政策不能满足残疾人就业的需求。在集中就业方面，福利企业一直是安置残疾人就业的主渠道，但由于多方面原因，福利企业安置残疾人的积极性与可行性得不到提高，加上淘汰落后产能、产业结构调整等影响，福利企业数及安置就业的残疾员工数呈逐年下降趋势。在残疾人自主创业方面，各地对残疾人自主创业的扶持力度较弱，给予的一次性创业补贴太少；在创业残疾人向金融机构申请贷款需要担保时，相关部门并未给予有效帮助，致使残疾人创业资金不能落实，无法实现自主创业。

其四，残疾人职业技能培训覆盖面太小，针对性不强。接受过的技能培训主要集中在农村实用性技术类、就业前培训和手工类。大部分残疾人的技能培训意向并不明确，主要还是根据自身情况和岗位工作的需要而选择。各地在开展培训时没有与就业挂钩，缺乏对培训项目就业前景的调查，部分地区甚至为了应付任务，为了培训而开展培训，导致培训后残疾人仍不能实现就业。

在积极福利理论的指导下，全国各级残联通过加大培训力度、制定扶持政策、加强残企对接、举办专场招聘等方式，从多个方面优化残疾人就业条件，坚持促进残疾人充分就业的指导思想，致力于解决残疾人最关心、最直接、最现实的利益问题，促使残疾人生活水平得到稳步提高。

1. 提供残疾人职业技能培训，为残疾人就业培育一技之长。大力开展职业技能培训，是促进残疾人就业的重要手段，解决残疾人就业结构性矛盾的根本途径。李克强总理在第五届全国残疾人职业技能竞赛暨第二届全国残疾人展能节的开幕式上做出重要指示：提升残疾人职业技能、促进他们就业和增收，既是保障基本民生、加快残疾人小康进程的要求，也是践行大众创业、万众创新的生动体现。对残疾人开展职业技能培训，能够帮助残疾人提高自身素质和技能，提升残疾人稳定就业的能力。近年来，全国各级残联不断加强残疾人职业技能培训，帮助残疾人掌握更多实用技术，实现就业创业梦想。为真正做好残疾人的职业技能培训工作，残联系统基本都建立了残疾人求职登记信息库。动态掌握有劳动能力暂未就业的残疾人人数，通过了解各个类别残疾人的职业技能需求情况和用人单位对技能岗位的需求情况，设置职业技能培训项目。坚持"先培训、后就业"原则，结合各地实际情况和用工需求，通过采取"集中培训与分散培训相结合"的方式，开设形式多样的职业技能培训班，加大对残疾人的职业技能培训力度。为了让农村残疾人接受正规的职业技能培训，一些地方残联特邀农委的高级农艺师和高级畜牧师下乡进村上门培训，为残疾人进行种养殖培训，并推荐有就业意向的残疾人至附近的扶贫基地或种养殖大户就业，增加农村残疾人收入。着力开展残疾人职业基地培训，切实发挥残疾人职业基地作用，努力为残疾人打造资质过硬、专业齐全、师资雄厚、设备完善的培训教学环境，发挥基地在残疾人职业培训、职业竞赛、实习实训等方面的引领和辐射作用，全面提升残疾人的培训水平和培训质量。同时与劳动力市场、用人单位紧密衔接，通过丰富实用的技能培训，不断拓宽残疾人就业创业渠道和途径，帮助残疾人实现就业，摆脱贫困，自力更生。在国家总体就业形势依然严峻的情况下，必须不断提升残疾职工的职业素质和就业能力，以适应社会经济发展、产业结构调整和人才队伍建设的需要。在就业过程中，残疾人群体由于受功能障碍、残疾类别差异和职业心理落差等特性的影响，需要进行适应岗位需求的类别化培训，进行"量体裁衣"式岗位提升培训，以适应就业市场需求，有效实现就业。根据用人单位残疾人就业的实际状况，根据岗位与稳定就业的需要，与用人单位共同制定残疾人岗位技能提升计划，通过在岗培训、脱产培训、业务研修、技能竞赛等多种形式，分期分批稳步开展职业提升培训，加快提高企业在岗残疾职工的技能水平。

2. 集中安置残疾人，为残疾人就业提供福利庇护。福利企业是集中安置残疾人就业的主要渠道，是维护残疾人合法权益、促进残疾人事业发展的重要保证。福利企业自创办以来，在各级政府的扶持下，得到了迅速发展，各地残联与福利企业保持密切联系，为残疾人群体最大限度争取就业岗位，保障残疾人就业权利，促进残疾人就业。具体举措有二：一是大力扶持福利企业，充分发挥福利企业集中安置残疾人就业的主渠道作用，对切实保障残疾人就业权利具有重要意义。各级残联主动开展调查研究，大力扶持福利企业，帮助企业抵御风险、转型升级；同时，于每年“全国助残日”期间，挑选部分福利企业进行慰问，鼓励支持福利企业发展，积极拓宽残疾人的就业空间，提高残疾人的社会地位，使残疾人从单纯的依靠国家、社会和亲属救济变为自食其力的社会劳动者、工作者，实现自身价值。在社会主义现代化建设的新形势下，残疾人群体唯有转变就业观念，主动参与社会生活，提高自身素质，才能争取就业机会。通过开办以“树立自强不息精神，点亮灿烂人生”为主题的思想道德系列讲座，积极鼓励广大残疾人群体发扬自尊、自信、自强、自立精神，牢固树立“我能、我行、我成功”意识；鼓励残疾人坚持学习，不断掌握新的科学文化知识和劳动技能；鼓励残疾人发扬自力更生、艰苦创业的精神；鼓励残疾人树立正确的价值观、人生观、世界观，积极进取，自强不息。二是积极出台相关意见，减免福利企业有关地方性税费，减轻企业负担；申请就业专项资金，将符合条件的残疾人纳入就业专项资金补贴范围，对残疾人开展职业培训，进行公益性岗位安置，并按规定给予补贴；鼓励企事业单位、社会团体和个人捐资用于残疾人就业培训；支持企业人才引进和技术创新，完善企业监管服务。

3. 按比例安排残疾人，为残疾人创造就业条件。残疾人是就业困难群体，《中华人民共和国残疾人保障法》规定“国家实行按比例安排残疾人就业制度”；《残疾人就业条例》进一步明确“用人单位应当按照一定比例安排残疾人就业，并为其提供适当的工种、岗位”。这些规定确立了我国按比例安排残疾人就业的法律制度，明确了按比例安排残疾人就业是用人单位的责任和义务，体现了对残疾人就业权利的尊重和保护。以南京为例，南京市残联根据上级文件要求，结合实际，制定出台地方配套法规政策，进一步细化按比例就业的有关规定，增强可操作性和规范性，提高执行力和约束力。具体举措有三：一是率先对按比例企业进行补贴，对超比例企业进行奖励。为促进残疾人就业，提高用人单位安排残疾人就业的积极性，南京市残联制定并积极推行《用人单位按比例安排残疾人就业补贴和超比例奖励办法的实施细则》；残联积极与企业对接，通过召开座谈会、走访调查等方式，鼓励用人单位安排残疾人就业。二是举办残疾人专场招聘会，为残疾人就业搭建平台。为切实帮助残疾人解决就业问题，各地残联联合相关部门多次举办残疾人专场招聘会，为残疾人与企业之间搭建一条相互了解的桥梁。举行残疾人专场招聘会的目的，是给残疾人提供就业政策咨询，推进残疾人就业工作扎实开展，为更多有就业意愿的残疾人创造就业条件，帮助残疾人走向自立自强。三是扩大残疾人保障金年审范围，加强增收力度。各地残联认真落实国家残疾人就业保障金（残保金）征收使用管理规定，把加大残保金征缴力度作为促进残疾人充分就业的重要手段，切实加强残保金的征收工作。“十三五”以来，在国家减免小微企业残保金的政策背景下，充分发挥残保金的残疾人就业调节作用，在地税、财政等部门的支持下，探索实施“残联核准、财政代扣、税务代征”的联动工作机制，提高企业年审率，确保残保金的应收尽收；严格残保金的使用管理，纪检监督部门定期对残保金征收、使用情况进行监督检查，进一步加大残保金的征收力度，从而促进国家机关、团体、企事业单位接纳安排残疾人就业，从资金保障层面为残疾人就业创造条件。

第二节 残疾人就业政策回顾与梳理

就业政策可以大致分为积极性就业政策和消极性就业政策。积极性就业政策通过促进经济增长和修复劳动力市场，消除引起失业的原因，达到增加就业的目的；消极性就业政策则是向失业者提供失业救济和失业保险，助其渡过难关、重新就业。残疾人积极就业政策不仅仅停留在为失业残疾人提供补助，而是通过采取就业促进、就业保护和就业服务等措施确保残疾人就业机会平等。在就业机会平等的理解上存在两种政策导向，即最小干预原则和最大干预原则。最小干预原则主要基于自由主义或者保守主义的主张，认为平等就业政策的目标是确保每个人被公平对待或在一个相同的基础上被对待，反对种族、性别和残疾等相关标准的歧视，追求个体同等对待，并反对配额制。最大干预原则主要基于社会民主主义的主张，其目标是实现均等结果，认为政策不能仅止于禁止不公平的区别，而应鼓励或区别对待，使弱势群体能从福利制度或工作机会中获得均等的待遇。

我国《残疾人就业条例》规定，残疾人就业政策实行集中就业与分散就业相结合的方针。用人单位应当按照一定比例安排残疾人就业，并为其提供适当的工种、岗位。从政策选择上看，残疾人就业政策选择的是最大干预原则，实现残疾人就业结果平等。残疾人就业的最大干预原则可以分为两大部分，即就业方式的配额制和促进就业的配套机制。就业方式的配额制包括集中就业、分散就业和自主创业三个方面的就业促进。分散就业有利于残疾人融合社会，是主要的就业方式；集中就业主要针对重度残疾人，因此，在就业过程中，集中就业还需承担就业康复的功能，使重度残疾人就业能力康复，走向分散就业。促进就业的配套机制主要包括两种，即就业信息服务机制和就业工资保护机制。残疾人积极就业政策机制优化研究分为两个部分，首先分析残疾人就业困境，然后从残疾人就业方式政策机制优化和就业配套保障机制优化两个方面进行分析。

一、政府主导下的残疾人积极就业促进政策分析

残疾人属于就业弱势群体，对政府就业促进政策的需求非常强烈。大量的数据和事实表明，政府责任的缺失、就业政策的不完善性、公共财政对残疾人就业保障投入严重不足、各级政府在残疾人就业保障中的职责划分不清、政府对残疾人就业保障监管不力，是我国残疾人就业保障不足、就业水平较低、就业质量差、就业严重滞后于社会经济发展的主要原因。因此，明确政府在残疾人就业促进中的主导作用，完善残疾人就业促进政策体系，具有特别的紧迫性和现实意义。

进入市场经济以来，我国一方面确定社会用人单位的用人自主权，另一方面将解决残疾人就业作为政府和社会共同的责任义务加以明确，并通过积极的保护扶助政策促进残疾人就业，体现了维护社会公平的基本准则。这也与市场经济国家保护社会弱势群体的立法宗旨是一致的。在《中华人民共和国宪法》《中华人民共和国劳动法》《中华人民共和国就业促进法》《中华人民共和国残疾人保障法》《残疾人就业条例》以及政府相关部门条例、规章的基础上，政府制定的残疾人就业促进政策体系初步形成，它包含了残疾人就业保护政策、残疾人就业援助政策、残疾人就业服务配套政策等三个层面。特别是我国政府于 2007 年 5 月出台了《残疾人就业条例》，其根本目的就是要通过残疾人就业保护和就业促进，消除或减轻残疾障碍和社会障碍对残疾人平等就业权利实现的影响。

其一，残疾人就业保护政策。自“九五”以来，我国按照市场经济体制的要求，实施积极的就业政策，确立了“劳动者自主就业，市场调节就业，政府促进就业”的竞争就业方针。政府在坚持以市场为导向就业机制基础上，按照平等、参与、共享的原则，对残疾人就业采取优惠政策和扶持保护措施，在竞争的基础上实行保护，实行集中就业与分散就业相结的方针，采取优惠政策和扶持保护措施，通过多渠道、多层次、多种形式促进残疾人就业。具体措施有三：一是政府通过给予税收减免等优惠政策，鼓励和扶持兴办残疾人福利企业、盲人按摩机构、工疗机构等残疾人集中就业单位。二是依法推进用人单位按比例安排残疾人就业，并为其选择适当的工种和岗位，达不到规定比例要求的单位要缴纳残疾人就业保障金。三是国家采取各种优惠政策和扶持措施鼓励城乡残疾人个体劳动者就业，并通过扶贫贴息贷款方式帮助贫困残疾人进行自主创业和发展一些能够增加收入的项目，扶持农村残疾人从事种植业、养殖业、手工业和多种经营。

其二，残疾人就业援助政策。将难以实现就业的残疾人列入就业困难人员范围，提供就业援助，开发适合残疾人就业困难群体特点的就业岗位特别是公益性就业岗位，通过优惠政策鼓励企业招用、免费就业服务等政策措施，促进困难残疾人实现就业。

其三，残疾人就业服务配套政策。残疾人就业服务配套政策涉及实体管理机构建设、虚拟网络资源共享、无障碍设施改造指导、职业康复训练与培训四个层面。一是通过加强各级残疾人联合会的残疾人就业服务机构建设，免费为残疾人集中就业、分散按比例就业和个体开业提供就业信息、职业指导、职业介绍、职业培训、职业评估、职业能力评定等服务项目，以提高残疾人就业率和就业质量；二是残疾人就业信息网络建设，通过建立统一的多功能残疾人就业信息网络，以全面、及时、准确地掌握残疾人劳动力资源情况，掌握用人单位的用工信息、空岗信息，为用人单位和求职残疾人提供快捷、方便的服务；三是开展无障碍设施建设和开展信息交流无障碍工作，为残疾人就业提供更有利的物质条件和就业环境；四是通过残疾人的职业康复，帮助残疾人恢复或补偿功能，提升其就业能力。通过这四个方面的就业服务配套政策，为残疾人就业提供全方位服务。其中，应特别强调残疾人教育及职业培训对提升残疾人人力资本和就业能力的重要基础功能。无论是残疾人就业保护政策,还是残疾人就业援助政策,或是残疾人就业服务配套政策,都体现了政府在残疾人就业促进中的主导作用。国内外相关理论与实践都已证明,若没有政府的有效保护和扶助,保障残疾人平等就业的机会和权利将无法实现。

二、我国残疾人就业政策的结构

我国残疾人就业政策结构的形成是伴随着我国市场经济的发展与社会建设的深化而演变的,从对残疾人的扶持为主到对其自主创造能力的强调,残疾人就业政策趋于全面和深化。为了确保残疾人就业,我国制定了一系列的法律、法规和政策,形成了以《宪法》为核心,《劳动法》和《就业促进法(草案)》等为基础,《残疾人保障法》以及《残疾人就业条例》为主体,国务院、劳动和社会保障部以及残疾人联合会相关条例和规章为补充的残疾人就业政策体系。这些政策既相互联系,也有各自不同的侧重点。基于"就业政策矩阵模型",特别是考虑到残疾人就业的特殊性,我们从市场性就业政策、保护性就业政策和辅助性就业政策等三个方面来阐释我国残疾人就业政策结构。

(一) 市场性就业政策

市场性就业政策旨在提高就业的市场效率。就残疾人就业而言,市场性就业政策包括提升残疾人就业能力的劳动力供给政策,促进残疾人就业安置的劳动力需求政策,以及为残疾人就业提供信息与服务的劳动力市场匹配政策。

其一,劳动力供给政策。由于残疾人自身的限制,劣势累积效应在残疾人身上表现得尤为突出,人力资本普遍低于健康人群体。这个问题直接导致了残疾人就业状况不佳,为解决这个问题,中国政府出台了一系列法律法规来提升残疾人就业能力,我们将这一部分政策称为残疾人劳动力供给政策,主要包括教育政策和培训政策以及与此相关的政策。除了宪法中规定残疾人应享有教育权利之外,《残疾人保障法》《中华人民共和国就业促进法(草案)》以及《残疾人教育条例》也都做了相应的规定。这些法规对高级中等学校和残疾人职业技术教育机构做了专门规定,要求其按国家要求开展残疾人义务教育和职业技术教育。1994 年 8 月 23 日颁布的《残疾人教育条例》是残疾人教育史上具有重要意义的事件,它对残疾人职业教育问题做了更全面和细致的说明。其中第四章(第 23 条至第 28 条)对职业教育做了系统性规定，对残疾人职业教育及培训的层次、机构主体、专业设置等方面的要求都一一列出，指出残疾人职业教育应当重点发展初等和中等职业教育，以普通职业教育机构为主体，并“根据社会需要和残疾人的身心特性合理设置专业”。在教育机构接纳残疾人考生的义务方面，《残疾人教育条例》第29条规定：“普通高级中等学校、高等院校、成人教育机构必须招收符合国家规定的录取标准的残疾考生入学，不得因其残疾而拒绝招收。”国家教委、人事部、劳动部、民政部等国家各有关部委在1985年联合发布的《关于做好高等学校招收残疾青年和毕业分配工作的通知》，以及1991年进一步发布的《关于进一步做好高等学校、中等专业学校招收残疾考生和残疾学生毕业分配工作的通知》专门针对教育机构接纳残疾考生的义务方面做了说明，指出要进一步做好高等学校、中等专业学校招收残疾考生的工作，还需进一步做好残疾毕业学生的分配、接收工作。

其二，劳动力需求政策。与供给政策相对应，劳动力需求政策关注残疾人就业安置方，主要对集中安置、按比例安排残疾人就业、自主就业、公益岗位等残疾人就业渠道进行规定。我国残疾人劳动力需求政策有强制性和扶持性两大特点，其中“强制”指强制推动按比例安排残疾人就业，“扶持”主要涉及对福利企业和个体就业者的各种优惠政策。《宪法》规定了残疾人有劳动的权利。《残疾人保障法》中单独列出了对残疾人劳动就业权利保障的一章（第27条至第33条），其中对集中安置、按比例安置、自主就业、农村劳动以及各种优惠与扶持政策都有明确规定。例如，第29条关于集中安置的规定：“国家和社会举办残疾人福利企业、工疗机构、按摩医疗机构和其他福利性企业事业组织，集中安排残疾人就业。”2007年《残疾人就业条例》对用人单位的责任、保障措施和就业服务等均有详细的规定，并结合新的形势提出开发适合残疾人公益性岗位的要求。该条例对按比例安置残疾人和集中安置的比例进行了量化的规定，其中第8条提到：“用人单位安排残疾人就业的比例不得低于本单位在职职工总数的1.5%。”第11条提到：“集中使用残疾人的用人单位中从事全日制工作的残疾人职工，应当占本单位在职职工总数的25%以上。”“强制”推动按比例安排残疾人就业是我国残疾人就业政策体系中占较大比重的部分。这种制度安排是我国政府针对社会转型时期残疾人就业难的情况依法推行的。按比例安置残疾人劳动就业，是联合国所倡导和多数国家所采用的原则。

该就业渠道不仅在《残疾人保障法》《残疾人就业条例》中有相对系统的规定，在推行该种就业形式的过程中也一直有政策上的倾斜。如 1992 年国家计委、劳动部、民政部和中国残联联合颁布了《关于在部分城市开展残疾人劳动就业服务和按比例就业试点工作的通知》，以及《中华人民共和国就业促进法(草案)》等。此外，按比例安置残疾人就业自从“八五计划”期间提出之后，“八五计划”至“十五计划”的残疾人事业计划纲要按照逐层递进的顺序对我国按比例安排残疾人就业工作进行了推广，取得了较好的成果，逐渐取代集中安置方式成为主流安置残疾人的渠道。“扶持”政策多体现在对福利企业和个体就业者的优惠上。《残疾人保障法》第 23 条明确规定：“国家对残疾人福利性企业事业组织和城乡残疾人个体劳动者，实行税收减免政策，并在生产、经营、技术、资金、物资、场地等方面给予扶持。”“对于从事各类生产劳动的农村残疾人，有关部门应当在生产服务、技术指导、农用物资供应、农副产品收购和信贷等方面，给予一定的帮助。”《残疾人就业条例》第三章保障措施部分对此也做了类似规定。《中国人权白皮书》详细说明了政府对福利企业和个人采取的一系列税费及信贷方面的优惠措施，如对残疾职工占生产人员总数 50%以上的福利性企业免征所得税，对丧失劳动能力或生活困难的残疾人，免征农业税、各种公益事业费、子女学杂费，免除义务工等社会劳动负担。

其三，劳动力供求匹配政策。劳动力供求匹配关注残疾人就业信息网络的建设以及就业服务机构的建设。在信息网络建设方面，2000 年中国残联制定了《残疾人就业信息网建设发展规划》，对残疾人信息网络的建设提出了明确的目标和任务，并做出了具体部署。按照《残疾人就业信息网建设发展规划》的要求，各省、自治区、直辖市要根据本地就业工作的进展情况，选择 1—2 个就业工作开展较好的城市作为残疾人就业信息网的定点建设城市，2003 年以前完成定点城市网络中心的建设，并与当地劳动力市场信息网互联，投入运行。在就业服务方面，国家计委、劳动部、民政部、中国残联于 1992 年颁布的《关于在部分城市开展残疾人劳动就业服务和按比例就业试点工作的通知》是对残疾人就业服务机构建设方面明确提出要求的第一个文件，之后残疾人就业服务机构的建设逐步完善。1998 年颁布的《关于建立和完善残疾人服务社并进行企业法人登记注册的通知》中要求“在已有残疾人就业服务所的基础上，进一步建立和完善面向农村的残疾人服务体系”。

1999年《国务院办公厅转发劳动保障部等部门关于进一步做好残疾人劳动就业工作若干意见的通知》中提到要采取积极的扶持和保护措施，规范残疾人就业服务体系，并完善农村残疾人服务社职能，与农村社会化服务体系密切结合。其中还对服务人员的培养提出要求，指出要“逐步建立残疾人就业服务机构工作人员岗位业务培训和职业指导人员资格培训、鉴定制度”。《残疾人就业条例》中第四章第二十二条规定：“中国残疾人联合会及其地方组织所属的残疾人就业服务机构应当免费为残疾人就业提供下列服务：发布残疾人就业信息；组织开展残疾人职业培训；为残疾人提供职业心理咨询、职业适应评估、职业康复训练、求职定向指导、职业介绍等服务；为残疾人自主择业提供必要的帮助；为用人单位安排残疾人就业提供必要的支持。国家鼓励其他就业服务机构为残疾人就业提供免费服务。”

（二）保护性就业政策

保护性就业政策不仅关注残疾人就业的结果公平，也关注就业的起点和过程公平。保护性政策的基调是反歧视，禁止与就业相关的歧视行为发生。这类政策在发达国家已有较完善的体系，许多方面值得我国在根据实际情况的基础上予以借鉴。保护性就业政策与市场性就业政策不同，它是一种防御性就业政策，对残疾人在参与供给、需求和匹配的活动中可能会遇到的不公正行为进行禁止，对其参与的过程进行保护。

保护性就业政策包括：社会成员在就业前寻找工作的过程中享有平等就业机会权利，在就业中享有公平的工作场所权利，在不能工作时享有合理的社会保障权利。在平等就业机会和公平工作场所政策方面，我国明确规定，在职工聘用、报酬、晋升等方面不得歧视残疾职工，但也有细微方面的差别。如《残疾人保障法》和《残疾人就业条例》中都提到，在职工的招用、聘用、转正、晋级、职称评定、劳动报酬、生活福利、劳动保险等方面，不得歧视残疾人。《残疾人保障法》还规定“对于国家分配的高等学校、中等专业学校、技工学校的残疾毕业生，有关单位不得因其残疾而拒绝接收”。《残疾人保障法》与《残疾人就业条例》一致要求“用人单位应当为残疾人职工提供适合其身体状况的劳动条件和劳动保护”。《就业促进法（草案）》对职业介绍机构还进行了专门规定，其第26条规定：“用人单位招用人员以及职业介绍机构、人才交流服务机构从事职业中介活动，不得以民族、种族、性别、宗教信仰、年龄、身体残疾等因素歧视劳动者。”合理社会保障政策主要指残疾职工失业保障和养老医疗保障等。《残疾人保障法》第四十条规定，国家和社会采取扶助、救济和其他福利措施，保障和改善残疾人的生活。第四十二条要求，残疾人所在单位、城乡基层组织、残疾人家庭，应当鼓励、帮助残疾人参加社会保险。中国残疾人联合会与劳动和社会保障部于1999年发布的《关于做好下岗残疾职工基本生活保障和再就业工作的通知》对避免残疾人下岗以及下岗后残疾人的基本生活保障都做了规定。劳动和社会保障部办公厅与中国残疾人联合会办公厅于2004年发布的《关于做好残疾失业人员登记工作的通知》，要求“结合推动按比例就业工作，主动向用人单位推荐能够胜任招聘岗位的残疾失业人员；劳动保障部门应采取措施，为就业转失业的残疾人申领失业保险金提供便利”。劳动和社会保障部、财政部和中国残疾人联合会于2005年发布的《关于城镇贫困残疾人个体户参加基本养老保险给予适当补贴有关问题的通知》，对于残疾人个体户基本养老保险的补贴做了专门说明，包括用结余的就业保障金补贴基本养老保险费。

（三）辅助性就业政策

辅助性就业政策是残疾人就业政策体系中另一重要组成部分，它意在为残疾人就业提供更好的身体和精神条件以及更有利的物质条件和就业环境等。《残疾人保障法》第4条规定：“国家采取辅助方法和扶持措施，对残疾人给予特别扶助，减轻或者消除残疾影响和外界障碍，保障残疾人权利的实现。”这里主要关注与就业有关的康复政策与无障碍设施建设政策。康复是残疾人就学、就业、全面参与社会生活的前提，早在美国1973年康复法案（Rehabilitation Act）中就提到康复工作的完成对残疾人就业的重要性，康复工作的开展有利于残疾人就业的发展；另外无障碍环境的建设进一步方便了残疾人就业的环境。这些政策为残疾人就业工作的展开铺平了道路。在康复政策方面，《残疾人保障法》中第二章（第十三条至第十七条）对康复工作做了全面的规定，奠定了康复工作开展的基础。第十三条规定，国家和社会采取康复措施，帮助残疾人恢复或者补偿功能，增强其参与社会生活的能力。第十四条确定了我国残疾人康复政策的指导原则：康复工作应当从实际出发，将现代康复技术与我国传统康复技术相结合；以康复机构为骨干，社区康复为基础，残疾人家庭为依托；以实用、易行、受益广的康复内容为重点，并开展康复新技术的研究、开发和应用，为残疾人提供有效的康复服务。《中共中央国务院关于进一步加强农村卫生工作的决定》(2002)和卫生部、民政部、财政部、公安部、教育部、中国残联于2002年发布的《关于进一步加强残疾人康复工作的意见》进一步将康复与残疾人就业工作联系起来，表明康复在残疾人就业工作中所起到的辅助性作用。其中提到要逐步扩大贫困残疾人接受康复服务的受益面，要从残疾人就业保障金中安排一定数量的资金用于残疾人康复后的职业和生产劳动技能的培训，为康复后的残疾人就学、就业、全面参与社会生活创造条件。在无障碍建设方面，《残疾人保障法》第46条指出："国家和社会逐步实行方便残疾人的城市道路和建筑物设计规范，采取无障碍措施。"此后国家出台了一系列措施去推动无障碍建设在全国各地的开展。建设部于1998年出台了一系列有关障碍设施建设的规定和通知，如《方便残疾人使用的城市道路和建筑物设计规范》《关于做好城市无障碍设施建设的通知》《关于贯彻实施"方便残疾人使用的城市道路和建筑物设计规范"若干补充规定的通知》以及《关于印发建筑工程项目施工图设计文件审查试行办法的通知》等，其中，对大城市开展无障碍设施的建设做了详细规定，取得了一定成效。建设部、中国残疾人联合会又于1999年联合发布了《关于进一步推行无障碍设施的建设的通知》，指出无障碍设施建设工作开展的不平衡情况，要求各级单位对残疾人无障碍设施建设按规定进行。这一系列有关无障碍设施建设规定的出台，保障了残疾人就业环境的无障碍化，也使得我国残疾人就业政策体系更加完善。

三、我国残疾人就业政策扩展

残疾人稳步上升的就业数量以及日益完善的就业服务支持体系与我国残疾人就业政策的发展是分不开的。尽管如此，截至"十二五计划"末期，全国仍有"相当数量的农村贫困残疾人、近200万城镇残疾人生活还十分困难，残疾人就业还不够充分"①，残疾人就业和再就业形势仍然十分严峻。而且，由于我国残疾人事业起

① 《"十三五"加快残疾人小康进程规划纲要》，见《国务院关于印发"十三五"加快残疾人小康进程规划纲要的通知》(国发〔2016〕47号)。

步较晚，与就业相关的法律法规体系与发达国家相比还不够健全。长期以来，我国推动残疾人劳动就业，很大程度上依靠行政手段和道义力量，缺乏法律的强制性，导致单位在招用残疾人时随意性很大。此外，残疾人就业政策体系结构是动态的，它随着残疾人就业事业的发展而不断趋于完善。我国2007年出台的《残疾人就业条例》对残疾人就业的情况做了详细规定，国家《“十三五”加快残疾人小康进程规划纲要》对康复、教育、就业和社会保障、扶贫、社会环境、维权、信息化建设和残疾人组织建设等各方面都做了详细的规定。这些都是我国残疾人就业政策扩展的新进步；同样，我们还可以基于我国残疾人就业的自身特点以及先进经济体残疾人就业政策的最佳实践，进一步拓宽我国残疾人就业政策思路。

在市场性就业政策方面，全球化经济时代要求就业能力的不断提高，这就要求劳动者坚持学习，残疾人就业能力的提升也需要残疾人坚持自身的学习与提高。进一步开展适应劳动力市场需求的残疾人职业教育与培训，在积极推动残疾人就业过程中是极为重要的。要开展城镇与就业相结合，农村与生产和扶贫相结合的多层次的职业技能教育和中短期实用技术培训。

在劳动力需求领域，需要进一步全面推进按比例安排残疾人就业政策的落实，鼓励社会力量依法兴办福利企业，集中安排残疾人就业。国外许多国家也实行集中安置和按比例安排残疾人就业，但是国外许多国家有关比例的规定会更为详细和明确。如法国规定20人以上的国营或私营企业必须雇佣6%的残疾员工；未按比例要求雇佣残疾人的单位，则需交付一笔基本金，用于残疾人的劳动就业工程。这对我国的残疾人就业政策扩展都是很好的借鉴。

在劳动力市场匹配领域，考虑到残疾人自身的特殊化，必须强化对残疾人就业的服务与指导。在保护性就业政策上，《“十一五”发展纲要》就提出要为残疾人创造“平等、参与、共享”的环境，动员各方力量营造残疾人平等参与社会生活的社会环境。香港劳工处在1996年和1997年出台了一系列与禁止歧视残疾人相关的条例：1996年颁布了《残疾歧视条例》《残疾歧视（正式调查）规例》和《残疾歧视（调查及调解）规例》，1997年颁布了《残疾歧视（平等机会委员会提出的法律程序）规例》。《残疾歧视条例》保障残疾人士及其有联系的人士免受歧视。这些条例对歧视残疾人的工作场所行为进行了详细的界定，如违反其中一条则违反了条例，用人单位或个人则会受到相应的处罚。《残疾歧视(平等机会委员会提出的法律程序)规例》规定了在工作场所发生歧视残疾人的行为之后,残疾人提出申述的程序。另外,国外许多国家都出台了专门针对残疾人就业歧视的法律,如英国的《残疾歧视法》以及美国于1990年颁布的《美国残疾人法》,其中关于禁止对残疾人进行就业歧视的规定是其最为重要的一部分。法国还对残疾人的工资收入进行了规定,以保证工作场所的公平性。在合理社会保障政策方面,要落实和完善城镇贫困残疾人个体工商户参加基本养老保险补贴制度,鼓励并组织个体就业残疾人参加社会保险,对农村残疾人口的社会保障问题也做了许多相应规定,如"帮助农村贫困残疾人参加新型农村合作医疗,并按规定给予医疗救助;帮助农村贫困残疾人参加农村社会养老保险"等。

在辅助性就业政策方面,有关康复政策的扩展主要强调了社区康复服务体系和康复服务人才培养问题。如《"十一五"发展纲要》就提出建立"以专业康复机构为骨干、社区为基础、家庭为依托"的社会化康复服务体系,并将社区康复服务纳入社区建设和基层卫生工作,积极推进康复服务专业人才队伍建设,建立社区康复员队伍。发达国家的康复政策较为完善,对我国残疾人康复政策的完善也有较大的参考价值。如美国联邦政府不仅在其1973年的《康复法案》中对其康复工作的开展做出了详细的规定,它的各个州也针对各自的情况开展了康复项目,如弗吉尼亚州的职业康复项目(Vocational Rehabilitation,VR),便取得了较好的效果。

在无障碍设施建设方面,我国在2012年9月就颁布了《中华人民共和国国家标准无障碍设计规范》,并提出制定无障碍设施建设行业标准,加快行业无障碍建设;还指出要"积极开展信息交流无障碍工作",提倡采用盲文、手语、字幕、特殊通信设备等辅助技术或替代技术,为残疾人参与社会生活创造条件。

我国残疾人事业发展已形成较为完整的政策框架,特别是我国为保障残疾人就业所做出的巨大努力和取得的成就受到了联合国和国际社会的普遍关注和充分肯定,但仍存在很多需要进一步扩展与改进的地方。我国残疾人就业政策的发展需要政府、企业和教育机构等各方面的配合,许多先进经济体的最佳实践对我国残疾人就业政策的扩展也都具有重要的借鉴价值。在较为严峻的就业形势下,实现残疾人充分就业,必须加大投入,加强法律维护和政策保护支持力度,加强就业援助，推进政策创新和机制创新，不断开拓残疾人就业工作的新局面。在我国残疾人就业事业的发展中，要坚持以政府为主导，动员社会力量参与，建立帮助残疾人就业的长效机制。

第三节　残疾人就业政策特殊性分析

从不同的理念和视角出发，社会政策的制定与实施必然具有不同的指向或特征。以积极福利视角审视残疾人社会福利政策，分析残疾人就业政策的特殊性，必然会为残疾人政策效能最大化奠定良好的理论与实践基础。①

一、残疾人就业政策需求的特殊性

受自身身体、精神方面的限制，以及历史和社会经济发展水平的制约，残疾人在就业政策需求方面也存在一定的特殊性，这表现在以下几个方面：

其一，残疾人的职业选择和工作类型受其残疾类型和残疾程度的约束。不同残疾类型（如肢体残疾、听力言语残疾、精神残疾或多重残疾）对残疾人的工作能力有着不同的要求和影响，比如视力残疾的人就不能够从事那些对视力有要求的工作，言语听力残疾就难以成为教师、口语翻译，智力残疾不能从事脑力劳动和技术工作，肢体残疾基本不能从事强体力劳动，精神病残疾不应从事管理等工作等。不同残疾程度也对残疾人工作能力有重大影响，极大限制了残疾人的就业选择范围，使得残疾人难以在更为广泛的领域展示自己的才干，制约了残疾人在就业上的灵活性和可选择性。这些特殊性也造成了残疾人对就业政策需求的特殊性。

其二，残疾人就业稳定性较差。由于残疾人文化水平较低（目前文盲率约为66%），劳动技能较为单一，往往只能从事一般的、单调的、不稳定的工作，且就业结构单一，就业可替代性高。例如，盲人所从事的职业主要局限于盲人保健按摩，而劳动力市场中这一行业或工作所容纳的劳动力也有限，并不断有健全人进入这一领域。用人单位稍有变动，这些残疾人便会首当其冲。

---

① 周沛：《积极福利视角下残疾人社会福利政策研究》，《东岳论丛》2014 年第 5 期。

其三，残疾人就业受到外部影响较多。社会对残疾人和残疾人就业的歧视性态度，接受教育和培训机会的不平等，有障碍的建筑等公共设施不完善，就业信息不灵，与就业相关的交通不便利，缺少残疾人用品、用具及其支助服务等，这些都对残疾人就业和职业活动造成一定程度的影响。

其四，严峻的就业形势使得残疾人在就业中处于劣势。随着我国市场经济的深入和经济增长方式的逐步转变，以及高新技术的快速发展，企业之间的竞争日益激烈，导致就业结构调整，劳动密集型工作逐渐消失。劳动力供大于求的矛盾突出，这就使得本身劳动能力不强的残疾人群体在就业上处于更为不利的地位。

其五，残疾人就业要促进与保障并重。在就业和劳动过程中，通常要求用人单位在精神和物质上给予更多的照顾，支出更多的资金，对残疾人的就业安全给予保障。例如支付各种保险，在企业提供无障碍环境，提供特殊的工作用具和交通工具等。

其六，残疾人就业需要更多的人文关怀和照顾。残疾人是身心活动上有不同程度困难的群体，这是由于残疾的存在和影响所造成的，应该给予他们特殊的关心和照顾，以利于克服这些困难的影响，帮助他们能够更好地适应环境和工作，为他们充分发挥自身潜能创造必要条件。

二、残疾人就业政策设计的特殊性

针对残疾人就业政策需求的特殊性，残疾人就业支持政策也相应具有如下特殊性：

其一，残疾人福利制度设计及政策制定的“积极性”与“投资性”理念。社会福利体系的设计与政策的制定是基于人本主义基础，为提高民众生活水平，加强民生建设而由政府机构做出的公共管理及公共产品设计。残疾人社会福利必须在普惠性福利基础上，突出残疾人福利的特惠性，摈弃陈旧的“消费开支”理念而采纳崭新的“社会投资”理念。

长期以来，政府及社会或多或少把社会福利开支更多的看作一种社会公共资源的消耗过程，认为过大的福利投入会对社会经济的发展带来严峻的挑战和强大的阻力。在某些传统意识和社会偏见中，残疾＝无能，残疾人＝无用，残疾人群体是被边缘化了的特殊弱势群体，对残疾人推行的社会福利政策，只能是消极性的

“消费”行为，不能带来任何效益，从而把残疾人看成是被动接受救助的单纯消费型群体。这实在是一种陈旧、错误的“消极福利”观和价值判断。按照传统“消极福利”的观点或目前社会保障制度的功能发挥机理，社会保障制度主要是事后消极性补救举措，即社会保障政策的种种措施是通过调配社会公共资源来补救已经发生的事情。而“积极福利”则旨在改变人们面临风险的态度，不再悲观地在风险面前畏惧退缩，不再是事后的补救，而是事先的积极预防。积极地从风险中寻找机会，增强社会群体的自我应对能力，推动人的发展。现代社会福利就是变消极福利为积极福利，变匮乏为自主，变疾病为健康，变无知为一生中不断持续的教育，变悲惨为幸福，变懒惰为创造。显然，积极福利在保障人们基本生存的基础上，更强调应该增强个体承担风险的能力。在理念和政策设计上，增强人们承担风险的能力需要创建“社会投资型国家”。

在积极福利理念的引导下，社会福利体系的实施要注重人力资本的投资进而增强人们应对风险的生存能力的培育，把福利接受者视为一种资源而不是一种负担。借鉴吉登斯的积极福利及社会投资型国家思想，在“增进民生福祉”的大背景下，针对残疾人群体普遍存在的“福利不足”与“福利缺失”，政府及社会要转变观点，从积极福利及福利投资思路出发，调动和发挥残疾人的潜能，把残疾人群体看成不可忽视的人力资源。在保障残疾人基本生存的前提下，变消极社会救助为积极福利供给，制定科学、公平的制度与政策，为广大残疾人提供自我发展的社会条件与机会，真正使之融入社会。注重内心真实自我的培育，给予残疾人更多的生活信心。如果将残疾人视为具有不同于普通人的不同能力的人，那么，投资于残疾人群体的福利开支，将会促进挖掘其潜力，提升其抗拒社会风险的能力，从“生活福利”为主转向以“工作福利”为主，推动残疾人群体积极就业。如此，原本所必需的收入保障、医疗开支及其他福利开支，就因为残疾人实现了就业而得以节省。所产生的经济效益与社会、政治效益则减少了后期的资源支出，使得他们不仅能够共享改革开放的成果，而且能充分发挥他们在社会发展中的重要作用。这就是建立一种以发展型社会福利与积极性人力资源开发相结合的新型残疾人社会福利政策的积极效果。

其二，福利政策倾斜化。随着城市化的快速发展，人们所面对的社会风险波及范围、伤害程度也在发生变化，社会保障与社会福利的研究范式及实施理念也随之变化。19 世纪 80 年代德国的“保险三法”，就把疾病、工伤、老年及残疾的保险作为工业劳动者的保障内容；1935 年美国的《社会保障法》、1948 年英国艾德礼政府宣布“从摇篮到坟墓”的福利国家的建立，保障与福利的对象逐渐扩大到全体国民。尽管社会保障及社会福利一直有“普遍性”与“选择性”政策原则并存的现实，但是，福利理念与政策的“选择性倾斜”即福利重点是客观存在的。在积极福利理念的主导下，无论是“两个体系建设”还是“残疾人社会福利体系”之推进，都需要有制度保证和政策指引。鉴于残疾人的特殊性，残疾人社会福利政策的制定与设计，必须充分考虑到相应的特殊性，需要对之做以必要的政策倾斜，以能真正做到“普惠型福利基础上的特惠型福利”。从积极福利视角看，这亦是主动站在残疾人利益诉求与需要满足角度考量福利，是减小乃至消除残疾人社会排斥的政策优化选择。倾斜性的政策基于为残疾人供给更多更高更好的社会福利，通过普惠性福利基础上的特惠性福利政策，利用社会福利的再分配形式，在较大程度上调节和缓解残疾人群体的“福利不足”与“福利缺失”现状，具有十分积极的意义。事实上，在“2020 年共同奔小康”的战略部署下，各地纷纷制动了有利于残疾人保障与服务的特殊福利政策；特别是在社会救助、社会保险等项目上，残疾人都可以享受到比健全人进入门槛更低、福利享受更高的优化政策，这本身就是积极福利的一种具体体现。

其三，就业最大化。从积极福利视角，变消极被动福利为积极主动福利之最为行之有效的举措就是促使残疾人充分就业，使其就业最大化。就业是民生之本，是最为基本，也是最为有效的保障性福利。增加残疾人福利供给，除基本生活保障及社会化服务、精神性支持外，帮助其充分就业，变消极福利为积极的工作福利，是政府和社会的重要责任，也是积极福利政策的重要内容。当年英国首相布莱尔推行“削减福利开支，提倡劳动福利”的改革方案，其要点之一就是加大就业技术培训工作，1998 年工党政府增拨 11.9 亿英镑用于失业人员的就业技能培训，并特别设立“从福利到工作”的财政预算。以老年退休为例，他们从积极福利视角，把老年人视为解决当前福利困境的推动力，而不是困境的制造者，创造老年人的才华和技术有用武之地的条件，实现老年人“自己养活自己”的目标。英国工党政府在 1998 年的《我们国家的新动力：新的社会契约》绿皮书强调“以工作代替福利，减少福利支出，增加教育和培训支出，为更多的人从领取福利转变为从事工作提供条件——向人们提供有工资的工作，而不是提供可能增加依赖性的社会福利，是改善低收入者状况的最好途径”。在我国残疾人社会福利体系政策的设计与制定中，必须把帮助和促进残疾人就业作为促进残疾人事业发展的重要手段，如同当年凯恩斯所提出的以“充分就业”来增进福利，促进经济发展一样，变消极的“救助福利”为积极的“工作福利”，努力把残疾人就业提高到一个新阶段。

其四，服务专业化。公共服务以及社会服务都属于“大福利”的范畴，是“残疾人服务体系建设与保障体系建设的主要内容”之一，是从积极福利角度对残疾人提供与增进福利的重要举措。如果说残疾人社会保障体系所要回应的最根本的问题是资源投入的规模问题，尤其是福利的国家供给水平问题，那么，服务体系建设所要回应的核心问题，就是如何将这种资源高效地转化为服务问题。要通过服务来实现福利供给的最大化和最优化，首要的就必须要实现服务的专业化，而专业化又必须和职业化链接在一起。残疾人公共服务及社会服务应该是一种有明确指向性、主动性及人本性的服务，这是积极福利的具体体现。而这种主动性与指向性，又必须以专业化与职业化服务为保证。专业化能使得残疾人服务更具有针对性与有效性；职业化则是服务人员和服务机构以及服务手段专业化的组织保障。残疾人服务专业化与职业化的组织系统应该由三个部分构成：一是由政府部门组成的资源和服务的管理系统。其主要职责是制定政策，整合与分配资源，积极推进残疾人福利服务；二是由专门性的服务机构及服务人员构成的服务传递系统。专门性的机构及服务人员就是服务专业化和职业化的具体体现，绝大多数国家和地区是由非政府组织第三部门来组织实施。政府部门不必事必躬亲做第一线的服务工作，而应该出资购买社会组织提供的职业化与专业化服务。这样不仅可以发挥服务机构和服务人员的专业化特长，而且可以大幅度提高社会福利的供给水平。针对不同类型和不同需求的残疾人，提供不同类型和模式的专业化社会服务。三是由政府部门制定标准、由第三部门落实的社会服务质量监控系统。

其五，助残常态化。积极福利视角下的残疾人就业，是全社会都应该关心关注、积极参与的福利体系的重要组成部分。帮助支持残疾人，为他们提供不同形式的福利，是每个社会公民的基本道德所必需，也是基本义务之所在。《中华人民共和国残疾人保障法》规定“每年五月第三个星期日，为全国助残日”，在助残日当天或前后几天，全国各地会有不同形式的助残活动，客观上不仅宣传了《残疾人保障法》，影响了更多的社会民众加入帮助残疾人的活动中来，扩大和推进了残疾人事业发展，包括促进了残疾人就业与残疾人社会福利。但是，不可否认的是，出于诸多原因，有如其他类似的标志性活动一样，全国助残日也不可避免地存在着短暂性与形式化的问题，致使助残不能形成制度性和常态化。残疾人群体所得到的也仅是一种"活动性""被动式"的临时与短暂福利。残疾人就业及福利在项目内容上是一个系统，在福利供给源上是社会各方面形成的供给链，其福利供给是一个连续不断的过程，需要政府与社会给予不断地推动与实施。任何短暂和临时的福利活动，无论是残疾人就业福利供给，还是残疾人就业福利获取，都不是积极性的。为此，必须从立法、政策设计等方面，调动全社会的力量，通过多种方式，促使助残常态化，吸引更多的人关心、关注、关怀、关爱残疾人，主动加入残疾人就业福利供给中来。

第四节　积极福利视角下残疾人就业个案

创业是残疾人改善生活状况、提高社会地位、实现人生价值的一种途径。通过创业，残疾人不但可以获得独立的经济地位和收入，而且可以增强自信心，从而更好地融入社会。但是，残疾人要想取得创业的成功，必须付出比常人更多的精力与时间，也需要更坚定的信念，更加了解、理解创业的精髓，具备坚持不懈的精神。残疾人创业很难，还需要得到家庭和社会各个方面的理解、支持与帮助。我们试以南京市鼓楼区残疾人创业的成功案例来说明残疾人积极创业就业的情况。

实例一：技能创业例证

姜文国，右腿残疾，多次求职被拒，这样看似充满挫折的人生是不是意味着走入绝境？他却在挫折中，推开了世界为他准备的另一扇窗，为实现自己的人生价值，坚持着，努力着。可能因为右腿残疾，姜文国自小就比同龄的孩子要懂事，进入学校后，更是勤奋刻苦地努力学习。1997 年，姜文国即将从南京市财经学校毕业，当年这所学校会计专业的学生毕业后，基本都能进入南京市的各大银行，因为成绩优异，姜文国对自己的就业之路也信心满满。很快，第一家银行进入学校招聘，满满当当的简历中，第一份就挑选出了姜文国，然而面试的时候，姜文国却第一个被刷了下来。看着残疾的右腿，姜文国心里很不是滋味。从学校毕业后，同学们都相继进入银行的各个工作岗位，姜文国却摆起了售报摊，那个时候的姜文国，只一心想要养活自己。但卖报纸一天五六块钱的净收入，如何自食其力？当时广告设计比较热门，亲戚建议他多学习学习，考虑到自己的实际情况，姜文国接受了亲戚的建议。白天卖报纸，晚上努力钻研平面知识，偶尔还要跑单位递求职信。就这样持续了两三个月，姜文国终于迎来了转机。

一家制作公司招聘平面设计，自学“出师”的姜文国决定试一试。凑巧的是，当天姜文国入座以后，老板才推门而入，虽然后来起身的时候老板发现了姜文国右腿的残疾，但还是决定录用这个充满了韧劲的小伙子。充电、升职，姜文国在这个行当里如鱼得水，2000 年的时候，甚至被浙江一家公司高薪“挖走”。可谁也没有想到，半年后，姜文国又回到南京，更让所有人意外的是，2001 年，姜文国创办了属于他的“百纳广告”。现在的“百纳广告”已在南京小有名气，获得众多大品牌客户的一致信赖，成为中国人民银行、江苏省中医院、深圳发展银行、太平洋保险等多家企事业单位定点合作企业。可很少有人知道，“百纳广告”创始初期，姜文国曾经历过一个月都没有“开张”的尴尬局面。创办广告公司，仅有令人叫绝的设计是远远不够的，更需要有一定的客户群。这对没有人脉资源的姜文国来说，是最大的一个难题。他试着给每一个认识的人打电话，功夫不负有心人，终于有个朋友给他带来了一单小生意，虽然金额不大，但充满干劲的姜文国投入了全部热情与精力。

就这样，“百纳广告”的业务慢慢拓展开来，现在已进入平稳发展期。在企业发展期间，姜文国也得到了社会各界与各级残联的关心与支持。中残联、省市残联领导与鼓楼区领导多次登门考察，南京电视台两次对他进行专访。通过参加长江高科技助残培训，他的业务水平得到了进一步提高，为企业提供了更多的经营项目。现在的“百纳广告”已经从当年的姜文国“单打独斗”，发展到了 8 人组成的团队，年产值也达到了两三百万元。姜文国也在多次竞赛中崭露头角，2008 年参加南京市残疾人职业技能竞赛获海报设计第 2 名、封面摄影第 3 名；2009 年参加“第四届江苏省残疾人职业技能竞赛”，封面摄影项目夺得全省第 2 名，并荣获“江苏省技术能手”称号。2011 年“第四届全国残疾人职业技能竞赛”中获得室内摄影项目全国第

2名。小有成就的姜文国也没有忘记回报社会，2008汶川大地震，他积极向灾区人民捐款。虽然自己创业成功，但姜文国心里还装着其他的兄弟姐妹，他不断吸纳残疾人进入公司，为他们提供培训和就业的机会。他的无私、无畏精神也获得了社会各界的高度认可，2007、2011年两次荣获“南京市残疾人个体创业明星”称号，2012年荣获国务院表彰的全国就业创业先进个人。有了这些成绩和荣誉，姜文国并没有安于现状，现在的他还拿起相机学起了摄影，在他看来，摄影不仅可以拓宽自己的经营思路，而且也是对广告设计服务的延伸。

实例二：民间艺术创业例证

49岁的陈耀出生在如皋市林梓镇一个书香门第。三次高考三次落榜，出差途中突遇车祸……在人生的关键时刻，陈耀似乎总会遇到“绊脚石”，可谁也没有想到，这些机缘巧合，反倒成全了陈耀成为一位剪纸艺术家。对剪纸的热爱，是与生俱来的。幼时，他迷醉于民间彩灯上的剪画，常常依葫芦画瓢临摹一两幅，赢得大人的喝彩。1978年至1980年，是陈耀一生中最为灰暗的年月，三次高考三次落榜，陈耀只得进入如皋食品罐头厂，成了一名工人。因为上学学习，陈耀的剪刀已经束之高阁多年，工作后，陈耀终于又拿起了心爱的剪刀。他白天认真工作，晚上就埋头剪纸。集体宿舍灯光暗淡、人声嘈杂，陈耀只沉浸在自己的世界里，不停地剪啊、剪啊……1984年秋，陈耀的第一幅大型剪纸作品《水绘秀色》，在《南通日报》上发表，这幅作品，他足足花了两个月时间，光写生底稿就用了近10幅。那一刻，坚定了陈耀的剪纸之路。可很少有人知道，这幅作品完工后，陈耀却因眼睛极度疲劳，瞳孔上生出病毒性疱疹，险些失明。生活，并没有自此一帆风顺。1997年，陈耀前往安徽出差，当面包车行驶至安徽芜湖境内一过路桥时，不慎坠入七米多深的山沟。瞬间，面包车被滔滔江水淹没。陈耀眼前一黑，失去知觉……后经过往群众全力抢险，奄奄一息的陈耀被送到芜湖一家医院。经过三天三夜的抢救，陈耀虽从死亡线上挣脱过来，但双腿却落下终身残疾，并伴有多种并发症。不幸中的万幸，陈耀的两只手完好无缺，“还好，还可以剪纸”。

2001年除夕，带着一副拐杖，揣着一把剪刀的陈耀，登上了从如皋开往南京的客车。初到南京，人生地不熟，陈耀就在一家小旅馆落了脚，白天，他拖着两条受过伤的腿，到旅游景点、艺术馆，自荐自己的作品；夜晚，一幅幅精美的剪纸就在这个不知名的小旅馆里完工。慢慢地，陈耀的剪纸渐渐走红南京，陈耀在南京典雅居承租了8平方米的摊位，专售自己的剪纸产品。因为产品走俏，3个月后陈耀又扩大了经营规模，陈耀剪纸在金盛百货工艺精品广场"亮相"。陈耀的作品既汲取了北方流派的淳朴、豪放，又兼有南方流派的工整细巧，形成了继承传统，而又不囿于传统的独特风格。近年来，陈耀先后有数十幅作品在国内参展获奖，1 800余幅作品被国外博物馆和外国友人收藏，他也因此荣获"中国民间剪纸艺术家""中国民间文艺家"殊荣，中央、省市电视台为他拍摄了近20部专题片，圈内不少民间艺人称他为"中国神剪"。如今，陈耀再也不用在小旅馆的昏黄灯光下完成剪纸，他在南京创办了自己的剪纸专卖店，销售剪纸工艺品。与此同时，他还惦记着弘扬剪纸艺术，他受聘于南京国际学校、南京信息工程大学、南京莫愁中等专业学校、南京妇幼活动中心等地，专业教授剪纸课程。他还前往社区，走上街头，传授剪纸技艺。现在再回首那次车祸，乐观的陈耀总会诙谐地说一句：幸亏伤的不是手。

实例三：技能竞赛创业例证

宋爱霞，国际残疾人职业技能竞赛手工编织项目冠军。她自小热爱手工编织技艺，多次获得国际、国家及省市残疾人职业技能竞赛钩针编织项目奖项冠军。2004年被评为"南京市残疾人先进个体创业者"。2005年被评为"南京市'十五'期间残疾人自强模范"。2007、2011年连续荣获"第三、四届全国残疾人职业技能大奖赛第一名"。被中国劳动和社会保障部授予"全国技术能手"的光荣称号。2011、2016年又连续荣获"第八、九届国际残疾人职业技能竞赛"冠军。她的经历被《新华日报》《南京日报》、江苏电视台、南京电视台等媒体及多家网站报道。2007年8月荣获"第三届全国残疾人职业技能竞赛"第一名。2010年，宋爱霞代表江苏残疾人参加上海世博会，在生命阳光馆江苏周现场才艺表演，并荣获"世博之星"光荣称号。2011年11月被评为"南京市创业明星"。2012年1月被评为"南京好市民"。2009年，在鼓楼区残联的帮助下创立南京市鼓楼区七彩人生手工坊，帮助残疾人就业。

第七章 积极福利视角下残疾人就业项目与形式

残疾人就业福利的供给与满足，是推动残疾人群体抛弃“福利污名”标签，由“问题视角”转变为“优势视角”，由被动接受转变为积极参与，由消极福利转变为积极福利的重要一环。[①] 要对残疾人进行有效的就业福利供给，必须深入研究残疾人传统就业形式，比较借鉴国外先进经验，并在积极福利视角下对我国残疾人就业创业形式进行合理创新。

第一节 我国残疾人传统就业形式

就业是民生之本。我们党和政府自新中国成立以来，一直高度重视残疾人就业工作，经过长期的实践探索，形成了集中就业、按比例就业与灵活就业三种传统的就业形式。由于种种原因，这三种形式在不断发展完善的同时也暴露了诸多问题。

一、我国残疾人就业形式分类比较

很长一段时期内，我国残疾人主要依靠自身能力就业，缺乏制度保障，往往形成较为固定的职业取向，如盲人多以算命为生，肢残者则以乞讨为业等。新中国成

---

① 李静、龚莹：《我国残疾人就业福利政策重构与耦合的国际经验与现实考量》，《华中科技大学学报》2013 年第 2 期。

立后,国家大力发展福利企业,集中安置残疾人就业,创造了残疾人就业新模式。十一届三中全会拉开了改革开放的大幕,经济和社会环境逐步放宽,自主谋生和个体就业人数增长迅猛,残疾人个体就业成了残疾人就业最重要的渠道。20 世纪 80 年代以来,地方政府还探讨了按比例分散就业方式,经过多年发展,这一政策逐步完善,就业人数快速增长。所以,从传统意义上说,我国残疾人就业模式主要以集中就业为主,按比例就业与灵活就业为辅。

(一) 集中就业形式

集中就业是残疾人就业的一种重要方式,也是我国最早出现的残疾人就业方式。它是在高度集中的计划经济体制下,我国安置残疾人就业的主要途径,对促进我国残疾人就业、改善残疾人生活、提高残疾人社会地位、促进社会安定团结等方面发挥了极其重要的作用。① 集中就业是指残疾人在各类福利企业、医疗机构和盲人按摩机构等单位就业。也有学者将这一通过举办福利企业以安置残疾人就业的形式称为集中安置就业。②

1. 残疾人集中就业政策发展的历史叙事

计划经济体制下,我国残疾人集中就业的主要载体是福利企业。福利企业是以集中安排残疾人就业为目的,具有社会福利性质的特殊企业。③ 根据 2007 年 6 月 29 日我国民政部发布《关于印发〈福利企业资格认定办法〉的通知》的最新规定,"福利企业是指依法在工商行政管理机关登记注册,安置残疾人职工占职工总人数 25%以上,残疾人职工人数不少于 10 人的企业"。④ 社会福利企业在国家政策扶持下,依靠社会力量,在解决残疾人就业方面起到了极其重要的作用,并在改善残疾人生活、推动残疾人平等参与共享、促进社会安定团结、创造社会财富,以及开展残疾人职业康复等方面做出了积极贡献。根据我国福利企业的发展状况,可以将我国残疾人集中就业划分为五个阶段

① 尚珂、梁土坤:《新形势下的中国残疾人就业问题研究》,中国劳动社会保障出版社 2011 年版,第 146 页。

② 杨立雄、兰花:《中国残疾人社会保障制度》,人民出版社 2011 年版,第 85 页。

③ 张琪、吴江:《中国残疾人就业与保障问题研究》,中国劳动社会保障出版社 2004 年版,第 55 页。

④ 尚珂、梁土坤:《新形势下的中国残疾人就业问题研究》,中国劳动社会保障出版社 2011 年版,第 147 页。

(1) 政策初创阶段(1949 年—1968 年)

建国初期的就业工作以消灭失业、实现全部就业为指导思想,在这一背景下,集中就业成为我国安排残疾人就业的主要途径。我国残疾人就业是从社会福利生产中开始的,城市街道群众互助型的生产自救小组是社会福利企业也就是残疾人集中就业的雏形和基础。1951 年我国颁布《劳动保险条例》,根据相关规定,从 1952 年起一些城市的政府开始组织军烈属和城市贫民参加手工业和小型工业生产,并逐渐吸收一部分有劳动能力的普通残疾人。1958 年全国第四次民政会议召开,首次明确了组织社会福利生产是贯彻党和国家对有部分劳动能力的老弱病残人员实行"统筹兼顾,适当安排"方针的一种最好形式,由此形成了残疾人集中就业的形式。由此,福利生产的经营方针、分配原则和管理方法等也逐步得到明确。① 1959 年第五次全国民政会议对生产自救小组和以安置残疾人为主的生产单位进行了分类定型,确认后者为社会保障性质的社会福利工厂。与此同时,民政部门对福利企业贯彻劳动、教育、治疗和福利相结合的原则,残疾人不仅从事了生产劳动,还学习了文化、手语、生产技术,且得到了康复治疗,残疾人就业得到较大发展。

(2) 重创停滞阶段(1969 年—1978 年)

"文革"十年动乱时期,社会发展诸事停摆,社会福利工厂的发展遭受重创,几近停滞状态。1969 年原主管福利生产等工作的内务部被撤销,其主管的业务由国务院分配给财政、公安、卫生和计委劳动局管理,这一调整使得我国的福利企业发展受到极大影响。相关统计数字显示,十余年间,全国社会福利工厂总数从 1963 年的 1 317 个锐减到 1977 年的 776 个,降幅为 44.13%。②

(3) 恢复重建阶段(1978 年—1984 年)

1978 年的第五届人大一次会议上决定设立民政部,负责全国优抚、退伍安置、生产救灾、社会福利等工作,也标志着在外流离近十年后,福利企业重归民政部门。据当年统计,全国共有福利企业 920 家,安置残疾职工 3.5 万人,年利润总额 0.8 亿元。③ 1979 年 8 月 18 日,国家计委、民政部下发《关于切实安排好民政部门社会

① 张琪、吴江:《中国残疾人就业与保障问题研究》,中国劳动社会保障出版社 2004 年版,第 55 页。
② 李克毅、余欣然:《社会福利企业经营管理实务全书》,国家行政学院出版社 1999 年版,第 26 页。
③ 《我国社会福利企业发展的政策研究》,北京市东城区民政局课题调研组报告,2011 年。

福利生产单位产供销计划的通知》,要求社会福利生产单位的产供销要纳入地方计划,为福利企业的恢复重建和发展提供了强有力的支持。1981 年 6 月 13 日,民政部下发《关于贯彻国务院批转民政部〈关于保护和扶持社会福利生产的请示报告〉》的通知,明确指出各地民政部门是社会福利生产的主管部门,有关部门的支持为社会福利企业的发展提供了重要保障。1984 年 10 月 10 日,财政部下发《关于对民政部门举办的社会福利生产单位免征税的通知》,基本明确了我国关于福利企业税收优惠政策的内容,一直延续到 2007 年,对促进我国福利企业的发展产生了巨大作用。截至 1984 年底,我国共有福利企业 6 710 个,残疾职工人数达到115 763人。①

(4) 规范管理时期(1985 年—2006 年)

这是我国对于社会福利企业加强规范管理的一个时期,同时也是福利企业经历快速发展直至顶峰,继而出现衰落的一个时期。1985 年 9 月 3 日,民政部下发《关于加强福利企业产品质量管理工作的通知》,指出福利企业要坚持"质量第一""用户第一"的思想,吹响了整顿规范福利企业,促进社会福利企业健康发展的号角。1990 年 9 月 15 日,民政部等七部委联合发布《社会福利企业管理暂行办法》,对福利企业的定义、审批、权利义务、管理机构等内容进行了详细规定,为加强社会福利企业管理,促进其规范化、合理化发展提供了法律依据。随着相关政策法规的出台,我国社会福利企业飞速发展,到 1995 年福利企业总数达 6 万家,为历史最高峰。但是随着社会主义市场经济体系逐步建立,作为计划经济产物而存在的福利企业大受冲击,1996 年我国福利企业数量第一次出现减少。在其后的十年间,福利企业的问题暴露无遗,大量福利企业纷纷倒闭,使得集中就业方式对促进我国残疾人就业所发挥的作用受到极大限制。

(5) 全新发展时期(2007 年以后)

2007 年 6 月 15 日,我国财政部、国家税务总局联合下发《关于促进残疾人就业税收优惠政策的通知》;同日,国家税务总局、民政部、中国残疾人联合会下发《关于促进残疾人就业税收优惠政策征管办法的通知》;6 月 29 日,民政部下发《关于

① 尚珂、梁土坤:《新形势下的中国残疾人就业问题研究》,中国劳动社会保障出版社 2011 年版,第 150 页。

印发〈福利企业资格认定办法〉的通知》。这些政策文件的集中出台，对我国残疾人集中就业政策做出了新规定，也推动了我国残疾人集中就业进入到一个全新的发展时期。具体而言，2007年的系列政策降低了福利企业的准入条件，在一定程度上促进了福利企业的发展以及我国残疾人的就业。根据《2008年民政事业统计报告》，截至2008年底，全国共有福利企业23 780个，比上年减少1 194个，而2007年福利企业比2006年减少了5 225个，可见新政策出台后，福利企业减少的数量明显下降。同时，2008年年底福利企业的残疾职工为61.9万人，比上年增加5.6万人。[①]此外，新政策将所有残疾人均纳入集中就业的范围之内，保障了所有残疾人的平等就业权；且新政策关于福利企业认定条件的内容中，增加了更加具体、完备且比较详细的保障残疾人权益的条款，如我国2014年集中就业残疾人的社会保险参保率达到96.89%[②]，远远高于按比例就业和个体就业残疾人的社会保险参保率。

2. 残疾人集中就业形式的现状分析

近十年来，我国残疾人集中就业总体呈现良好发展态势，2005年共有1 240 673人集中安置就业，是为历史最高峰，比2004年增加103 312人，增长率为9.08%，亦为历史最大值；新世纪前五年，我国残疾人集中就业人数增加了278 874人。2006年，我国残疾人集中就业人数第一次呈下降趋势，下降了1 160 329人，同比下降6.48%。其后，我国残疾人集中就业人数保持了基本稳定的水平，2007年和2008年人数略有回升，2007年的年增长率为0.54%；2008年我国残疾人集中就业人数为1 189 341人，同比增长1.94%；2009年人数略有下降，共计1 125 722人，同比下降5.35%。[③] 2010年以后，集中就业总人数基本保持稳定。

从我国每年新安排的残疾人集中就业人数来看，2006年我国年底新安排的残疾人集中就业人数出现大幅下降，共计102 686人，同比下降9.54%。但是2007年这一数字又出现大幅度增长，上升至119 639人，年增长率达到16.51%，均为历史最大值。2008年和2009年我国年度新安排的残疾人集中就业人数又出现了持

① 数据来源：2008年民政事业统计报告，http://www.mca.gov.cn/article/zwgk/tjsj/。

② 数据来源：中国残疾人联合会网站，http://www.cdpf.org.cn/sjcx。

③ 尚珂、梁土坤：《新形势下的中国残疾人就业问题研究》，中国劳动社会保障出版社2011年版，第155页。

续下降趋势，年降幅分别为5.18%和7.61%。最近六年来，这一数据多次反复，但是大体还是保持在7万人以上，2010年至2015年每年新增残疾人集中就业人数分别为10.2万、9.7万、10.2万、10.7万、7.6万、6.8万人。[①]

具体变化趋势见图1。

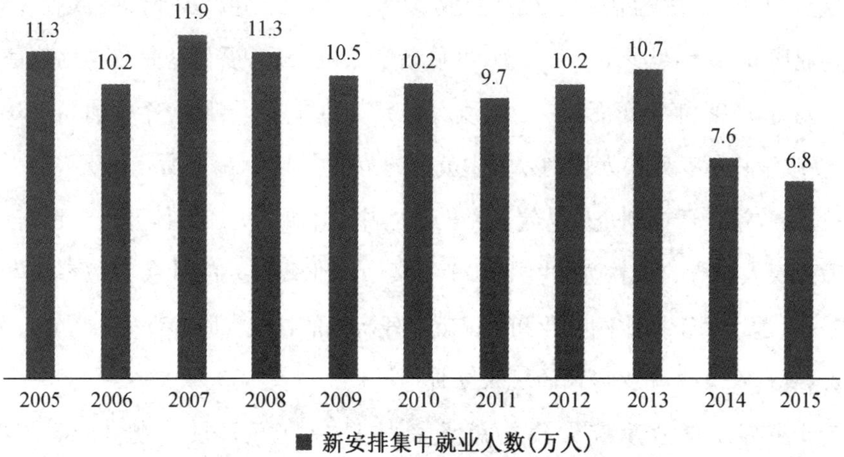

图1 我国新安排残疾人集中就业历年概况(2005—2015年)

总体而言，虽然我国残疾人集中就业水平略有波动，但基本保持了稳定态势。实践证明，集中就业对促进我国残疾人就业发挥了巨大作用。然而，从现实来看，2007年后，尤其是近两年，我国年度新安排的残疾人集中就业人数却出现了比较明显的下降趋势，现实反映出我国残疾人集中就业所面临的严峻挑战，其状况令人担忧。

(二) 按比例就业形式

充分调动社会力量，按比例安排残疾人就业是国家为克服单一依靠创办福利企业集中安置残疾人就业的局限性，适应市场经济的要求，按照国际惯例，解决残疾人就业问题所采取的一项战略性措施。所谓按比例就业就是国家和地方政府以法令形式规定社会各单位必须按一定比例安排残疾人就业，或者以缴纳残疾人就业保障金的形式履行法律责任。其实质就是将残疾人就业视为全社会的责任、动

① 数据来源：中国残疾人联合会网站，http://www.cdpf.org.cn/sjzx/tjgb/。

员全社会的力量来安排残疾人就业，是适应市场经济需要的一种就业安置形式。在某种意义上，集中就业是残疾人事业处于收养救济阶段的高级就业形式，而按比例就业则是残疾人事业处于平等参与阶段的较高级就业形式。[①]

1. 残疾人按比例就业政策发展的历史叙事

按比例安置残疾人就业能够有效提高残疾人就业率，有助于增强残疾人平等参与社会的积极性与创造性，有助于形成公正、公平、和谐、友爱的社会关系，有助于建立关爱残疾人的长效机制。安置一人，稳定一家，和谐一片，按比例安置残疾人工作对于构建和谐社会、推进平等参与共享具有重要意义。但是这一政策的发展推广在我国也经历了漫长的历史时期。

(1) 试点摸索阶段(20 世纪 80 年代—1995 年)

从 20 世纪 80 年代开始，大批知识青年返城，整体就业形势趋于紧张，解决残疾人就业问题的难度增大。1988 年《中国残疾人事业五年工作纲要》实施以后，一些地区开始进行按比例安排残疾人就业的试点工作。江苏无锡市规定，企事业单位中的残疾人须占职工总数的千分之五，达不到的应缴纳残疾人就业金。包头、湘潭、沈阳、武汉等市均实施了按比例分散就业政策，[②]各地的做法得到了中央认可。1990 年颁布的《中华人民共和国残疾人保障法》对按比例就业做出了明确规定。为了进一步推进按比例安排残疾人就业，1992 年 5 月 25 日国家计委等四部委决定在上海、广州、青岛、沈阳、大连、武汉、九江、无锡等城市进行残疾人劳动就业服务和按比例就业试点，按照 1%—1.5%的比例，安排残疾人就业。随后，各地根据自身实际情况纷纷制定了按比例安排残疾人就业的办法。1995 年 10 月 14 日，财政部发布《残疾人就业保障金管理暂行规定》，对残疾人就业保障金的定义、列支办法、管理办法及使用范围做了明确规定。

(2) 规范发展时期(1996 年—2007 年)

1996 年 12 月 10 日至 11 日，国家计委、原劳动部、原人事部、民政部和中国残联在济南召开了全国残疾人按比例就业工作会议，对试点工作进行总结，并决定在

① 张琪、吴江：《中国残疾人就业与保障问题研究》，中国劳动社会保障出版社 2004 年版，第 59 页。

② 杨立雄、兰花：《中国残疾人社会保障制度》，人民出版社 2011 年版，第 89 页。

全国普遍推行。1998年底,按比例安排残疾人就业工作在全国基本推开,经过几年实践已经成为我国促进残疾人就业的主要就业形式。2007年2月14日国务院第169次常务会议通过了《残疾人就业条例》,对按比例安排残疾人就业进行了更为明确的规定,规定用人单位安排残疾人就业的比例不得低于本单位在职职工总数的1.5%。随后,部分地方政府为充分发挥这一制度对促进残疾人就业的作用,根据实际情况制定了一些鼓励企业超比例安排残疾人就业的政策措施。如北京市2007年发布的《对单位超比例安排残疾人就业给予奖励暂行办法》,规定达到本单位职工总数1.7%比例后,每多安排1名残疾人就业,每年给予该单位3 000元奖励。2014年这一标准进一步调高为5 000元。①

(3) 快速发展时期(2008年以后)

2008年4月24日,第十一届全国人民代表大会常务委员会第二次会议修订了《中华人民共和国残疾人保障法》,其中的第33条对按比例安排就业进行了专门规定。至此,按比例安排残疾人就业由一项促进残疾人就业的具体措施正式上升为国家的法律制度,为实现残疾人就业提供了有力的法律保障。2009年5月6日,人力资源和社会保障部等四部委联合下发《关于进一步做好高等学校残疾人毕业生就业工作的通知》,对于高校残疾人毕业生的安置工作做出了明确规定,进一步丰富了按比例安排残疾人就业制度的内容。

2. 按比例就业形式的现状分析

近十年来,残疾人按比例就业得到快速发展,许多省市都制定了相关条例,要求企事业单位和机关实施按比例分散安置残疾人就业,按比例就业的残疾人数快速上升。从增长趋势看,经济发达地区按比例分散就业所占份额明显扩大。如江苏省全省2015年按比例就业人数占残疾人就业总数的17.33%,仅次于自主创业和灵活就业的人数。② 江苏镇江市、徐州市近年来残疾人按比例就业分别达1 750人和2 883人,均远远超过集中安排就业人数。③

就全国范围而言,我国城镇残疾人按比例就业合计人数呈现先持续上升,后下

① 北京市残疾人联合会网站:http://www.bdpf.org.cn/zwpd/zcfg/ldjyl/jjb/c21738/content.html。
② 参见江苏省残联内部报告:《江苏省就业年龄段持证残疾人就失业情况调查研究报告》。
③ 参见江苏省政府研究室课题组:《江苏残疾人就业发展问题研究》,《唯实》2008年第11期。

降，继而保持稳定的态势。2000 年我国城镇残疾人按比例就业合计人数为970 236 人，随后几年持续上升，直到 2005 年达到历史最高峰值 1 402 683 人，六年间增加了 43 万人。2006 年出现大幅下降，安置 1 272 439 人，同期减少了 13 万人，降幅 9.29%。2007 年和 2008 年，我国城镇残疾人按比例就业合计人数略微有所回升，2008 年为 1 287 161 人，然而 2009 年这一数字再次降为 1 165 449 人，同期减少 9.46%。[①] 最近六年，这一数字基本保持稳定，并未出现大幅度变化。

从年度新安排的城镇残疾人按比例就业人数来看，我国残疾人按比例就业发展状况大体呈现先升后降，小幅波动的趋势。2000 年我国新安排城镇残疾人按比例就业人数为 71 548 人，2001 年降为 66 423 人，降幅为 7.16%。随后四年我国年度新安排的城镇残疾人按比例就业人数持续上升，2005 年达到最大值为 110 072 人，比五年前增加了 38 524 人，年均增长率达到 10.77%。2006 年我国年度新安排城镇残疾人按比例就业人数再次下降为 99 361 人，同期降幅为 9.73%。2007 年再次出现大幅增加，达到 115 048 人，为历史最大值，同期增幅为 15.79%。2008 年和 2009 年我国年度新安排的残疾人按比例就业人数持续大幅度下降，2009 年降为 89 019 人，比 2007 年减少 2.6 万人，仅为峰值 2007 年的 77.38%，基本和 2004 年持平。2010 年以后大体呈现减少趋势，2015 年仅为 6.6 万人，仅相当于 2007 年峰值时的 57.4%。[②] 具体变化趋势见图 2。

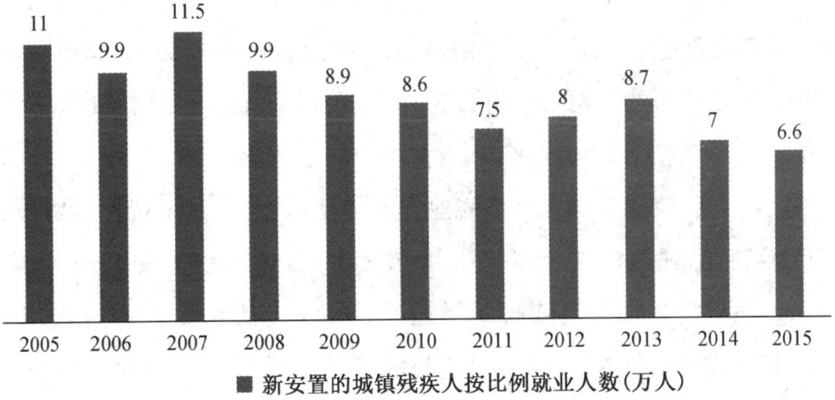

图 2　我国新安置城镇残疾人按比例就业历年概况(2005—2015 年)

① 数据来源：中国残疾人联合会网站，http://www.cdpf.org.cn/sjcx。

② 数据来源：中国残疾人联合会网站，http://www.cdpf.org.cn/sjcx。

不难看出，无论是我国城镇残疾人按比例就业的合计人数，还是我国城镇年度新安排的残疾人按比例就业人数，总体上均呈现下降趋势。2006 年的数字均低于 2005 年，这可能是由 2006 年我国组织进行的第二次全国残疾人抽样调查统计口径发生变化造成的；2008 年和 2009 年的按比例就业人数减少可能是受到国际金融危机的影响；而 2014 年和 2015 年的人数减少则可能是受到了产业结构转型升级以及经济大环境普遍严峻的影响所致。

（三）灵活就业

灵活就业是伴随着我国改革开放和社会主义市场经济的发展而逐步发展起来的，在当下党和政府大力推进“大众创业、万众创新”的时代背景下，残疾人灵活就业受到了高度重视，其中个体就业又是灵活就业的主要形式。个体就业是指残疾人从事独立的生产、经营活动，取得劳动报酬或者经营收入。①

1. 残疾人灵活就业政策发展的历史叙事

残疾人个体户是我国最早的残疾人灵活就业形式。根据我国民政部发布的《民众事业发展统计报告》显示，我国残疾人个体经营人数 1987 年至 1996 年十年间呈现稳步增长的态势。1987 年，残疾人个体开业的有 24 699 人；1988 年，残疾人个体户已达 28 836 人，比上年增加 4 107 人，同比增长 16.63%；1989 年，残疾人个体户同期增长 23.71%，达到 35 674 人。由于受到种种因素的影响，随后的三年，残疾人个体经营人数出现较大幅度的变动。1993 年开始，我国残疾人个体经营回暖，经营人数逐年增长。1994 年残疾人个体经营者近 10 万人，1996 年经营人数达到 13.4 万，是 1987 年的 5.4 倍，这一形式为解决残疾人温饱问题发挥了重要作用。②

1996 年以后，我国残疾人个体就业发展迅速，从业人数呈现大幅增长趋势。1997 年全年新出现残疾人个体就业者 70 894 人，这一数字在 1999 年增长为 139 273人，该年新安排的个体就业人数超过了 1996 年所有残疾人个体在业人数。2000 年，我国残疾人个体就业者合计 1 381 032 人。其后，这一数据总体呈现快速

---

① 蔡禾、周林刚等：《关注弱势：城市残疾人群体研究》，社会科学文献出版社 2008 年版，第 54 页。

② 尚珂、梁土坤：《新形势下的中国残疾人就业问题研究》，中国劳动社会保障出版社 2011 年版，第 209 页。

增长势头，到 2003 年突破 150 万大关，达到 1 584 897 人，同比增长 9.48%；2004 年，我国残疾人个体就业人数为 1 866 600 人，比上年度增长 9.57%，这一增长率也是近十五年来的最大数值。

2. 灵活就业形式的现状分析

根据中国残疾人联合会网站的数据，综观集中就业、按比例就业、灵活就业三种就业形式所吸纳的残疾人就业人数，灵活就业所吸纳的就业人数远远高于其他两种就业方式。2006 年，我国残疾人灵活就业人数是按比例就业人数的 1.51 倍，是集中就业人数的 1.66 倍。至 2009 年，我国残疾人灵活就业人数的增加与按比例就业、集中就业人数的下降形成鲜明对比，残疾人灵活就业人数为 2 142 798 人，按比例就业人数为 1 165 449 人，集中就业人数为 1 125 722 人，使得残疾人灵活就业人数与按比例就业人数、集中就业人数的倍数达到 1.84、1.90。2015 年，我国残疾人新增灵活就业人数为 10.4 万人，按比例就业人数为 6.6 万，集中就业人数为 6.8 万，新增的灵活就业人数同样是新增按比例就业与集中就业人数的 1.5 倍以上。[①]

从年度新增加个体就业及灵活就业人数来看，我国残疾人灵活就业发展状况大体呈现先升后降，小幅波动的趋势。2005 年新增城镇个体就业和自愿组织起来就业的残疾人 16.7 万人；2006 年新增城镇个体就业和多种形式灵活就业的残疾人 16 万人；2007 年这一数据小幅下降为 15.8 万人；2008 年继续下滑为 15.6 万人；2009 年保持在 15.6 万人；2010 年这一数据出现较大幅度下降，只有 13.7 万人，同比下降 12.18%；2011 年的统计中，将公益性岗位单列出来计算，所以使得这一年个体就业及其他形式灵活就业的人数持续下降为 12.5 万，同比减少 8.76%；2012 年的统计数据中进一步细化统计科目，新增辅助性就业一栏，使得灵活就业人数继续走低，只有 12.3 万人；2013 年出现近八年来首次反弹，灵活就业人数增加为 14.6 万人，增幅高达 18.7%；2014 年由于全国城镇新增残疾人就业总数下降明显，由前一年度的 32.9 万人降为 27.8 万人，受大环境影响，灵活就业人数同样出现下滑，降幅高达 26.71%，仅为 10.7 万人；2015 年这一人数小幅降为 10.4 万

① 数据来源：中国残疾人联合会网站，http://www.cdpf.org.cn/sjcx。

人,但仍占当年城镇新增残疾人就业总数的 40%。①

具体变化趋势见图 3。

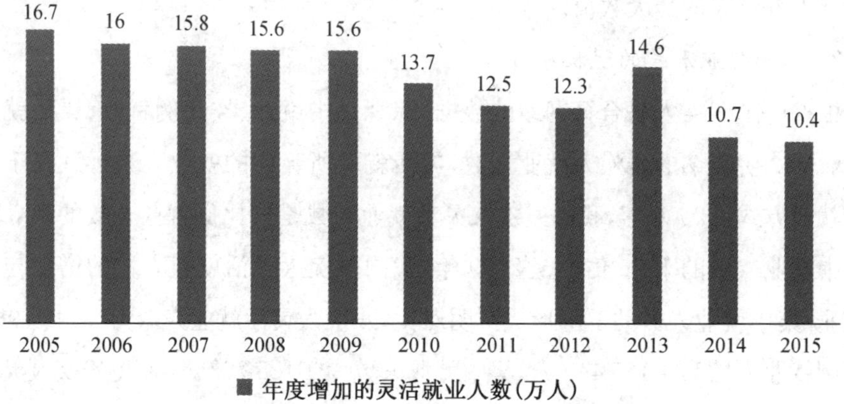

图 3　我国新安置城镇残疾人按比例就业历年概况(2005—2015 年)

整体而言,近十年来,我国残疾人新增灵活就业人数呈现下降趋势,但这是与新增残疾人就业总数减少趋势相一致的,就几种就业形式而言,灵活就业在新增就业总数中所占的比例一直稳定在 30%—40%之间。

二、我国残疾人传统就业形式之弊端

我国政府历来重视通过多种形式鼓励并帮助残疾人就业,取得了可喜的成绩。但残疾人就业情况依然不容乐观,存在诸多问题。

(一) 就业率偏低,就业形势严峻

就全国而言,在就业残疾人中,15—59 岁残疾人就业率保持在 13%左右,残疾人就业者占中轻度残疾人口比例还不到 8%。2003—2014 年我国城镇残疾人总就业率在 20%上下波动,峰值为 2005 年的 22.38%,随后几年略有下降(详见表 1)。② 2015 年城镇新安排 26.3 万残疾人就业,其中,集中就业残疾人 6.8 万,按比例安排残疾人就业 6.6 万,个体就业及其他形式灵活就业 10.4 万,公益性岗位就

① 数据来源:中国残疾人联合会网站,http://www.cdpf.org.cn/sjcx。

② 相关数据由"2006 年第二次全国残疾人抽样数据"与中国残疾人联合会网站"调查数据""年度数据"计算得出。

业 1.2 万，辅助性就业 1.3 万，全国城镇实际在业人数 430.2 万。① 根据相关学者的研究，我国残疾人就业率稳定在 45%，创业率超 7%。②《2013 年度全国残疾人状况及小康进程监测报告》显示，2013 年度我国城镇残疾人登记失业率高达 10.8%，是全国城镇登记失业率 4.1%的 2.7 倍。③ 农村农残疾人就业率虽高于城镇，但大多是从事一些简单的农副业生产，如 2015 年全国 1678 万农村残疾人稳定实现就业，其中从事农业生产劳动就有 1 323.3 万。④

表 1　2003—2014 年我国城镇残疾人就业情况

年份	就业人口总数（人）	15—59 岁残疾人就业率（%）	中轻度残疾人就业率（%）	城镇残疾人总就业率（%）
2003	4 031 027	11.54	6.90	19.46
2004	4 304 264	12.32	7.37	20.78
2005	4 635 918	13.27	7.94	22.38
2006	4 355 422	12.47	7.46	21.03
2007	4 336 668	12.42	7.43	20.94
2008	4 512 854	12.92	7.73	21.79
2009	4 433 969	12.69	7.59	21.41
2010	4 411 640	12.53	7.61	22.05
2011	4 404 823	12.91	7.88	22.31
2012	4 447 807	13.02	7.39	20.19
2013	4 455 751	13.11	7.97	22.31
2014	4 359 517	12.83	7.85	22.26

① 《2015 年中国残疾人事业发展统计公报》，中国残疾人联合会网站，http://www.cdpf.org.cn/zcwj/zxwj/201604/t20160401_548009.shtml。

② http://business.sohu.com/20131202/n391103100.shtml.

③ 通过《2013 年度中国残疾人状况及小康进程监测报告》计算得出。

④ 《2015 年中国残疾人事业发展统计公报》，中国残疾人联合会网站，http://www.cdpf.org.cn/zcwj/zxwj/201604/t20160401_548009.shtml。

(二) 工种技术含量低,工资收入不高,且就业渠道单一

据第二次全国残疾人抽样调查数据显示,绝大多数在业残疾人(约 96.6%)从事体力劳动,而盲人主要从事按摩业,就业单一性更为突出。① 在按比例安排就业的企业中,大多为私营和港澳台外商投资企业。② 农村残疾人则主要在家从事农业生产。不难看出,目前残疾人就业渠道狭窄,多从事技术含量不高、易受歧视的简单体力劳动,这也直接导致其工作稳定性差,工资性收入低,生活水平不高。

(三) 职业教育培训滞后,职业技能不强

与就业挂钩的有效的职业技能培训对提高残疾人就业能力及竞争力、加速其全面参与社会生活至关重要。但当前的残疾人职业教育培训还存在着不足,如培训内容单一,多集中于家电维修、保健按摩;民间私营培训机构管理不规范,培训效果不佳,影响残疾人职业技能的提高;无证培训等。

(四) 职业保护不够,社会保险参保情况不理想

由于自身的特殊情况,残疾人较常人更易受到职业伤害,更需要社会保险来为其撑起一把保护伞。但长期以来,我国残疾职工社会保险参保率还不到 70%,而作为我国残疾人主要就业形式的个体就业,社保参保率更低,尚不足参保城镇残疾职工总数的 35%(详见表 2)。除参保率低外,残疾人养老保险、医疗保险、失业保险、工伤保险的参保情况也不一致,多"注重医疗保险和养老保险,而忽视失业保险和工伤保险"(详见表 3)。③ 这充分反映残疾人群的职业保护水平较低,对其个人的健康安全及社会的稳定发展都是一大隐患。

---

① 李静:《从生活救助到就业支持——优势视角下残疾人福利的实现路径》,《南京大学学报》2012 年第 6 期。

② 古念群:《2001 年广州市残疾人就业岗位问卷调查与分析》,《中国康复理论与实践》2002 年第 5 期。

③ 由李迎生、孙平、张朝雄:《中国残疾人社会保障制度现状及完善策略》(见《河北学刊》2008 年第 5 期)相关数据推出。

表 2　2005—2015 年我国城镇残疾职工社会保险参保情况

	城镇残疾职工		个体就业残疾职工	
	参保总数（人）	占残疾职工总数比例(%)	参保总数（人）	占参保城镇残疾职工总数比例(%)
2005	1 252 088	27.01	201 726	16.11
2006	2 401 277	55.13	500 837	20.86
2007	2 607 726	60.13	701 064	26.88
2008	2 975 762	65.94	1 020 878	34.31
2009	2 876 390	64.87	960 262	33.38
2010	2 832 000	64.19	数据暂缺	数据暂缺
2011	2 993 000	67.95		
2012	2 809 000	63.15		
2013	2 967 000	66.59		
2014	2 828 000	64.86		
2015	3 000 000	69.74		

资料来源：根据中国残疾人联合会网站“调查数据”“年度数据”计算得出。

表 3　残疾人社会保险覆盖率与全国平均水平的比较

	养老保险	医疗保险	工伤保险	失业保险
平均状况	13.4%	10.5%	6.5%	8.1%
残疾人状况	10.0%	32.0%	0.4%	0.6%

资料来源：李迎生、孙平、张朝雄：《中国残疾人社会保障制度现状及完善策略》，《河北学刊》2008 年第 5 期。

三、我国残疾人就业弊端原因探究

我国残疾人传统就业形式所存在的以上诸多问题，并非一朝一夕造成的，是由多方面的因素共同起作用而导致，具体可以从社会、政府、家庭、个人等多个主体的维度切入加以分析。

（一）社会：偏见与歧视并存

受传统“问题视角”的影响，人们对残疾人普遍存在着偏见与歧视，先验地忽视或无视残疾人的潜能与优势，片面地认为残疾人形象不佳或没有能力，影响了残疾人的平等、参与、共享。这种偏见与歧视就像一堵无形的墙，将残疾人和社会隔离开来，压抑残疾人潜能迸发，阻碍其优势充分展现，阻碍其平等就业，阻碍其参与并分享改革发展成果，最终阻碍其通过共建共享提升福利。

(二) 政府：侧重救助，忽视支持

从一定角度看，政府主要采用社会救助的形式来帮助残疾人，而在残疾人就业支持力度和途径上还显不够。如针对残疾人就业，特别是对自主创业者，相应的税收减免、贷款减息、经济扶助等政策性支持尚待加强；服务提供不到位，残疾人职业介绍服务不完善，在职业信息获取方面信息不对称、沟通不畅，政策落实与执行不到位。关于福利企业资格审查的相关优惠、支持政策落实困难，一些政府机关在按比例安置残疾人就业上不配合，也影响了残疾人就业政策的落实。

(三) 家庭：负担过重，无力支持

部分残疾人家庭由于种种原因，经济条件不好，负担很重且生活压力大，并无太多财力支持残疾人进行系统的特殊教育与职业培训。另有一些家长错误地认为残疾人"天生低人一等"，无论如何都无法取得与肢体健全者同等的成就，进而认为在残疾人教育培训上花钱是浪费，主观上不愿进行经济投入，导致残疾人因技能缺乏，知识水平不高，大多从事一些收入较低的体力劳动，无益于家庭经济条件的改善。

(四) 个人：定位不准，无视潜能

不可否认，残疾人身智方面的障碍导致其体力、知识、技能等潜能得不到充分发掘，客观上确实对其正常就业有一定影响。但更多时候，残疾人受"问题视角"的影响，容易对自身定位不准，无视自己的潜能和特质，悲观丧气、意志消沉，在面对机会时习惯于预设性地将自己定位为"弱者"，太过注意身体或精神障碍的负面效应，在消极心理的支配下，其潜能与优势难以激发，亦影响到其就业。

第二节　残疾人就业政策的国际比较

西方发达国家为应对“福利国家危机”，纷纷致力于由“福利被动依赖”向“主动工作福利”的价值转向，重视残疾人就业福利的实现，建构了从就业及再就业前的职业培训到复合就业支助等一整套完善、科学、合理的残疾人就业支持服务体系。

一、欧美国家的残疾人就业政策概览

国际社会普遍坚持优势视角理论，认为绝大多数残疾人具有劳动能力或潜能，只要施以适当的评估、训练、安置和扶助，都能按照现行的工作标准从事多种工作。发达国家和地区一直致力于提高残疾人的就业率，鼓励他们积极参与社会经济生活。欧美国家制定残疾人就业政策有三个目标：一是减轻残疾人由于伤残和挣得能力（earning capacity）下降所带来的负担；二是预防残疾人健康状况进一步恶化；三是恢复残疾人的挣得能力使他们能够工作。

（一）美国：六大计划支撑残疾人就业

作为世界上最发达的市场经济国家，美国残疾人就业政策具有很强的代表性，全世界第一个为残疾人提供服务的组织就是1919年诞生于美国的“复活节邮章社”。[①] 美国对处于工作年龄段的残疾人采取的公共政策有好几种形式，其中收入支持计划占据了中心位置。所有这些计划都面临一个关键问题，即如何确保残疾人有足够的收入，同时又要让他们有充足的动力继续原来的工作或返回工作岗位。

1. 社会保障伤残保险计划（Social Security Disability Income Program，SSDI）

这一计划是为残疾人提供收入支持的最大一个来源，为95%的美国劳动力提供社会保障。每年美国政府在SSDI计划中的支出超过400亿美元，超过500万人受益于该计划。1957年SSDI被列入国家社会保障计划，为处于工作年龄段的重

---

① 赖德胜、李长安、孟大虎等：《2013中国劳动力市场发展报告——全面建成小康社会进程中的残疾人就业》，北京师范大学出版社2013年版，第182页。

度残疾人提供收入支持。但是，受益的残疾人能继续工作的非常之少，20 世纪 80 年代初，一批新增的受益者中仅有 10％在接下来的十年中有过工作经历。而在这十年里，因为收入增加而脱离 SSDI 计划的残疾人不到 3％；仅有 5％的人尝试过工作，但同时他们仍可以获得 SSDI 计划的资助。①

2. 补充保障收入计划(Supplemental Security Income Program，SSI)

美国政府于 1972 年制定了这一计划，主要为贫穷的老人、盲人和残疾人提供收入支持，1974 年开始实行。与 SSDI 不同的是，SSI 计划并不要求受益人有工作历史，它为经济收入低、不能满足基本生活需要的人提供社会保障。

3. 劳工补偿计划(Worker's Compensation Program)

美国于 1908 年引入这一计划，这是美国最老的社会保险计划。美国虽各州法律不尽相同，但各州都有劳工补偿法，其均反映一个基本原则，即雇主应该设定非员工自身过错而产生的职业伤残成本。该计划给在工作中发生的暂时的、永久的或完全致残的伤害提供年金或一次性补偿。劳工补偿计划给那些因工作而致残的人提供现金和医疗支持。

4. 事故和伤害预防计划(Accident and Injury Prevention Programs)

与其他国家一样，美国努力减少在工作中发生事故的频率，降低其严重程度。事故和伤害预防计划设置了保护工人的最低标准以及对那些有高伤残发生率的公司给予财政处罚的规定。

5. 职业训练、康复、返回工作岗位计划(Vocational Training，Rehabilitation，and Return-to-Work Programs)

许多工业化国家残疾人政策的一个重要组成部分就是对伤残工人的康复和训练的公共服务，即恢复他们生产能力的计划。在美国，职业康复(VR)计划是由州负责的，它为伤残人员提供康复服务。该计划每年为上百万伤残人士提供服务，包括诊断、评估、医学治疗、教育、咨询以及工作安排。

---

① Robert Haveman，Barbara Wolfe.，The Economics of Disability and Disability Policy. Prepared for Handbook of Health Economics，1999.

6. 残疾人健康保险计划(Health Insurance Aspects of Disability Programs)

由于在美国并不存在覆盖全民的健康保险,大部分保险是以雇佣为基础的。这就导致没有工作的残疾人必须支付保险费才能获得这个保险。有鉴于此,美国专门制定了为残疾人健康提供资金的公共计划。原先受益于现金转移计划(SSDI、SSI、WC)的残疾人可以接受健康保险作为其受益的一部分。在这一情况下,这种受益具有很重要的价值,可根据它来确定与残疾相关的受益资格。

由上可知,美国的残疾人就业政策主要集中在收入补助、康复以及预防和赔偿等方面,其核心在给残疾人提供收入补助上。但是这些计划却很容易导致福利依赖。

(二) 瑞典:三大领域共推残疾人就业

作为世界福利国家的橱窗、北欧福利国家的代表,瑞典的残疾概念集中于人和环境的关系,而非个人特质。因此,在劳动力市场中经常会用到“职业残疾”(occupational disability)这个词,指那些因为智力、身体、精神残疾以及疾病、事故等原因造成难以保护和维持工作的求职者。[①] 为了支持这些人就业,瑞典在三大领域共同发力。

1. 社会福利与残疾

瑞典的残疾人政策目标是完全参与社会经济生活,与所有公民享受平等的待遇。因此,残疾人就业政策被视为普通劳动力市场的一部分,普通劳动力市场是建立在以普遍的工作权利为原则的基础之上的。瑞典的劳动力市场政策建立在以激活(activation)和提高技能为原则的基础之上,集中在培训和工作实习,目的是让残疾人能持久地工作而不是被动地接受现金帮助。

2. 教育和培训

2002 年,中央政府提供了 3.5 亿瑞典克朗给市政当局发展成人教育,其中

---

① David H. Dean, Robert C, Dolan. Assessing the Role of Vocational Rehabilitation in Disability Policy. Journal of Policy Analysis and Management, 1991,10(4), pp. 568 - 587.

10%必须被用于"职业残疾人"。[①] 中央政府还会拨款给市政当局作为额外资金用于发展智力残疾人的成人教育。成人教育属于劳动力市场培训，因此是免费提供的，参与者可以接受额外的活动补贴。此外，作为工作准备和职业培训中心的就业能力协会(employability institutes)为求职者提供咨询和康复服务，专门为职业残疾者提供服务的协会有20多个。

3. 残疾人求职者的劳动力市场计划

瑞典主要有三种针对残疾求职者的劳动力市场计划：一是就业资助，仅仅为那些因为身体、精神、智力以及社会医学残疾人提供资助。求职者被公共劳动办公室安排到职位空缺的岗位上。二是保护性就业，这些工作主要集中在制造业(60%)和服务业(40%)，既包括私营企业的保护性就业，也包括公共部门的保护性工作。三是扶持性就业，即在开放的劳动力市场的工作教练的帮助下完成工作。

瑞典的政策目标是让所有有劳动能力的公民都能参加工作，其更趋向于促使残疾人积极地寻找有意义的工作而不是被动地接受扶助，无论是在保护性劳动力市场就业还是在开放劳动力市场就业。正是由于这些政策的实施使得瑞典的职业残疾人的工作参与率达到了65%，位居OECD国家首位。[②]

(三) 芬兰：三种形式构成劳动力市场计划

同为北欧福利国家的代表，芬兰全面的社会福利体系被认为是让残疾人回到开放劳动市场的一个极大障碍，尤其是其中的残疾抚恤金(disability pension)。为了大力促进残疾人就业，完善劳动力市场，芬兰推行了针对残疾工作搜寻者的三种形式的劳动力市场计划。

1. 保护性就业(sheltered employment)

保护性雇佣被认为是社会福利体系的一部分，而不是就业体系的一部分。芬兰残疾人最大也是最普遍的就业方式就是保护性就业。保护性的工场计划不仅给

---

① James O'Brien & Ian Dempsey. Comparative Analysis of Employment Services for People with Disabilities in Australia, Finland, and Sweden. Journal of Policy and Practice in Intellectual Disabilities. 2004 (1), pp. 126 - 135.

② Bergeskog A. Labor Market Policies, Strategies, and Statistics for People with Disabilities: Across-national Comparison . Uppsala, Sweden: Office of Labor Market Policy Evaluation, 2001.

那些并不需要太多支持的残疾人提供有酬工作，而且还给那些在开发劳动力市场找到工作的残疾人继续提供政府的财政资助。

2. 社会公司(social firms)

社会公司是为残疾人或者那些在劳动力市场处于不利地位的人提供就业岗位的，不管他们的生产能力如何。作为代替传统的保护性工场的社会公司或社会企业，社会公司在整个欧洲取得了很大的发展动力，但对于社会公司的组成以及它们与传统保护性工场的不同却存在较大争议。

3. 扶持性/开放式就业(supported/open employment)

所谓扶持性就业就是指残疾人在开放劳动力市场工作，同时从外部机构接受支持以保护和维持他们的工作。个人拥有合法的工作合同，接受和其他工人相似的工作条件和工资。在芬兰，对大多数残疾的工作搜寻者而言，扶持性就业仍然是他们的一个主要选择。

由上观之，芬兰的残疾人就业政策还是主要集中在被动的社会保护和收入支持方面，缺乏鼓励残疾人独立、进入开放劳动力市场就业的积极政策。

二、欧美国家残疾人就业工作的成功经验

通过对美国、瑞典、芬兰及其他西方发达国家残疾人就业政策的考察，不难发现，为应对"福利国家危机"，欧美国家非常重视残疾人就业工作的推进，纷纷致力于推动由"福利被动依赖"向"主动工作福利"的价值转向，非常重视残疾人就业福利的实现，建构了从就业及再就业前的职业培训到复合就业支助等一整套完善、科学、合理的残疾人就业支持服务体系。

(一) 职业培训教育

西方发达国家针对残疾人进行的职业培训教育，总体而言，具有以下几个特点：一是系统性。西方国家将残疾人就业支持视为一项系统工作，除了职业技能的系统培训外，更注重社会"助残、亲残"氛围的营造，将残疾人就业福利的实现置于社会大系统中加以推进。如日本实施的"残疾人日(周)""人权周""促进残疾人就业月"等制度，通过媒体的大力宣传，为残疾人实现平等参会营造良好的社会氛围。二是人本性，或者说是人道性。如英、法等国都实行以融合教育为主的模式，规定

所有残疾儿童都必须在普通教育机构注册并首选在普通学校接受教育，学校要根据教学对象的残疾状况及变化制定教学方案，实行个性化、动态化教学。“融合教育”的特殊教育理念和成熟的特殊教育方法，有效避免了在专门特殊学校学习易致的“残障”标签性习得。三是福利性。如美国残疾人在成年之前，就可享受政府免费提供的各种康复、培训项目。韩国对残疾人实行从幼儿园到高中的义务教务，学费均由国家承担。英国残疾人除接受免费教育外，还可免费获得相应的餐饮及交通补贴。在巴基斯坦，残疾人可以在国家残疾人培训中心接受免费教育和培训，经费由 1980 年成立的国家残疾人信托基金提供。四是实用性。为提高残疾人的就业成功率与薪资水平，其职业技术培训大多具有很强的实用性。一方面是学时安排上突出实践性，如韩国的职业技术教育非常注重实践，实际操作部分一般占培训时间的 70%以上，在毕业时，残疾学生一般能取得二级“技能士”资格，达到一般工厂的技术要求。另一方面是培训项目上体现实用性，如巴基斯坦在对残疾儿童进行焊接、电工、缝纫等培训的基础上，扩大培训范围至打字、机器及汽车维修、手工业、印刷、摄影、蔬果储存等。①

(二) 就业支助服务

西方国家针对适龄残疾人群提供的就业服务，并非单一的工作岗位安排及报酬给付，而是包括诸多内容、涵盖不同层次、依附多样形式的综合性的服务体系。

一是人性化的服务机构。西方国家设置了非常多样的残疾人服务机构，为特定人群提供人性化服务。英国主要通过非营利组织(NPO)——如隆纳济世助残之家——为残疾人就业提供服务，NPO 与政府签订外包合同，为残疾人提供就业服务及相关评估。与英国相比，法国残疾人就业服务机构的政府色彩更浓。法国各地均建立由公务员及相关领域专家组成的为残疾人提供综合性服务的组织——残疾人之家(MDPH)，负责残疾人职业融入、培训跟踪及评估等。二是多样化的就业渠道。瑞典通过实施“残疾求职者劳动力市场计划”，帮助残疾求职者实现就业资助、保护性就业、扶持性就业。德国则开创了按比例安排残疾人就业的先河，

---

① 李静：《我国残疾人就业福利政策重构与耦合的国际经验与现实考量》，《华中科技大学学报(社会科学版)》2013 年第 2 期。

并将残疾人职业康复和培训就业紧密而又科学地结合起来，这一做法堪称典范。[①]三是经济性的辅助扶持。以美国对残疾人实施的收入支持计划为典型代表。美国通过“社会保障伤残保险计划(SSDI)”“补充保障收入计划(SSI)”“劳工补偿计划(WCP)”“事故和伤害预防计划(AIPP)”“职业训练、康复、返回工作岗位计划(VTRRWP)”等一系列政策对残疾人就业提供辅助性扶持。

三、欧美国家对我国残疾人就业工作发展之启示

欧美国家在残疾人就业工作方面拥有诸多成功经验，对于这些经验我们要坚持批判地借鉴，必须结合我国具体国情和实际情况，进行本土化处理。首先需要转变我国残疾人就业支持政策。不仅要实现从“问题视角”到“优势视角”的理念创新，还要完成发展型、积极性、责任性福利取向的顶层设计，更重要的是要在路径安排上，充分体现政策设计与价值目标的耦合。

(一) 残疾人就业政策的理念创新：从“问题视角”到“优势视角”

我国残疾人就业率不高，就业福利难以实现以致整体福利水平低下的根本原因，就在于残疾人工作领域长期坚持的“问题视角”。所谓“问题视角”，即专注于主体的脆弱性与缺陷，并将其无限放大，忽视其潜能与优势，而残疾人工作领域的“问题视角”即将残疾人视为无法自立而需要救助的弱势群体。这一视角既不利于社会正确认识残疾人，也不利于残疾人进行客观的自我认知，带来极大的认知偏差，导致我国残疾人福利事业在很长一段时期均以实施生活救助为主，立足于最低生活的维持，是一种满足基本生存需要的保障。

首先，残疾人以接受救助为主要生活来源。在“问题视角”下，社会不能正确认识残疾人的潜能，残疾人亦无法正视自身优势，残疾人大多处于无业及低生活水平状态。政府基于公共职能需要及人道主义考量，对弱势残疾人群体进行以物质救助为主的社会救助，社会救助成为大多残疾人生活的主要来源。其次，不利残疾人生活质量的根本改善。“问题视角”下的生活救助容易使残疾人安于现状而产生“救助依赖”，期望通过政府救助而非自身努力满足生存需要。但救助水平的偏低，

---

① 余向东：《美德日三国残疾人社会保障法律制度概览》，《当代世界》2011 年第 2 期。

仅能满足救助对象最低层次的生存需要，谈不到生活质量的提高。再次，增加残疾人返贫的可能性。在物价水平持续走高的社会背景下，依靠生活救助的残疾人因无其他主要收入来源，很可能会因救助水平的相对降低而返贫。最后，不利社会的整体发展与社会和谐。我们矢志追求的社会发展与社会和谐是包括广大残疾人在内的整体发展与整体和谐。依靠生活救助的残疾人，自我保障能力极为低下，很难依靠自己的能力提升生活质量，无法充分有效、公平公正地分享经济社会发展成果，无法真正体现出“平等、参与、共享”之残疾人事业发展原则。

有鉴于此，我们必须引入新的考察视角，进行理念创新，实现从“问题视角”到“优势视角”的转变，梳理残疾人就业的积极思路。“优势视角”是由美国著名学者Dennis Saleebey提出的一个社会工作领域的概念。这一视角强调每个人都有尊严和价值，不再专注于问题，而是把目光投向可能性，探索和利用案主的优势和资源，在创伤、痛苦和困难的荆棘之中，寻找希望和转变的种子，并面对他们生命中的挫折和不幸，抗拒社会主流的控制，最终协助案主达成自己的目标，实现其梦想。“优势视角”超越传统“问题视角”的理论范式，实现对残疾人群体的重新认识，是发展残疾人事业的合理视角，是促进残疾人平等参与，实现残疾人就业福利的理论依据。这一视角体现了残疾人的尊严与价值，强调其有权利通过就业实现福利；突出残疾人的优势和资源，强调其有能力通过就业实现福利；这一视角能够帮助残疾人重新认识自己，有助其积极地通过就业实现自身福利。

要实现由“问题视角”向“优势视角”的转变，一方面，要在全社会推广“优势视角”理论，引导民众正确、合理、科学地看待残疾人，平等、友善地对待残疾人。认识到残疾人群体具有的优势与潜能，为其平等参与劳动力市场，通过自身努力实现福利水平的提高营造“公正、平等、共享、和谐”的社会氛围；另一方面，要对残疾人群进行“优势视角”教育，帮助其准确定位自身。促进残疾人就业，首先必须引导其对自身进行准确定位。一是要赋权（empowerment），要教育他们认识自身尚不为人知的强大力量和潜能，引导他们无视或抛弃社会强加的歧视性标签，帮助他们树立信心，接触社会，融入社会。二是要激发并培养他们的抗逆力。引导其分析逆境，认识逆境，在逆境中展示自己的力量，培养他们抗压与抗逆的能力，以探寻自身优势。

（二）残疾人就业政策的顶层设计：发展型、积极性、责任性的综合价值取向

“顶层设计”（Top—Down）是源于大型工程技术领域的一种设计理念，即针对某一具体的设计对象，运用系统论的方式，自高端开始的总体构想和战略设计，注重规划设计与实际需求的紧密结合。不仅需要从系统和全局高度，对设计对象的结构、功能、层次、标准等进行统筹考虑和明确界定，而且十分强调从理想到现实的技术化、精确化建构，是铺展在意图与实践之间的“蓝图”。[①] 残疾人就业福利政策的顶层设计，就是要重构现行残疾人就业保障政策，建构一种与时俱进的、适应中国具体而特殊国情的、既符合福利政策一般原则、又充分体现时代具体要求的新型政策架构。

1. 发展型取向

坚持这一取向，就是要在制定残疾人就业及相关政策时，坚持将其作为一项社会投资行为，而非单纯的略带“施舍”性质的救助；必须坚持以人为本，使政策客体由单纯的接受者转变为主动的参与者；必须坚持经济和社会的和谐发展，实现残疾人群体经济收入与社会地位的双提高。要实现这一取向绝非易事，必须从以下几个向度入手：一是要以社会公平正义为基础。公正是制度安排的一种基本价值取向，但必须通过一定的载体才能在现实社会中体现出来。就社会层面看，公正必须通过社会政策体系才能得到具体体现。[②] 残疾人就业政策的重构必须以实现残疾人的机会平等、获得正义与交易正义为政策出发点。二是以提高残疾人整体福利，增强抗击风险能力为政策目标。福利作为一种再分配方式，是维护社会公平和社会稳定的重要手段，社会保障制度的建设关系到整个社会抗风险能力的强弱。[③] 残疾人就业政策的重构必须坚持明确的价值目标，即通过制度设计、机制创新、政策安排，实现残疾人平等参与，发挥其潜能，通过自身努力提高福利水平，增强其经济上、思想上、社会地位上抗击风险的能力。三是以人力资本投资为核心。发展型政策具有鲜明的“生产主义”取向，其“更多通过投资人力资本、增进社会资本来实

---

① 许耀桐：《政治体制改革要重视顶层设计》，人民网—理论频道，2010－12－06。
② 向德平：《发展型社会政策及其在中国的建构》，《河北学刊》2010年第4期。
③ 向德平：《发展型社会政策及其在中国的建构》，《河北学刊》2010年第4期。

现，并试图将服务对象涵盖整个人口”，[①]这也成为其核心理论，甚至有学者认为此乃“实现经济增长与福利国家改革良性互动”的“治本之策”。[②]所以，必须加大对残疾人的人力资本投资，改进特殊教育体系与培训机制，促使其由简单劳动力向高级技术人才的转变。

2. 积极性取向

“积极性”残疾人就业取向主要针对消极性、补缺性、道德化和经济性福利政策取向，是相对于传统的劳动就业和强调个人责任、家庭照顾型福利政策而言的。一般而论，“传统性”福利政策主要适应传统社会需要，“积极性”福利政策主要适应现代社会的需要。[③]可以从四个维度来对传统残疾人就业福利政策与现代残疾人积极性就业福利政策进行区分：一是福利哲学与价值观，传统框架坚持“人道关爱慈善”的价值观与“生产福利增长”的理论基础，积极性框架则主张“公平责任权利”的福利哲学与“福利需要发展”的理论基础；二是政府机构职能与角色定位，传统框架下，政府扮演“消极被动剩余”的角色，由家庭与福利企业承担主要照顾责任，而积极性政策框架下，政府积极承担责任，与家庭、社区实现多元参与；三是社会福利制度范围内容与优先领域，传统政策框架下，就业服务主要针对特定残疾人群，服务内容少且分割化严重，积极性福利取向则将就业服务对象扩大至“病残人及家庭”和“病残贫弱受害者”，为其提供丰富而系统的就业支助服务；四是服务供给方式，传统政策仅仅是在病残发生之后对其进行单纯的经济管理，而积极性福利政策则是在病残发生之前就对其进行全面、系统、专业的服务。

3. 责任性取向

责任性一般定义为“当 A 有义务向 B 通告 A(过去的或将来)的行动和决定并证明其正当性，并对错误的行为接受惩罚时，A 对 B 负责”[④]。“责任性”最初起源

---

① MIDGLEY J, SHERRADEN M. *The Social Development Perspective in Social Policy*, New York: SAGE Publications, 2000. pp. 67 - 81.

② 吉登斯：《失控的世界》，江西人民出版社 2001 年版，第 101 页。

③ 刘继同、左芙蓉：《中国残障福利政策模式的战略转型与积极性残障福利政策框架》，《人文杂志》2011 年第 3 期。

④ Schedler, Andreas. *The Self-Restraining State: Power and Accountability in New Democracies*, London: Lynne Rienner Publishers, 1999. pp. 13 - 28.

于“会计责任”，主要运用于私人领域，即强调责任的经济性、可计算性，后逐步应用于公共领域。[①] 要重构残疾人就业福利政策，必须充分体现责任性取向：一是责任主体的多元性，即要在坚持政府主导的前提下，积极支持非营利组织、社会企业等社会组织迅速发展壮大，使其能够与家庭、社区等共同承担起促进残疾人就业的责任；二是责任向度的二维性，即除了强调政策主体对残疾人就业的责任外，还必须突出强调残疾人自身的责任，通过人力资源投资、软硬件环境建设等，提高残疾人参与能力，鼓励、督促其积极主动地通过就业实现福利提升，真正在残疾人就业福利方面做到权责的基本统一。

（三）残疾人就业政策的路径安排：政策设计与价值目标的耦合

在“优势视角”的指导下，我国必须规划路径安排，创新政策设计，从多维度、多视角、多层次、多领域出发，使这一政策设计与残疾人福利的现时价值目标耦合，努力构建充分体现发展型、积极性、责任性的残疾人就业福利。

1. 从简单劳力到技术人才：人力资源的培训与开发

如果说非常规化社会流动的基本机制是体制改革，那么，常规化社会流动的基本机制则将是教育。[②] 诺贝尔奖得主舒尔茨进一步指出，人力资本是当今时代促进国民经济增长的主要力量。[③] 残疾人作为人类多样性的一种体现，[④]对其进行人力资本开发，既有利于促进残疾人自身福利水平的提高，亦有助于国民经济的发展，更彰显了一个国家和社会的发展水平及文明程度。

长期以来，我国的政策规划中习惯性忽略残疾人的人力资源开发，偶有针对残疾人开展的人力资源开发项目也面临不少问题：如重形式轻内容、重培训轻教育、重就业轻康复，以致造成针对残疾求职者的“隐形排斥”。就政策特性而言，残疾人人力资源开发因其政策客体的群体特性而具有复杂性、时效性、不确定性、系统性、福利性等特征，必须对其进行重新定位与路径优化。首先，秉持“以福利为手段，以

---

① 陆海燕：《全球治理中的责任性研究》，《中国行政管理》2009 年第 3 期。

② 孙立平：《博弈：断裂社会的利益冲突与和谐》，社会科学文献出版社 2006 年版，第 30 页。

③ 西奥多·W. 舒尔茨：《人力资本投资——教育和研究的作用》，蒋斌、张蘅译，商务印书馆 1990 年版，第 31 页。

④ 云鹏：《残疾人人力资源开发的福利性分析及实施策略》，《中州学刊》2011 年第 4 期。

增进福利为终极目标”的政策哲学，以“平等、参与、共享”为政策基点，重视残疾人人力资源开发工作，提升残疾人人力资源素质，合理配置残疾人人力资源，发展残疾人就业工作，持续增进残疾人福利。其次，坚持“两条腿走路”，即坚持矫正型开发与创新型开发并举，并立足于矫正型开发，以其为主，即利用各种医疗、康复、辅助器械及手段，通过矫正型开发，减轻残疾人疾病程度，提高人力资源质量；此外，以两种创新型开发路径施以辅助：残疾人特殊能力的开发、通过残疾人服务残疾人。最后，大力发展特殊教育培训，实现由简单劳动力向高级技术人才的蜕变。一方面，既要针对不同教育对象实施分类培训，又要根据不同用工需求实施定向培训，以提高教育培训的针对性；另一方面，既要加大普通职业教育机构的参与力度，又要充分利用各种社会资源，以实现培训机构的多元化。

2. 从多元分治到参与共治：责任主体的协同

责任主体之间关系的重构是一项政策重构的重要环节。就现行残疾人就业福利政策而言，在一定程度上确实实现了多元参与，但是各责任主体大多各自为政，各行其是，处于多元分治局面。必须重构这一主体关系，大力推动责任主体间的协同治理，实现参与共治。

协同，是一个系统科学领域的概念，指系统中诸多子系统或要素之间交互作用而形成有序的统一整体的过程。① 残疾人就业福利政策主体的协同，不仅强调主体的多元化参与，更强调多元主体之间的协作、沟通、支持、配合；不仅强调多元主体在各自擅长之领域各展其能，更强调多元主体之间通过战略性协作寻求统一性与多样性的调和；不仅强调各主体创造性的充分发挥，更强调多元主体之间全局性、系统性、协调性、一致性的完美展现。通过对于残疾人就业福利的多元协同治理，“使得各种要素通过某种途径和手段有机地组合在一起，其所发挥的整体功能总和大于各子系统单独的、彼此分开时所发挥功能的代数和”②。

首先，社会通过文化氛围建设，提供环境保障。一方面，通过观念及意识的转变，创造残疾人平等充分就业的软件环境；通过“优势视角”的宣传，消除公众认识

① 赫尔曼·哈肯：《协同学——大自然构成的奥秘》，上海译文出版社 2005 年版，第 15 页。
② 陆世宏：《协同治理与和谐社会的构建》，《广西民族大学学报》2006 年第 6 期。

残疾人的心理障碍，引导其理解残疾人，帮助残疾人。另一方面，要强化无障碍意识，完善无障碍设施，创造有利于残疾人就业的硬件环境。

其次，政府通过政策供给与资金支持提供保障，这也是实现残疾人就业福利最重要环节。一是政府要加大对特殊教育培训的财政支持力度，并规范其健康有序发展，对其提供制度保障。二是从资格准入、税收、行政审批等方面对福利企业及残疾人自主创业提供政策支持。三是对就业市场加强规范化管理。四是鼓励慈善团体、基金会、社会企业等社会资本积极参与。

最后，发展福利企业，鼓励自主创业，提供岗位保障。一是实现福利企业举办者的多元化，在发展现有福利企业的基础上，大力推动社会资本办福利企业。二是要贯彻落实国家针对福利企业的诸多优惠政策措施，为其发展创造良好环境，促进其为残疾人就业提供更多岗位。三是要鼓励福利企业通过自主技术创新，加快发展，壮大实力，通过吸纳残疾人就业来履行企业社会责任。四是鼓励残疾人在条件允许的情况下，走自主创业之路。

第三节 积极福利视角下的残疾人就业创业形式

党的十八大提出了到2020年实现全面建设小康社会的宏伟目标。但是小康实现程度的差异不仅存在于区域之间，还广泛存在于不同的群体之间。其中残疾人群体的小康实现程度与全国平均水平相比有较大差距。全国残疾人状况年度监测表明，2012年全国残疾人小康实现程度为71.1%，虽然比上一年度提高2.7个百分点，但是与全国平均水平相比仍有不小差距。促进残疾人就业是维护残疾人劳动权益、改善残疾人和残疾人家庭生活状况、保障残疾人平等参与社会的基础。[①] 所以，在积极福利视角下创新残疾人就业形式，推动其全面参与劳动力市场，通过自力更生提高收入水平与生活质量，就成为推进残疾人群体全面实现小康的重要路径。

---

① 邓朴方致全国残疾人技能与就业高层研讨会的贺信，中国残疾人联合会官方网站，2011-6-11。http://www.cdpsn.org.cn/cgxl/dt6417.htm.

一、积极福利视角下创新残疾人就业创业形式的必要性

安东尼·吉登斯提出的“积极福利”指福利本身不是单纯为了经济的目标，而是在满足经济利益的基础上促进个人的人格发展，这一概念完全不同于传统的依赖式福利概念，对福利接受者提出了更高的要求。所以，在这一视角下要提高残疾人福利水平，就必须创新残疾人就业形式。同时，这也是中国发展现实的客观要求。

(一) 实现大众创业、万众创新的现实需要

在2014年夏季达沃斯论坛开幕式上，中国国务院总理李克强发表重要致辞，指出“只要大力破除对个体和企业创新的种种束缚，形成‘人人创新’、‘万众创新’的新局面，中国发展就能再上新水平”。继而在2015年两会政府报告中，李克强总理再次提到要“把亿万人民的聪明才智调动起来，就一定能够迎来万众创新的新浪潮”。由此，“大众创业，万众创新”的新浪潮开始引发公众关注，成为新常态下经济发展的“双引擎”之一。[①] 只有通过万众创新，才能创造出更多的新技术、新产品和新市场，才能提高经济发展的质量和效益；只有通过大众创业，才能增加更多的市场主体，才能增加市场的动力、活力和竞争力，从而成为经济发展的内在原动力引擎。

这一新浪潮对残疾人就业工作同样提出了新要求。首先，推进大众创业、万众创新，是发展的动力之源，也是富民之道、公平之计、强国之策，对于推动经济结构调整、打造发展新引擎、增强发展新动力、走创新驱动发展道路具有重要意义，是稳增长、扩就业，激发包括8 500万残疾同胞在内的亿万群众智慧和创造力，促进社会纵向流动、公平正义的重大举措。其次，推进大众创业、万众创新，是扩大残疾人就业、实现富民之道的根本举措。我国有8 500多万残疾人，处于就业年龄段(男16—59岁，女16—54岁)的残疾人近3 200万，今后每年还会新增残疾人劳动力

① 《“大众创业、万众创新”概念的提出及背景》，搜狐网，2015-11-22。http://mt.sohu.com/20151122/n427565572.shtml.

30万人左右,[①]人力资源转化为人力资本的潜力巨大,但就业总量压力较大,结构性矛盾凸显。而推进大众创业、万众创新,就是要通过转变政府职能、建设服务型政府,营造公平竞争的创业环境,使有梦想、有意愿、有能力的残疾创业主体“如鱼得水”,通过创业增加收入,让更多的人富起来,促进收入分配结构调整,实现创新支持创业、创业带动就业的良性互动发展。再次,推进大众创业、万众创新,是激发残疾人创新潜能和创业活力的有效途径。目前,我国创业创新理念还没有深入人心,创业教育培训体系还不健全,善于创造、勇于创业的能力不足,鼓励创新、宽容失败的良好环境尚未形成。推进大众创业、万众创新,就是要通过加强全社会以创新为核心的创业教育,弘扬“敢为人先、追求创新、百折不挠”的创业精神,厚植创新文化,不断增强包括残疾人在内的大众创业创新意识,使创业创新成为全社会共同的价值追求和行为习惯。

传统的被动式的纯安置式的就业模式已经不再适应新时期的需要,大众创业、万众创新需要全新的就业形式来充分激发残疾人的潜能与优势,必须切实推进残疾人就业形式的创新。

(二) 实现包容性发展的现实需要

党的十八届五中全会围绕“两个一百年”奋斗目标中的第一个百年奋斗目标,对“十三五”时期经济社会发展做出全面规划。值得注意的是,会议通过的《“十三五”规划建议》,在提出“到2020年国内生产总值和城乡居民人均收入比2010年翻一番”的目标之前,加上了“提高发展平衡性、包容性、可持续性”的先决条件。对比党的十八大报告对全面建成小康社会目标的论述,“包容性发展”这一提法第一次写入五年规划建议,格外引人注目。“包容性发展”,由“包容性增长”的概念演变而来,最早是由亚洲开发银行在2007年提出的。在一份展望亚洲发展的报告中,亚开行提出要把关注的重点从应对严重的贫困挑战转向支持更高和更为包容性的增长。从2009年开始,“包容性增长”的概念开始在中国领导人的讲话中和各类报刊媒体上频频出现。2010年9月,中国主办的第五届亚太经合组织人力资源开发部

---

① 赖德胜、李长安、孟大虎等:《2013中国劳动力市场发展报告——全面建成小康社会进程中的残疾人就业》,北京师范大学出版社2013年版,第23—24页。

长级会议，以"实现包容性增长"为主题，广泛探讨在后国际金融危机期间，如何有效应对全球性挑战，使经济全球化和经济发展成果惠及所有国家、地区和人群。[①]党的十八大后，习近平总书记以及其他中央领导人在国内讲话和国外出访中，多次使用"包容性增长""包容性发展"等词汇。经过中国领导人的创造性转化，"包容性"一词，已经成为地地道道的富于中国气派的"中国话语"。

包容性发展具有三重意涵：一是运用社会经济政策托底，确保一个都不掉队。保基本、托底线，这是包容共享发展的应有之义，也是社会公平正义的重要体现。而这同样是我国大力发展残疾人事业的主要目标。二是坚持"两个同步"，缩小收入差距，让人民共享经济发展成果。《"十三五"规划建议》强调要缩小收入差距，坚持"两个同步"，即坚持居民收入增长和经济增长同步、劳动报酬率提高和劳动生产率提高同步。这也是我国不断推进残疾人就业工作的基本意图。三是通过促进就业创业，提高共建共享水平。调整收入分配格局、缩小收入差距，不仅要着力于二次分配，而且要着力于初次分配。就业是民生之本。这一意涵对我国新时期创新残疾人就业形式，推动残疾人增收提出了新的要求。

（三）实现中国梦的现实需要

习近平同志在参观"复兴之路"展览时，提出了实现中华民族伟大复兴的中国梦。他在十二届全国人大一次会议上的讲话中系统阐发了这个思想，在出访俄罗斯、非洲国家和出席亚洲博鳌论坛等讲话中又进一步做了论述。中国梦是国家民族的梦，也是每个中国人的梦，归根到底是人民的梦。中国梦、中国道路最终都要落到老百姓的幸福生活上。习近平同志指出，"实现中华民族伟大复兴的中国梦，就是要实现国家富强、民族振兴、人民幸福"。[②]

残疾人同样是社会财富的创造者，与健全人一样，享有法律赋予的劳动就业、职业选择和获得劳动报酬等权力，同样有实现中国梦的理想。创新残疾人就业方式，促进残疾人就业，意义不仅仅在于帮助残疾人实现自食其力，更重要的是促进

---

① 《"十三五"：在共建共享中提高发展包容性》，新华网，2015－11－22。http://news.xinhuanet.com/politics/2015－11/22/c_128453796.htm.

② 冷溶：《什么是中国梦，怎么理解中国梦》，求是网，2013－4－26。http://www.qstheory.cn/zywz/201304/t20130426_226061.htm.

残疾人群体社会融合的实现，而残疾人就业实现及社会融入的过程，也正是残疾人群体实现中国梦的过程。从这个意义上说，做好残疾人就业工作，使残疾人从单纯依靠国家、社会和亲属的救济、供养变为自食其力的劳动者，不仅关系到残疾人劳动权利的实现，而且对解除残疾人亲属的后顾之忧，促进经济发展和社会进步，构建和谐社会，最终实现中国梦都具有重要作用。

二、积极福利视角下残疾人就业形式创新

积极福利有别于传统的依赖式福利，更为强调对于人力资源的投入，更为注重残疾人潜能优势的发挥，更为突出残疾人个人价值的彰显。所以，在这一全新视角下，必须对残疾人就业创业形式进行有效创新，以此激发残疾人就业热情与创业激情，并投入“大众创业、万众创新”的洪流中去。

（一）精准培训与有效就业相结合

作为就业弱势群体中的残疾人，由于缺乏一技之长，他们中的绝大多数都面临着找工作难的困扰，即便找到工作也是低端的“体力活”。必须以残疾人自食其力为目的，以残疾人自身实际为基础，以有针对性的精准化的强化技能培训为抓手，以畅通就业渠道为目标，组织残疾人开展多种形式的就业创业，多措并举帮助残疾人自立自强，有效推动残疾人就业工作。四川省巴中市南江县的“三个对接”政策就颇具代表性。一是培训与个体差异对接。根据不同残疾类型开展不同的技能培训，对有视力缺陷的残疾人举办保健按摩培训班，对有听力缺陷的残疾人举办会计培训班，对有语言障碍的残疾人通过手语培训和后期技能培训使其掌握一技之长。二是培训与用工企业对接。南江县根据企业需求，按照用工企业要求制定培训方案，构建“订单式”培训模式，前期对残疾人进行生活自理基本技能的培训，后期按照企业岗位设置和岗位能力需求进行专业课教学及技能培训，培训后的残疾人能够很快适应和胜任工作岗位的要求。三是培训与市场对接。在“市场调节就业”的前提下，南江县研究市场、预测市场，针对企业用工特点和残疾人身体状况，将培训重点确定为手工编织、电脑、缝纫、维修、按摩、种养殖等领域，有针对性地确定培训方向，设置教学专业，培训对口人才，并在培训过程中重实际、重操作，多渠道、多层次、多形式对残疾人开展培训。2012 年全县有 1 450 名残疾人通过培训走出了家

门，走进了社会，走上了工作岗位。[1]

(二) 协同创新与共促就业结合

面对信息爆炸与风险激增的现代社会，多部门协同与多形式创新结合，共同推动残疾人就业创业成为一种可行模式，在这一方面，安徽省合肥市农村残疾人扶贫基地进行了有益探索。目前该基地以四种形式共推残疾人就业：一是自强型，即在积极福利导向下，残疾人充分体现个人价值，展现自身才华，独立创办实体，走自主脱贫致富之路。肥西县铭传乡残疾人张鹏自己经营20多亩桑树林、近10亩苗木以及土鸡养殖等项目，全家年收入达10万元左右。二是联合创业型，即由有创业意愿的多个残疾人联合创办，共同出资，利润均分，风险共担。肥西县官亭镇"官亭鸿雁白鹅"养殖基地是由周经胜等6名残疾人发起并组织的一个民营团体，现有50名残疾人从业。按照"民办、民营、民受益"的原则，采取"合作社＋基地＋农户"的模式，合作社统一后买鹅苗按照每户50—80只标准配发给入社残疾人养殖户就家就地放养，8个月后按照每只鹅市场价60元标准收购，每户残疾人年均收入可达万元。三是辐射型，即由一人或一基地带动多名残疾人就业。肥西县"冠环白鹅养殖合作社"培植一家有200只种鹅的残疾人养殖大户，将所孵化的优质鹅苗分发给合作社成员养殖，辐射带动周边60多户残疾人家庭。四是一村一品型，即结合产业调整，根据当地实际，打造特色种养殖业。长丰县残联利用该县是国家无公害草莓生产示范基地的优势，分别在水湖镇颜湖村、费岗村和杜集乡新街村、创新村等地建立了残疾人草莓种植基地，取得了良好的社会效益与经济效益。[2]

(三) 政府设立基金与自身发挥优势结合

优势视角理论认为每一个残疾人都有其自身的优势和资源。但受限于自身生理上的障碍，这种优势的发挥时常受到限制，如果政府部门对其施以政策、资金方面的支持，将会在很大程度上激发优势的充分发挥，就这一点而言，四川省越西县通过残疾人生产发展基金做出了表率。越西县残疾人生产发展基金是由英国海外发展署出资、世界银行提供支持、国际助残和越西县残联组织实施的项目。2008

---

① 黄恒学、李本钦等：《巴中市残疾人扶贫模式创新研究》，中国经济出版社2015年版，第105—106页。

② 课题组实地调研。

年3月，越西县首批选择了3个乡镇的6个村作为试点，向255名残疾人发放了25.5万元低息、小额资金，以11个月为期，到期偿还本息。绝大多数残疾人使用生产发展基金购买生猪、家禽和饲料，部分残疾人购买马和水牛用于运输与耕地，还有部分残疾人使用基金做服装、食品和小百货生意。残疾人生产发展基金的用途呈现以家庭畜牧业为主，多种经营的格局，受益残疾人生产生活状况改善明显。这种做法不仅改变了农村信贷扶富不扶贫的现状，为残疾人解决了贷款难的问题，使其拥有了属于自己的生产发展基金，而且促进了残疾人就业，提高了其自身发展能力，还使得残疾人家庭的收入得到普遍提高，社会地位得到有效提升，自我信心得到显著增强。[①]

（四）个人申报与政府项目资助结合

自“分税制”改革以来，伴随着国家财政的集权化，大量的专项资金以项目的形式下拨到各级地方政府，使得地方政府在财政收入减少的情况下能够维持公共服务的供给，项目制对于中国政府的治理模式影响深远。[②] 江苏省残联就业管理中心以项目形式对残疾人创业工作进行资助，可谓进行了一项颇有成效的创新实践。根据《政府购买残疾人工作实施办法》(苏财社〔2014〕259号)有关要求，江苏省残疾人就业管理中心于2015年下发了《省残疾人就管中心关于申报江苏省残疾人就业创新(创优)工作项目的通知》(苏残就业[2015]36号)。经过各地积极动员，先后共申报45个项目。经过第三方专业机构组织专家进行初审、复审、现场考察、面试答辩、专家商议等环节，经过综合考虑，最终确定对由宜兴市爱德培训学校申报的“陶艺培训项目”等四个培训类项目以及由江苏瀚港文化发展有限公司申报的“汇爱坊南京助残公益实体店连锁运营平台项目”等四个就业类项目，总计共八个残疾人就业创新(创优)项目进行立项资助。立项后，就管中心与项目负责方签订合同，并定期组织专家对项目开展情况进行检查督导，有效得保证了在充分发挥残疾人优势潜能的同时，积极推进政府项目制在残疾人就业创业领域的推进。[③]

---

① 课题组实地调研。

② 陈家建：《项目制与基层政府动员——对社会管理项目化运作的社会学考察》，《中国社会科学》2013年第2期。

③ 课题组实地调研。

三、积极福利视角下残疾人创业项目评估

残疾人创业项目评估就是在对资助项目进行可行性研究的基础上，从企业整体的角度对拟投资建设项目的计划、设计、实施方案进行全面的技术经济论证和评价，尤其是项目的社会效益方面，从而确定投资项目未来发展的前景。

(一) 评估背景

为积极响应中央“大众创业、万众创新”号召，切实遴选出优秀的残疾人就业创业项目，探索全国各地残疾人就业创业工作新思路，打造具有中国特色的残疾人就业创业工作新局面，必须在积极福利视角下对残疾人就业形式进行评估。通过对残疾人就业创业项目进行评估并加以资助与帮扶，满足残疾人就业创业意愿，发掘残疾人优势潜能，提升残疾人职业技能，促进他们就业和增收。这既是保障基本民生，加快残疾人小康进程的要求，也是践行大众创业、万众创新的生动体现，同时也是进一步落实和完善残疾人就业、创业相关扶持政策，进一步加大残疾人扶贫开发力度，兜住和筑牢底线，帮助每一个有条件的残疾人实现就业、创业梦想，通过劳动创造更加幸福生活的重要举措。需要注意的是，必须引入专业机构对申报项目进行全方位评估，方能确保资助项目的可行性、科学性、合理性、创新性、效益性，在保障残疾人合法权益的同时，提高残疾人就业率，改善残疾人就业质量，提升残疾人生活水平与福利水平，推进残疾人就业事业的不断发展。

(二) 评估特殊性分析

不同于一般性评估，积极福利视角下的残疾人创业项目评估因其对象、流程、目标的特殊性而需要给予特别关注。

1. 评估对象的特殊性

这一评估的对象是具有特殊性的一个群体，即身体具有某一方面功能障碍的残疾人，正因为对象本身的特殊性所以评估也具有了特殊性。残疾人不同于健全人，在行为能力方面可能存在欠缺，创业项目在设计与执行方面必然存在一些特异性，尤其是创新性方面可能存在一定不足。在评估时，必须立足残疾人实际，以推动残疾人切实增收为目的，以项目可复制性与可推广性为目标来开展相关评估工作。

2. 评估流程的特殊性

残疾人创业项目评估需要采取第三方专业评估，评估组专家坚持客观标准与主观评价相结合、经费预算与项目可行性相结合、单次项目评审与相关政策链接相结合的基本原则，全程综合运用文本审核、实地考察、现场答辩相结合的方式，顺利完成评估任务。审核主要是专家依据最终确定的标准对所有项目的申报表及可行性报告进行初步审核；实地考察是组织专家前往实地对进入复审的项目进行考察研究；现场答辩主要是对通过初审并最终入围的项目负责人进行面对面提问，由负责人进行回答或展示项目亮点，从而进一步考察申报书内容的真实性、可靠性与项目的可行性、创新性。

3. 评估目标的特殊性

残疾人创业项目评估是为了切实遴选出符合残疾人自身实际、符合当地经济社会发展需要、符合国家相关政策要求的项目，并通过残疾人联合会等团体对其施以政策与财政方面的支持，真正实现项目的实际价值，通过项目的运作与实施，充分发挥残疾创业者的优势与潜能，提高残疾人的实际收入，有效提升残疾人的整体生活水平与生活质量，改善残疾人的社会福利状况。

(三) 评估指标体系构建

根据就业创业项目评估的一般原则，紧密结合评估对象的特殊性——残疾人，对照积极福利的要求，必须建构全新的残疾人就业创业评估的具体指标体系。

根据对江苏省残疾人就业管理中心残疾人就业项目评估实施，评估指标体系共设置能力指标、项目指标、加分指标 3 个一级指标，按 26:60:14 的比例进行分值分配。设置 12 个二级指标：即负责人能力水平(8 分)、创业团队组织架构(6 分)、实施机构资质(8 分)、财务规范(4 分)、创业项目的相关性(4 分)、创业项目的创新性(10 分)、创业项目的可行性(10 分)、创业项目的目标性(8 分)、创业项目的操作性(10 分)、创业项目的效益性(10 分)、创业项目的风险及对策(8 分)、其他加分项目(14 分)。29 个三级指标：即主要负责人具有相关从业经验或行业背景(4 分)，核心骨干成员具有相关从业经验或行业背景(4 分)，团队组织结构科学(2 分)，专业人员分工合理(2 分)，残障员工比例合适(2 分)，申报机构属于具有合法资质的为残、助残、涉残组织(2 分)，申报机构在所申请项目涉及领域具有专业服务水准

(2 分),申报机构的场地、设备等硬件条件满足项目开展需要(4 分),财务制度健全,能提供上一年会计师事务所出具的证明其财务状况的审验报告(2 分),有专职会计人员(2 分),项目与残疾人就业、培训、盲人按摩等工作密切相关(4 分),项目体现突出的原创性与独特性(10 分),项目符合江苏产业转型升级需要(2 分),项目对市场前景及需求分析到位、判断准确(4 分),项目能够准确把握自身优势,并有可行发挥途径(4 分),项目能够详细说明所要达到的效果(4 分),项目能有效促进残疾人就业(4 分),项目推进计划科学,具体实施步骤合理(4 分),项目运营方式切实可行(4 分),团队成员的残障程度足以保障项目的有序推进(2 分),预算编制符合项目经费使用要求,支出合理,考虑全面,明细清晰(3 分),项目经营方式科学,收益预计合理(2 分),项目盈利能力较强,且具有可持续性(3 分),项目在解决残疾人就业等方面的社会效益明显(2 分),对创业环境分析透彻,对风险认识深刻、估计充分(4 分),应对措施设计合理、有效,针对性及实效性强(4 分),负责人具有成功的前期相关创业经验(2 分),项目的适应性性与可推广性(4 分),其他亮点(8 分)。评估标准重点关注项目质量本身,围绕项目的创新性、可行性、操作性、效益性等方面进行标准细目的制定,能够客观、公正、全面、科学、专业地对参评项目进行评估,保证了评估工作的专业性与严谨性,确保了残疾人就业创业项目的质量,确保了本次残疾人就业创新(创优)项目遴选资助工作的最终实效。具体评估标准见表 4。[①]

表 4 残疾人就业创业项目评估标准

一级指标	二级指标	三级指标	指标分解	赋分
能力指标(26 分)	负责人能力水平(8 分)	主要负责人具有相关从业经验或行业背景(4 分)	经验与项目关联度高并能提供证明	4 分
			经验与项目关联度不高但能提供证明	3 分
			经验与项目关联度高但不能提供证明	2 分
			经验与项目关联度不高且不能提供证明	1 分
			没有从业经验或行业背景	0 分

① 课题组实际项目。

（续表）

一级指标	二级指标	三级指标	指标分解	赋分
		核心骨干成员具有相关从业经验或行业背景(4分)	经验与项目关联度高并能提供证明	4分
			经验与项目关联度不高但能提供证明	3分
			经验与项目关联度高但不能提供证明	2分
			经验与项目关联度不高且不能提供证明	1分
			没有从业经验或行业背景	0分
	创业团队组织架构(6分)	团队组织结构科学(2分)	拥有结构科学合理的团队	2分
			有团队组织介绍	1分
			没有团队组织的相关介绍	0分
		专业人员分工合理(2分)	有明确的成员合理分工及权责界定	2分
			对人员分工进行简要介绍	1分
			无专业人员分工	0分
		残障员工比例合适(2分)	残障员工比例合适	2分
			残障员工比例不合适，不利于项目开展	1分
			没有残障员工	0分
	实施机构资质(8分)	申报机构属于具有合法资质的为残、助残、涉残组织(2分)	合法资质的涉残组织，且能提供证明材料	2分
			合法资质的涉残组织，不能提供证明材料	1分
			无合法资质，或非涉残组织	0分
		申报机构在所申请项目涉及领域具有专业服务水准(2分)	取得项目涉及领域的专业认证	2分
			其他证明其专业水准的材料	1分
			无法证明其专业水准	0分
		申报机构的场地、设备等硬件条件满足项目开展需要(4分)	已经拥有现成的场地设备，并能满足需要	4分
			现有场地设备还需部分完善，并有详细计划	3分
			现有场地设备需要大范围更新或补充	2分
			尚无场地、设备	1分
	财务规范(4分)	财务制度健全，能提供上一年会计师事务所出具的证明其财务状况的审验报告(2分)	能出具相专业财务报告	2分
			其他证明材料	1分
			无相关证明	0分
		有专职会计人员(2分)	有专职会计人员	2分
			无专职会计人员	0分

（续表）

一级指标	二级指标	三级指标	指标分解	赋分
项目指标（60分）	创业项目的相关性（4分）	项目与残疾人就业、培训、盲人按摩等工作密切相关（4分）	项目直接针对残疾人就业、培训等	4分
			项目与残疾人就业、培训等有一定联系	2分
			项目与残疾人就业、培训等无任何联系	0分
	创业项目的创新性（10分）	项目体现突出的原创性与独特性（10分）	该项目在国内尚无先例	10分
			该项目在省内尚无先例	8分
			该项目在已有先例基础上进行了重大创新	6分
			该项目具有较强创新性与独特性	4分
			该项目能够体现创新性与独特性	2分
			该项目毫无创新性与独特性	0分
	创业项目的可行性（10分）	项目符合江苏产业转型升级需要（2分）	高科技、高附加值的智力密集型项目	2分
			传统劳动密集型项目	1分
		项目对市场前景及需求分析到位、判断准确（4分）	对市场前景及需求分析到位、判断准确	4分
			对市场前景及需求判断较为准确	3分
			对市场前景及需求判断不太准确	2分
			未对市场前景及需求进行任何判断	0分
		项目能够准确把握自身优势，并有可行发挥途径（4分）	对自身优势分析准确，且有可行发挥途径	4分
			对自身优势分析准确，但无发挥途径	3分
			对自身优势分析不准确	2分
			未对自身优势进行任何分析	0分
	创业项目的目标性（8分）	项目能够详细说明所要达到的效果（4分）	准确阐明所要达到的目标，且目标合理	4分
			对目标有所描述，但不太合理	2分
			未对目标进行任何说明	0分
		项目能有效促进残疾人就业（4分）	能促进残疾人就业数：200人以上	4分
			能促进残疾人就业数：100—200人	3分
			能促进残疾人就业数：50—100人	2分
			能促进残疾人就业数：50人以下	1分

（续表）

一级指标	二级指标	三级指标	指标分解	赋分
	创业项目的操作性（10分）	项目推进计划科学，具体实施步骤合理（4分）	项目推进计划科学合理，有详细步骤	4分
			项目推进计划较合理，步骤较详细	3分
			有简略的推进计划与实施步骤	2分
			无项目推进计划与实施步骤	0分
		项目营运方式切实可行（4分）	有多样化的切实可行的运作方式	4分
			有多样化的运作方式，但并非完全可行	3分
			有单一的可行的运作方式	2分
			有单一的运作方式，但操作性不强	1分
			无项目营运方式设计	0分
		团队成员的残障程度足以保障项目的有序推进（2分）	残障程度可以保障项目有序推进	2分
			残障程度明显不利于项目有序推进	0分
	创业项目的效益性（10分）	预算编制符合项目经费使用要求，支出合理，考虑全面，明细清晰（3分）	预算编列合理、科学	3分
			预算编列较为合理	2分
			预算编列明显不合理	1分
			未编列项目预算	0分
		项目经营方式科学，收益预计合理（2分）	对项目收益的预计科学合理	2分
			对项目收益的预计较为合理	1分
			不能对项目收益进行合理预计	0分
		项目盈利能力较强，且具有可持续性（3分）	项目盈利能力强，且可持续盈利	3分
			项目盈利能力强，但可持续性不明显	2分
			项目能够产生一定经济效益，可以盈利	1分
			项目盈利能力差，面临亏损的巨大风险	0分
		项目在解决残疾人就业等方面的社会效益明显（2分）	项目社会评价高、美誉度好	2分
			项目能收到较好的社会反响	1分
			项目的社会美誉度不佳	0分

（续表）

一级指标	二级指标	三级指标	指标分解	赋分
	创业项目的风险及对策(8分)	对创业环境分析透彻,对风险认识深刻、估计充分(4分)	对创业环境与风险认识深刻,估计充分	4分
			对创业环境与风险认识较为全面	3分
			对创业环境与风险有一定认识	2分
			不能正确看待创业环境与风险	0分
		应对措施设计合理、有效,针对性及实效性强(4分)	应对措施科学、合理,且针对性强	4分
			应对措施科学、合理,但针对性不强	3分
			应对措施较为科学合理	2分
			无风险应对措施	0分
加分指标(14分)	其他加分项目(14分)	负责人具有成功的前期相关创业经验(2分)	前期成功经验,且与项目密切相关	2分
			前期成功经验,与项目有一定联系	1分
			无成功经验	0分
		项目的适应性性与可推广性(4分)	项目具有很强的推广性,可在全国推广	4分
			项目具有较强的推广性,可在全省推广	3分
			项目具有一定的推广性,可在全市推广	2分
			项目具有推广性	1分
		其他亮点(8分)	专家认定的其他加分项目	1—8分

资料来源:课题组实际项目。

第八章　积极福利视角下残疾人就业路径研究

——兼以个案说明

我国残疾人事业发展已形成较为完整的政策框架，政府与社会为保障残疾人就业所做出的巨大努力和取得的成就受到联合国和国际社会的普遍关注和充分肯定。实现残疾人较为充分的就业，必须加强法律维护和政策保护支持力度，加强就业援助，推进政策创新和机制创新，不断开拓残疾人就业工作的新局面。

第一节　制度保证——政策支持与资金投入

残疾人就业最为关键的是政策支持，在此基础上，充分考虑残疾人就业的困难性，在税费减免、资金扶持、就业服务等方面让残疾人享受到普惠制度基础上的特惠政策，政府从政策支持与资金投入两方面为残疾人积极就业做出了制度保证。

一、创新残疾人就业政策理念

残疾人就业政策制定过程中的理念创新，主要包括引领先进的道德文化，宣传和弘扬人道主义，培育新残疾人观，消除社会对残疾人的歧视和社会排斥，使尊重残疾人、关心残疾人、理解残疾人、扶助残疾人成为新时代的主流价值观，为残疾人就业促进政策的顺利实施提供思想和文化基础。要通过主流媒体的宣传，使更多的人认识到，残疾人遇到的最大障碍不是“残疾”本身，而是人们对残疾人的态度，或者说，最大的障碍是社会对残疾人的歧视及由此产生的社会排斥。为残疾人提供各种补偿条件，使残疾人平等地无障碍地接受教育、参加生产劳动、参与社会生活，在事实上享有公民权利，是政府与社会的责任，是社会文明进步的标志，是社会公平和人权普遍化原则的体现。只有当全社会树立起新的残疾人观，扶助残疾人才能化作自觉的行动。

营造支持残疾人就业的良好环境。树立现代文明社会的残疾人劳动就业观，转变不利于残疾人就业的用人观念，形成全社会理解、关心、帮助残疾人就业的社会风气，积极构建扶助残疾人就业的社会支持网络，引导、鼓励非政府组织、慈善团体等社会资源参与残疾人就业的社会帮扶活动。

树立新残疾人观及残疾人就业观，引导社会大众正确认识残疾人并积极支持残疾人就业。“积极福利”视角下的新残疾人观是以科学、民主、平等、包容等价值观为指引，正确地认识、理解、关爱残疾人和解决残疾人就业问题，将人们对残疾和残疾人的认识提高到新的水平，让“平等、参与、共享”的“新残疾人观”更广泛地传播。在平等的基础上，让残疾人参与到社会生活和经济建设中来，逐步培养残疾人劳动就业观，在参与的过程中获得自身的发展，融入社会生活，最终能与其他社会成员共担社会责任，共创社会财富，共享社会进步。广泛树立现代社会的新残疾人观及残疾人就业观，需要全社会共同动员与积极参与，需要每个社会成员的长期坚持与不懈努力。加大社会助残舆论宣传，充分运用报刊、电视、广播、互联网等新闻媒介的作用，在全社会推广“积极福利”理论，引导民众正确、合理、科学地看待残疾人，平等友善地对待残疾人，认识到残疾人群体具有的优势与潜能，为其平等参与劳动力市场，通过自身努力实现就业水平的提高，营造“公正、平等、共享、和谐”的社会氛围。

大力宣传自强不息的残疾人就业典型事例，让其先进事迹鼓舞更多的人，让社会中更多的人参与到残疾人事业中来，让残疾人就业工作得到更广泛的关注与支持，努力形成全社会来关心残疾人就业的氛围，动员更广泛的社会力量共同承担扶残助残的社会责任，共同构建促进残疾人就业的良好舆论环境与社会环境。作为残疾人群体，更要运用积极福利视角来重新认识自己，用自己的自我认识和行动来证明“积极福利”，从而帮助社会成员真正树立起“积极福利”理念并付诸行动。积极视角下的残疾人以积极乐观的心态面对困难与挑战，通过社会参与及劳动就业，把自身的潜能和优势充分地展现出来，以有助于反对“社会排斥”。

促使社会公众对残疾人的重新认识。加强社会各界对残疾人就业的理解与支持，帮助残疾人树立正确的就业观念。残疾人在社会上所处的弱势状态和边缘性地位，使其承受着巨大的生活压力和心理压力，交际面狭窄、自我封闭，不愿意走近和融入社会。所以政府和社会在加强残疾人生活保障和就业安置的同时，要关心和爱护他们，引导他们善于学习，敢闯敢拼。帮助他们走出自卑和封闭的心理阴影，建立自尊、自强、自立的自我保障意识和社会适应能力，在激烈的市场竞争中体现自身价值，提高生活水平。

二、创新残疾人就业促进政策

在实现残疾人就业保护政策创新方面，应在已有就业保护政策的基础上，借鉴国际社会的成功经验，优化和深化就业保护政策措施。比如，同等条件下政府优先采购残疾人集中就业单位的产品和服务；开发适合残疾人生产的产品实行专产专营，通过对某些适宜残疾人生产的产品的生产和经营提供保护性垄断以稳定残疾人就业；运用残疾人就业保障金的一部分来扶持集中安置残疾人就业的福利企业，用于补贴其残疾职工办理社会保险，补偿其使用残疾职工的部分成本，提高这些单位在市场竞争中的竞争力，激发其安置残疾人的积极性；对残疾人集中就业单位提供贷款贴息；在有条件的地方开办福利性工疗机构、庇护性工场，为精神病人、智力残疾人就业创造条件等等。在实现残疾人就业援助政策创新方面，开发适合不同类别残疾人的公益性就业岗位，可以考虑在政府每年提供的公益岗位中划定合理的比例专门用于残疾人就业。同时，应立足于目前就业岗位的主要增长点，发展社区服务业，建立社区互助网络。社区就业方式门槛低，就业机制灵活，就业弹性大，工作地点距离近，适合残疾人的就业选择。从操作层面看，建设残疾人就业援助政策体系可以从四方面着手：

其一，促进残疾人能力提升政策——“增能”与培训。残疾人在身心等方面上存在某些不足，但必然也有某些健全人没有的优势。如前所述，聋哑人能够抗噪音，盲人触觉非常灵敏，瘫痪病者能够从事长期坐着的工作等。因此，可以在政策制定与实施中，注意有利于残疾人自身优势发挥的政策措施，增强对残疾人的能力提升培训。调查表明，现在没有参加过任何就业培训的残疾人还占很大比例。残疾人培训的设施和培训项目还不能满足培训对象的需求,有些培训内容与残疾人就业不能接轨,这些都影响了残疾人接受培训的积极性。政府与残联应当在这方面加大投入,残联也应与职业培训机构加强联系,引进优质的培训师资和培训项目,提升培训的质量。

其二,促进残疾人"复能"政策——康复训练。残疾人的潜能需要通过一定的康复训练才能得到显现并有助于其自身的就业。目前,需要进一步制定和优化残疾人康复政策,政府加大购买康复服务的力度,调动社会力量,大力发展和提升康复机构和康复服务。据了解,江苏、山东等省残疾人事业发展十三五规划里,都有专门提到残疾人就业康复的内容,并将其纳入医疗卫生改革、社区服务和社会保障之中。不少地区残疾人康复医疗费用已经被列入医疗保险基金的报销范围,这是一个很大的进步。[①]"十三五"期间还应当逐步提高报销比例。可以通过财政投入、社会募捐、福利彩票收入划拨等形式,建立并扩大康复基金,更有力地支持残疾人的康复"复能",以切实可行地促进残疾人的有效就业。

其三,构建残疾人就业信息系统,广拓残疾人就业渠道。目前,已就业的残疾人在福利企业工作的大约只有三成,而在非福利企业工作和自营的大约占七成。除了政府分配占较大比例外,在残疾人就业渠道中,通过亲友介绍上岗的比例最大,其次是社区安排、自我推荐就业和个体自主经营,这三者的比例差别不大。也就是说,残疾人在实现就业的过程中,更多是靠"关系网""人情网",可见残疾人的就业机制还有待完善,残疾人的就业服务机构还有待加强。当务之急是要建立系统的残疾人就业信息网,一方面,包括残疾人的相关信息,如该残疾人的特长、能力及自己想要谋求的职业方向等;另一方面,包括用人单位的有关招聘信息、可接受的残疾类型等。就业信息网的实现手段应该是多样的,可以利用网络、电视、报纸、杂志、广播等。这就要求残疾人就业服务机构协同残联、社区对残疾人开展求职登记、能力评估、就业咨询,职业培训、职业资格鉴定等服务;同时积极与企业进行沟通,寻找适合残疾人的岗位,真正起到"桥梁"的作用。

其四,防止新的"失能"——从源头上预防和减少残疾的发生。对全国所有育

---

① 课题组实地调研。

龄妇女特别是农村育龄妇女和离乡进城打工的育龄妇女，只要其符合国家计划生育政策的要求，应当一律实施生育保险或发放生育津贴，以降低缺陷婴儿出生率，其费用可由政府财政支出。这项数目并不太大的费用支出，换回的将是整个民族未来人口素质的提高。各地政府应当通过加强监管和法规强制，督促企业切实做好劳动保护，全面实施工伤保险，以减少因工伤和职业病而新增的残疾人。

三、残疾人就业促进政策执行力提升

1. 完善政府绩效考核制度、问责制度和社会监督机制，提高残疾人就业促进政策的执行力

当前政府绩效考核制度中，更多的仍以GDP增长等经济指标为考核标准，对于残疾人的民生问题的解决与否及解决程度并未列入政府的绩效考核指标当中。可以试想，如果连政府机关都对残疾人就业采取排斥态度，拒不依法按比例安置残疾人就业，为全社会起带头作用，何谈全社会履行扶残助残义务呢？既然残疾人就业保障是实现社会公平、维护社会弱势群体利益、促进社会和谐的重要任务，就应把残疾人就业促进工作纳入各级政府政绩考核和社会发展考核指标体系中，使扶助残疾人工作由爱心助残上升为制度助残，上升为刚性约束，以提高残疾人就业促进政策的执行力。比如，把政府招录公务员及政府部门工勤人员时是否依法专门开发了适合残疾人就业的岗位、是否依法招录了符合岗位要求的残疾人、是否依法足额缴纳了残疾人就业保障金等内容列入政府各部门各机关目标考核指标体系中；对拒不安置残疾人又拒不缴纳残疾人就业保障金的政府机关负责人依法追究其行政乃至法律责任；可以通过政务公开，在适当范围内公布政府机关单位安置残疾人就业的执行情况，利用社会的力量加以监督。

2. 落实政策，调动全社会积极性，履行应尽的社会责任和义务

反对“社会排斥”与“消极福利”，倡导“积极福利”与“优势视角”，就必须落实到政策及其有效性上。完善残疾人就业保障体系和就业保障政策，充分挖掘现有政策潜力，利用政策杠杆提高用人单位招收残疾人的积极性。在安置残疾人就业的问题上，如果只强调企业承担社会责任是不够的，因为在与企业自身利益产生摩擦甚至抵触的状态下，企业自发的选择常常是对抗和逃避这种社会责任。只有政府

的积极性而没有企业的积极性，只能是政策虚置而不能产生实际的效应。唯有在政策真正到位的情况下，与企业利益相吻合，政策才能真正转化成企业的行动，从而产生出实际效果。首选的办法就是减税，解决社会问题是需要成本的，从表面上看，政府少收了一些税，但能使企业帮助政府解决长期以来难以解决的社会问题。在当前残疾人就业问题还没有得到根本缓解的情况下，以牺牲地方税收换取残疾人的就业机会，是一种长远的符合人民根本利益的选择。目前有些地方福利企业一旦改制，就不能享受原有的福利企业待遇；对民营企业、股份制企业残疾人就业达到比例的，也不给予优惠政策。如浙江省的做法是，无论企业的所有制性质如何，政府对一些劳动密集型、适合残疾人就业的企业都实行招收残疾人就业的优惠政策，从而调动了企业的积极性。① 总之，原有的关于残疾人福利企业的政策在市场经济的背景下仍有其合理性和生命力，政策的潜力还没有穷尽。值得注意的是，现在不少市县政府为了市容、气派、招商引资、现代化，不惜引进大批大型超市、商场，冲垮了大量个体工商户，挤压了就业创业空间，造成普通人都难以就业创业，更何况残疾人？

残疾人就业一般有三种方式：集中就业、按比例就业和个体分散就业。建立“庇护工厂”是集中就业的一种形式，有一定的积极作用，也得到了残疾人的欢迎。建立残疾人就业的“庇护工厂”以帮助残疾人整体就业的做法早已存在，但目前这种形式已濒于消失。让残疾人参加集体劳动，在相互协作中为社会做出自身的贡献，同时实现人生的价值，这是社会为残疾人创设和谐文明条件的具体体现。我们不可能将全部残疾人安排到“庇护工厂”，但这仍应成为残疾人就业的一个渠道。可以将“庇护工厂”嫁接到有影响的企业中去，特别是一些名优企业，政府给予优惠的政策进行补贴，这样做可以为企业树立良好的人文形象，扩大知名度和影响力。

其一，逐步建立残疾人集中就业奖励机制，鼓励企业和单位充分吸纳残疾人就业。建议我国各级地方政府加强舆论上的引导，尽快制定出台集中就业相关的配套政策，对招录残疾人就业的企业或单位进行经济支持，并鼓励用人企业和单位吸收更多的残疾人就业。建议经民政或财政部门确认，企业安置残疾人员的比例大

① 课题组实地调研。

于25%并且残疾人员人数为10人或超过10人，便可享受福利企业的政策优惠，按标准给予奖励。

其二，建立反残疾歧视就业制度。建议在《残疾人保障法》中对残疾“歧视”的含义做出明确界定，将残疾和能力缺失分开，强调残疾只是身体的残障而不是能力的残疾，以消除劳动力市场对残疾人就业的普遍歧视。可以借鉴《美国残疾人法》，规定“任何机构不得对一个具备资格的残疾人在应聘、雇用、晋升、辞退、补偿、工作培训和其他雇用的期限、条件和特别待遇方面因其残疾而予以歧视”，禁止歧视“具备资格的残疾人”；学习美国把反残疾人就业歧视制度与按比例安排残疾人就业制度结合起来的做法，并进一步定义“不论是否需要经过合理的调整，残疾雇员只要能够完成工作关键内容即视为具备工作资格”。雇主不能在雇用、补偿、辞退、工作培训等方面歧视残疾雇员，即使是在残疾人需要雇主的帮助才能够完成工作内容的情形下，雇主也应给予残疾人雇员平等的待遇。

其三，实现残疾人就业政策的创新。应在已有就业政策的基础上，创新就业保护政策措施。建议在《残疾人保障法》中加入明确政府在残疾人就业促进中主导作用的相关规定，政府带头在招录任何职位时，不得因应聘者是残疾人而不予录用。任何部门录用残疾人数量未能达到劳动力市场比例标准的，必须在年度报告中进行检讨，明确改进措施并限期达标。建议每年在政府提供的公益性岗位中规划出一定的岗位比例，开发适合不同类别残疾人的公益性就业岗位，例如提供门槛低的所在社区相关工作，工作地点距离近，更适合残疾人的就业选择。

其四，加大残疾人就业执法力度，严格贯彻实施相关的法律法规政策。残疾人就业问题的解决更依赖于政策的贯彻实施，政府责任的缺失使得残疾人就业政策没能发挥应有的实施效果。建议在《残疾人就业条例》中加入相关规定，授权国务院有关部门加强监督执法，安排残疾人就业达不到规定比例的用人单位应缴纳残疾人就业保障金，明确法律责任。对既不安排残疾人就业，又不缴纳残疾人就业保障金的用人单位，必须在检查中对未能达标的原因做出解释并分析原因，限时进行改进。对地方政府也应进行及时有效的监督，严格检查各地执行残疾人就业有关法律法规的情况，避免各地各行其是现象的发生。

四、强化残疾人就业保障金收支管理

残疾人保障金管理工作对于改善残疾人就业情况，提高残疾人的社会地位具有十分重要的意义。残保金本质上能够改善残疾人的经济生活状况，保证社会安定，通过监督保障金的收缴以及科学合理的运用，保证残疾人保障金落到实处，切实解决残疾人就业保障的实际问题。重视残疾人保障金的管理工作，发挥其实际的效力，能够改善国内残疾人就业工作的现状，保持社会安定，促进和谐发展。残疾人就业保障金是根据有关法律规定设立的政府性基金，征收的目的是促进残疾人就业。首先要依法征收，做到应收尽收，特别是加强对机关事业单位的征收。其次要严格管理并合理使用，做到专款专用，用之于残疾人事业，服务于残疾人就业发展。

其一，提高认识，杜绝拒缴残保金现象。我国相关法律条文对于残保金征收有明文规定，如果企业不能按比例安排残疾人就业，就要依法依规缴纳残疾人就业保障金，用于保障残疾人就业。各地要大力加强残保金征收，完善征收措施，规范征收程序，加大征收力度，做到依法征收"应收尽收"；建立完善的责任追究制度，对于擅自多征减征、缓征残疾人就业保障金的，要严肃追究责任人责任。但实际情况是，仍有很多单位既不按比例安排残疾人就业又拒绝缴纳残保金。虽然一些地方法规明确指出，"无正当理由逾期未缴纳（残保金）的，由残疾人就业服务机构委托银行收取，并从逾期之日加收应缴金额5%的滞纳金"，但在实际工作中，由于缺乏有效的制约措施，部分企业常年拒缴残保金，更谈不上罚缴滞纳金的情况了。拒缴残保金，从根本上说，是人们从思想上没有认识到缴纳残保金的重要性，这与我们宣传不到位、不重视有关。因此，我们在为残疾人的衣食住行、参与国家社会事务努力构筑更好的无障碍设施的同时，更应该花大力气构筑对残疾人思想认识上的"无障碍设施"，增强对残疾人事业的宣传力度、支持力度，在全社会营造平等、关爱残疾人事业的氛围，促进社会主义和谐社会建设。应当监督企业和单位将残疾人保障金的支出纳入财务的预算中，并且通过对企业和单位的残疾人就业工作的安排情况的考察，明确企业和单位是否需要缴纳残疾人保障金以及应该缴纳的具体数额。对于积极配合残疾人保障金缴纳工作的企业和单位予以鼓励，而对拒不缴纳残疾人保障金的企业和单位进行批评教育，情节恶劣的需要严厉惩罚。对残疾人就业保障服务部门进行“精兵简政”，剔除不必要的部门以及服务人员，减少不必要的资金消耗，尽量做到残疾人就业保障服务部门内部的收支平衡，尽量自给自足。切实做到残疾人保障金专项资金的专项用途。

其二，确立残保金专户，实行“收支一条线”征缴使用方式。残保金在国库里被定性为“预算外资金”，但残联在使用时，必须要经过当地政府和财政部门的审批。由于种种原因，地方残联经常会遇到残保金使用的困难，这主要是由于国家对残保金的管理规定实行“收支两条线”。残保金在地方政府财政里名为预算外专项基金，实为政府一般财政预算，政府拥有资金审批权，造成部门间的不平衡。因此，基层残联经常为求得一个残疾人就业项目资金费尽口舌，跑烂鞋底。为残疾人就业而忙碌的服务工作，实际上演变为对基层残疾人服务机构工作人员耐力和毅力的考验。与此相应，残保金使用也质变为“不是残疾人服务机构使得对不对，而是地方政府让不让你花”的问题，这就严重打击了残联为残疾人就业服务的积极性。针对“收支两条线”的弊端，应当确保残联作为残保金的专有管理者与支配者，建立残保金专户，实行“收支一条线”，不应和地方政府财政一锅搅。只要加大审计力度，或者审计部门提前介入，就可保证残保金使用得合理安全。还应当健全和完善现有的残疾人保障金财务管理制度，保证残疾人保障金收缴、使用以及其他项目的财务管理能够公开、公正、透明，以确保残疾人保障金在残疾人就业保障工作中落实。细化相关的工作细节，建立详细的账目和档案，确保残疾人保障金财务管理工作的有序进行。注重建立完整的支出预算系统，优化残疾人保障金资金流动结构，确保残疾人保障金的科学合理使用。提高对于残疾人就业培训、生活资助以及其他残疾人社会保障的资金支出比例，同时扩大资金流动范围，确保更多的残疾人能够受益。还应当监督收缴残疾人保障金的部门出具正规的票据，建立完整的账目信息并及时归档。建立完善的残疾人保障金账目和存储的稽查制度，确保残疾人保障金收缴工作的透明和公正。

其三，加大残保金就业扶植力度，落实残疾人就业政策。在调研中，基层残联工作人员反映，不少地方政府机关和事业单位的残保金缴纳数目，是由当地政府随意规定的，为的是省事。虽近年来，残保金征缴的总数在增加，但一些地方政府在缴纳工作上还是很随意。一些政府主管领导主观上存在着一种固有的认识，即从各单位、各部门收缴的残保金最终要汇入地方政府财政，实际上是从下属部门收上来，再由政府统筹安排拨下去，左兜出右兜入，数目多少并不紧要。这种认识造成的后果是，很多政府机关和事业单位根本就不知道缴纳残保金政策和“按比例就业政策”之间是什么关系。这样一来，落实“按比例安排残疾人就业”政策就更难了。一些政府机关和事业单位甚至认为，残联征收残保金就是为了钱，而不是为了残疾人就业。地税部门在向企业征收残保金时，也是连同其他税费整块收缴的。企业只问需要给国家交多少钱，而不问交的是什么名堂的钱。因此，缴纳残保金政策和“按比例安排残疾人就业”政策之间的关系，在企业里同样未引起重视，甚至存在着一些企业为了不接收残疾人就业而“主动”上缴残保金的现象，弱化了“按比例安排残疾人就业”政策。所以，有必要采取措施促使残保金用于就业扶植更适当灵活，应该对有创业能力的残疾人所开发的有经济效益、又有辐射效应的就业项目，在残保金使用政策上给予无偿扶植。不过，对开发项目的论证要做扎实，或者允许由残疾人先申报自筹资金的开发项目，项目成功且取得效益后，可用残保金作为奖励资金予以补偿，或者在将残保金用于就业扶贫贴息之外，直接将残保金用于就业扶贫。如河南省洛阳市残联规定，残疾人职业技能培训完毕后，电脑培训班的学员可以带走为其培训准备的电脑，缝纫班的学员可以带走培训时所使用的缝纫机。①

其四，提高残保金使用率，改变其狭窄的使用规定。依照国务院《残疾人就业条例》第十六条规定，“依法征收的残疾人就业保障金，应当纳入财政预算，专项用于残疾人职业培训以及为残疾人提供就业服务和就业援助，任何组织或者个人不得贪污、挪用、截留或者私分”。为扶植残疾人就业，政策允许残保金以有偿借贷方式，下借一部分给残疾人进行自主创业就业。但在实际中，不论是借贷后赚了钱的残疾人，还是借贷后没赚钱的残疾人，多数拒还贷款。因为他们是残疾人，残疾人服务机构对这种行为只能听之任之、束手无策。由于多数情况下残保金无法收回，所以以残保金下借残疾人进行项目有偿扶植的就业活动，各地残联近年来开展得很少。另外，按照政策规定，征收来的残保金还有用于“奖励积极吸纳残疾人就业

① 课题组实地调研。

的先进单位”这一使用内容，但在奖励形式上出现了一些问题，主要表现为奖励数额大，残联舍不得；奖励数额较小，一些企业根本看不上。因此，奖励条款实际意义不大。还有一些企业看重的是荣誉奖励，希望得到高规格的荣誉奖，而这一点地方残联无法提供。所以，不少地方县区残联在残保金用于扶贫、有偿借贷、奖励企业等方面的活动基本没有实施。一些县区为了让残保金多发挥些作用，就在慰问、支持残疾人大学生或残疾大学生家庭上开支一部分，一些市区残联将一部分残保金用于为残疾人就业而进行的基础设施建设上，但依照《残疾人就业保障金管理暂行规定》，这些做法都是“违规”的。于是，只剩下残疾人就业培训这一块可以使用残保金了，这样实际上等于有40％的残保金躺在国家财库里休眠。针对大量残保金闲置的同时又有大量残疾人不能就业这一问题，政策可允许残联直接用残保金为残疾人购买社会公益岗位，这正好符合残疾人就业政策的价值目标，且既省时又省力。因为现在许多地方残联开展的培训项目，花钱不少，费时费力，而真正能让残疾人就业的却不多，而许多公益岗位如政府机关、事业单位门卫人员、城市交通协管员、城市公共厕所维护员、单位门前自行车点看护员等，很多都是残疾人可以做的。如果政策规定必须安排残疾人，可由残联和政府或者政府之外的用人单位联合，为大量城乡残疾人特别是城乡40—50岁的残疾人提供就业机会。换言之，可以申请政府引导企业和单位提供多方面的残疾人就业渠道，鼓励残疾人自主创业，提供扶持残疾人就业资金。开展农副业、公益事业以及其他残疾人能够参与的行业支持，带动整体残疾人就业的发展。

其五，赋予残联应有的行政权力，增强残保金使用效果。依照规定，残保金征缴上来之后统一归入国库，使用时按照“审批程序合规，支出范围合理，使用结果有效”的原则进行，由残联申请，财政部门“严格审批”。这实际上是把残疾人就业保障金变为国库资金，审批权交给财政部门是将对残保金的支配权交给了财政部门。于是，就造成了基层残联部门了解情况，想有所作为，而不一定能申请到资金；审批部门不清楚情况，却可以轻易决定是否批放残保金的各自为政现象。人社部、财政部、中国残联等联合下发的《关于加强残疾人职业培训促进就业工作的通知》第十三条指出，“严格残疾人就业保障金使用管理，确保专项用于残疾人就业培训和服务工作，进一步创新支持方式，提高资金使用效率，要加强残疾人就业保障金征收使用情况的监督检查，严禁擅自减免以及截留、挤占、挪用残疾人就业保障金”。而残保金一旦进入国库，则“专项不专”，在政府的财政大锅里一块搅，实际上在给政府支配残保金方面提供了便利。有时候，地方残联能够使用多少残保金甚至与一个残联领导交际能力的高低有直接关系。残疾人工作归民政部门管辖时，是政府的一个正规机构，独立出来后，承担的仍然是政府的职能，但性质属于“亦官亦民”。正是残联机构性质的改变，使得其为求一个残疾人就业项目资金而跑断腿、磨破嘴，执行残疾人政策是一项“应然而必然”的工作，却让一个“应然而非必然”的社会单位去执行，这种职责和权力的不相称，是残联在落实就业政策时“有力使不出”的关键原因。如果政策明令凡是未能按比例安排残疾人就业的单位，或未能按比例安排残疾人就业，又未能按期如数缴纳残保金的机关事业单位，单位年终考核一律以不合格论处，残联具有合格确认权，那么残疾人就业保障金制度执行效果就会截然不同。

第二节　社会参与——构建“政府为主导，社会为支撑”的残疾人就业促进网络

必须在政府主导下，发挥社会各界的作用，调动社会资源共同促进残疾人就业问题。通过大力发展残疾人慈善事业，调动境内外慈善资源，为残疾人提供教育、职业培训、职业指导；通过政府补助、政府购买、民办公助等形式鼓励民间机构为残疾人提供技能培训等就业服务，以提升残疾人就业能力、就业率和就业稳定率。

一、建立政府责任体系，加强立法和执法力度

对于残疾人这一特殊群体，不可能将他们完全推向市场去竞争，作为负责任的政府，做好残疾人就业工作是义不容辞的事务。政府要建立完备的责任体系，努力营造有利于残疾人就业的舆论环境，消除社会对残疾人的偏见，确定就业的工作目标，建立奖励、补偿机制，确保各项法律法规和政策的有力实施，保障残疾人就业落到实处。政府应负担起促进残疾人就业服务的主要职责。政府要体现在残疾人就业服务的主导地位，需要从以下几方面着手：

其一，通过各种宣传手段营造扶残助残的良好社会氛围，广泛宣传残疾人自强自立和扶残助残的先进事迹，形成扶残助残的良好风尚；充分动员全社会的资源和力量，共同承担起扶残助残的社会责任。

其二，监督落实《残疾人就业条例》和《就业促进法》中关于雇用残疾人的规定。尽快制定《残疾人就业条例实施细则》以及《反残疾歧视条例》，以保证残疾人在劳动力市场能够公平就业，为残疾人就业提供有力的法律保障。

其三，完善残疾人劳动就业服务政策。通过税收、财政补贴等经济手段，刺激用人单位安排残疾人就业，对超额安排残疾人就业的用人单位给予奖励；对雇佣残疾职工而影响工作效率、增加成本投入的用人单位，要给予一定的补偿；对假冒安置残疾人、不给残疾人提供必要帮助、不公正对待残疾职工的用人单位给以行政处罚。此外，政府劳动服务部门特别是残疾人就业服务机构要免费为残疾人提供准确、全面、及时的信息，搭建残疾人与用人单位之间的沟通桥梁；残疾人就业服务机构及时进行就业和失业统计以及职业技能鉴定。制定优惠政策，促进残疾人个人就业和灵活就业等就业渠道的拓展。个人就业等非正规就业已成为残疾人就业主渠道，要优化和细化扶持政策，加强对残疾人职业培训的投人和补贴，加强残疾人创业教育和创业指导与服务，扩大对个体就业残疾人的优惠扶持政策的覆盖面，制定对个人从事商业经营的残疾人给予减免税的政策，开辟灵活就业的新领域，如企事业单位的后勤服务，以促进个体就业、灵活就业向“可持续生计”发展。同时，在资金、信息、市场、培训等方面扶持残疾人创办非正规组织，培育残疾人灵活就业的社会环境和社会舆论导向，推动我国残疾人就业的多渠道协调发展。

其四，加强残疾人教育。落实残疾人教育扶助政策，从整体上提高残疾人的受教育水平。加强残疾人能力建设，健全教育和培训制度。残疾人自身能力欠缺是导致就业困难的重要原因之一，可从康复工程和教育培训两个方面加强残疾人的身体素质和知识技能建设。(1) 加强残疾人的医疗福利，为残疾人康复提供更多机会。很多残疾其实都是可以康复或改善的，但由于残疾人个人或家庭的经济原因，无法负担康复的费用。如果能够完全康复，就可以减少残疾人数量，也就减轻了政府负担。即使不能完全康复，也可以减轻残疾程度，在某种程度上促进残疾人就业。(2) 教育是增强残疾人就业竞争力最有效的途径，不论从社会整体角度，还是从残疾人个体角度，残疾人教育投入有很高的收益率。但我国近半数成年残疾人是文盲或半文盲，是失业的主体。知识改变命运，对残疾人儿童少年，要为他们提供多样的义务教育，保障每个有学习能力的残疾儿童得到受教育的机会。同时要扩大残疾人接受高等教育的机会，拓宽和完善高校的招生政策，放宽残疾考生录取标准，适当扩大招生范围，开设更多适合残疾人的专业学科，为以后从事高层次工作打下基础。大力发展残疾人成人教育和职业教育，落实国家对残疾人教育的各项优惠政策和措施，探索服务于残疾人就业的职业教育模式和途径，建立和完善残疾人教育体系，全面提高劳动素质和就业能力，为解决残疾人就业问题创造条件，形成教育、培训和就业相结合的机制。

其五，发展社会福利企业，完善残疾人社会保障服务机制。为残疾人就业提供保障，解决残疾人就业问题离不开社会福利企业，政府应将福利企业产品列入政府采购计划，按同等优先的原则予以扶持，对福利企业在资金、税收、营业场地等方面的减免和优惠政策应真正落实。把就业确有困难的残疾人，全部纳入社会保障体系中，以保障其基本生活，政府要进一步完善城镇残疾人参加社会养老、医疗等保险的优惠措施，推动农村残疾人参加社会养老保险；进一步完善低保分类救助制度，确保重度残疾、老残一体和"一户多残"的残疾人得到特别扶助和重点保障。

其六，推进残疾人社会保险工作实施，保障残疾人就业。目前残疾人参加社会保险状况不容乐观，正规就业的残疾人职工社会保险参保率低，下岗残疾职工中断参保和残疾职工欠缴社会保险费问题严重，企业不给残疾人办理社会保险的事例也常有发生，影响了正规就业残疾人的生活保障。由于我国社会保险制度是专为正规部门设计的，那些个人灵活就业的残疾人经济能力有限，收入不稳定，参保率更低。针对这些情况，各级政府要实施更多的优惠政策，把残疾人参保状况作为企业年检的一项指标，对个人就业的残疾人参保，政府除要给予一定补贴外，还应采取适当降低保费标准和收费比率的办法推动他们参保。另外，建议实行更灵活多样的缴费方式，参保人可根据自身收入按月、按季等灵活缴费，并允许续交、补交，最大限度地促进残疾人参加社会保险，保障他们的权益。

二、树立用人单位责任意识，适应市场要求，构建就业服务网络

1. 强调用人单位的责任意识

在积极促进残疾人就业过程中，用人单位要积极创造工作岗位，并足额缴纳残疾人就业保障金，构建“一主多元”服务网络；积极创造适合残疾人工作的岗位，依法按比例安排残疾人就业。国有企事业单位、机关、团体要设立公益性岗位专门安排残疾人，如设收发室、广播站、理发室、棋牌室、阅览室等；在公立医院、敬老院、光荣院等设立按摩、护理、保洁或其他特色岗位以安排残疾人就业。用人单位还要足额缴纳残疾人就业保障金并为残疾职工办理养老保险，医疗保险，失业、工伤、生育等社会保险。目前我国残疾人就业保障金已有一定规模沉淀，要灵活运用于支持残疾人就业，如用于改造办公设施、生产工具、坡道和厕所等，以降低雇佣残疾人的成本，鼓励和扶持用人单位对残疾职工开展在岗培训和转岗培训，经费有困难的单位可考虑通过向政府申请财政拨款来解决，也可以从征缴的残疾人就业替代金中列支。

2. 适应市场要求

要发掘市场需求，开发残疾人就业岗位新渠道，构建残疾人就业网络。残疾人就业主要以分散就业、集中就业、自谋职业以及非正规就业劳动组织吸纳就业为主。在市场经济条件下，政府要扶持和鼓励有一技之长的残疾人自力更生、自谋职业或者自主创业；传统集中就业的福利企业要积极转变企业经营策略，实行市场化、社会化运行机制，增强自身市场竞争力，相关部门则可以采取政府采购等方式加以支持。完善分散就业的政策并加大实施和监管力度。国家机关、事业单位要优先安排残疾人就业以起表率作用，杜绝“挂靠”现象的产生。政府及社会各界要多方发掘市场需求，加大残疾人就业岗位开发新渠道。

政策制定是促进残疾人积极就业的基本要求，技能培训是残疾人就业的基本条件，市场运行是残疾人积极就业的外部环境。在政府有利于残疾人就业的倾斜政策下，要加强残疾人的劳动技能培训，使其适应劳动力市场的竞争要求，而不至于一味地是“照顾”对象。残疾人自身素质不适应现代科技发展需要，缺乏竞争意识和能力，是导致其就业难的重要因素。加强残疾人的教育和职业技术培训，提高

其市场就业竞争力，使其成为用人单位的可用之才，应是促进残疾人积极就业工作的重中之重。现阶段，残疾人教育和培训体制除了给残疾人以基本的普通教育和特殊教育以外，还应该加强对残疾人就业市场的研究，以市场、就业为导向，对残疾人进行有针对性的社会化培训。

其一，以就业需求为出发点，加强残疾人就业前培训。以职业要求为落脚点，加强残疾人的素质培训和职业培训，是就业工作的重中之重，很多残疾人的受教育程度非常低，职业技能缺乏，这是残疾人就业层次低的一个重要原因。政府要为残疾人提供更多的培训类别和培训机会，形成完善的运作机制，同时要建设和完善残疾人求职信息网络，随时发布企业招聘信息和培训信息，为残疾人提供一个畅通有效的求职平台。帮助残疾人掌握生产工作技能，同时在培训中，对残疾人进行“适者生存”观念的教育，引导他们发挥主观能动性，积极地适应社会，而不是被动地等待。

其二，以职业要求为落脚点，加强残疾人在职培训。现代社会科技发展迅速，过去那种一次性学习将无法适应新形势的要求。因此，有针对性地开展企业内残疾人职业培训，可以有效提高他们的社会竞争力，同时也可对吸收残疾人的企业给予有关优惠政策，以鼓励他们创造更多新的就业岗位。

其三，以创业意识为关节点，加强残疾人创业培训。在传统思想的影响下，很多人还停留在“进厂入店”的观念中，自主创业意识淡薄。而很多残疾人因行动不便，流动性差，也难以适应单位就业的规则。因此，要强化对残疾人创业意识和创业能力的培养，发展创业培训，以培训促创业，以创业促就业。同时对一些想创业但无法靠自己力量跨出艰难第一步的残疾人，可动员社会力量开展互助活动，激发其潜能，扶持其自主创业。

3. 构建扶助残疾人就业社会支持网络

通过扩大宣传来建立健全残疾人就业促进的社会支持网络。促进残疾人就业是一项综合性、社会性很强的工作，涉及劳动和社会保障、民政、财政、教育、宣传等部门以及残疾人联合会等政府部门和团体。这些主管部门和团体应加强沟通和合作，共同努力推动残疾人就业状况得到改善。同时，积极促进残疾人就业，不应忽略社区与居民的力量，要倡导向社区赋权。大力宣传现代文明社会的残疾人观，转变社会观念，营造残疾人平等参与社会生活的环境，这是发展残疾人事业的重要条件。通过扩大宣传残疾人工作的成就和优秀残疾人事迹，可以使社会增加对残疾人的理解，有助于营造关爱他人、扶助弱者的良好社会环境。同时也可以鼓励更多的单位和个人关心、帮助残疾人，从而构造一个有利于促进残疾人就业的社会支持网络。

发动社会力量，积极引导、鼓励慈善团体等非营利组织参与残疾人就业的社会帮扶活动，包括提供职业指导、职业培训、安置就业和其他有关服务；大力推进残疾人就业信息网建设，多形式、多渠道安排残疾人就业和再就业，努力建立促进残疾人就业的长效机制。在这一过程中，不仅要执行《中华人民共和国残疾人保障法》和《残疾人教育条例》等一系列法律、法规和政策，而且还要发挥各级政府和它所属的残疾人联合会及残疾人就业服务中心在安置残疾人就业中的主渠道作用，向对雇用残疾工人的企业授予独家合同或优先生产权利、税收优惠、履约补贴或提供其他技术或财政援助。鼓励非营利组织和慈善机构等社会力量依法兴办福利企业，集中安排残疾人就业。加强农村实用技术技能培训，使有劳动能力的贫困残疾人尽快通过帮扶和劳动脱贫。

发挥好非政府组织在残疾人就业中的积极作用。非政府组织以其先进的理念、灵活的组织形式、先进的管理模式、庞大的高素质专业人员和志愿者等优势，在社会生活的各个方面发挥着越来越重要的作用。目前，我国一些民间组织所从事的残疾人特殊教育事业已经取得了良好成绩。就残疾人就业而言，由于整个社会的就业压力较大，同时，非政府组织的发育和成长环境还有待进一步提高，因此这方面还有较大的发展空间。

充分发挥社区积极参与残疾人就业支持的功能。街道、社区要积极开展残疾人就业宣传，营造残疾人就业的良好社会环境，在健全人与残疾人之间建立和谐、友爱、互助的新型人际关系，提升残疾人就业的信心。街道、社区公共就业服务机构开展社区支持性就业服务、职业教育和实践，建立多功能残疾人就业信息系统等，不断拓展残疾人就业的新渠道。家庭要努力营造对残疾人就业支持的环境，为残疾人提供温馨的家庭环境，培养和训练其良好的生活习惯与独立的生活自理能力，促进其身体和心理的健康发展，为残疾人就业奠定必要的身心基础。同时，积极配合职业咨询、职业教育工作者对残疾人进行职业培训。

调动残障人士个体的就业积极性。残疾人个人也要转变就业观念、树立就业信心，要克服“等、靠、要”的依赖思想，树立竞争意识和创新意识，转变择业意识，努力提升自身文化素质、职业技能和择业能力以适应市场竞争机制下的就业需求。残疾人个体的积极创业也能够带动更多的残障人士就业。

第三节 积极福利视角下残疾人就业的多元化治理体系

从积极福利视角出发，需要构建残疾人就业多元化治理体系，把残疾人就业作为社会治理的重要内容之一来加以推进。

一、多元共治共同推进残疾人就业

国家治理体系与治理能力现代化是一个重大命题，对残疾人就业来说，治理体系的现代化必然包括“政府—市场—社会”三大主体的全方位参与，治理能力的现代化也必然包括残疾人就业多元供给机制的形成。单纯依靠国家安置残疾人就业的单一主体模式显然无法适应经济和社会发展的要求，必须依靠政府、市场和社会组织、社区、残疾人互助、自主等主体，多形式、多渠道、多层次发展残疾人就业的多元共治模式。

政府以“公平”作为价值取向，其促进残疾人就业的特点是强制性、非营利性、稳定性和普惠性；主要方式是直接提供就业机会以及制定相应的规则，是残疾人就业的规划者、供给者和监管者。根据残疾人对就业的需求，为残疾人社会福利体系建设制定规划，提供财政经费保障，激发和引导其他主体共同推进残疾人就业，并建立服务激励与监督机制。政府集中安置的就业模式，满足部分残疾人就业的基本需求，但客观来说，由政府直接提供就业也容易存在效率低下、滋生腐败、不适应多样化需求等问题。因此，政府寻求与社会力量、市场力量的合作，通过政府购买服务等方式，引导其按照残疾人需求提供更多优质的就业机会。

市场以“效率”为取向，其促进残疾人就业的特点是营利性、自愿性和灵活性。市场主体在残疾人就业供给中主要提供差异化、多层次服务，满足残疾人个性化的需求。市场主体的行动逻辑是利润最大化，市场不断追求创新的能力、高效率以及强大的资本动员能力是其他主体远远不及的；市场机制在资源配置中的决定性作用不断强化，对残疾人就业供给将发挥越来越大的作用，尤其是在残疾人金融服务、就业创业服务等领域。

社会以“团结”作为价值取向，其促进残疾人就业的特点是自愿性、服务性、普惠性和灵活性，特点的发挥和体现取决于社会力量的强弱以及运营模式等多样因素。也就是说，如果社会主体的支持力度广泛，将有更多残疾人获得就业的机会。社会主体中既包括具有专业性的社会组织，也包括具有纽带作用的社区组织，还包括残疾人家庭和个体等广泛性社会力量。其中，社会组织相对而言弹性较大，社会组织可以是残疾人公共利益和弱势群体的代言人参与到残疾人就业服务政策的制定中，也可以代表政府直接提供就业服务（譬如当政府向其购买服务时），还能代表企业表达社会责任（譬如承接企业捐赠的具体分配）。残疾人个体及其家庭也是残疾人就业服务的重要补充，残疾人的自助与互助以及残疾人家庭的情感慰藉、心理支持是其他主体的服务所无法代替的。当然，由于家庭的小型化以及残疾人家庭普遍社会动员能力较低，导致残疾人个体及家庭就业能力弱化，但其发挥互助性和支持性的作用不可忽视，应当充分挖掘与激发。

下面就政府、市场及社会在残疾人就业中的作用做一展开性分析。

二、政府——将残疾人就业纳入顶层设计，制定相应政策加以推进

政府应当高度重视包括残疾人就业在内的残疾人事业的顶层设计和顶层推进。各级政府在做社会经济规划时，都要把包括残疾人就业在内的残疾人事业纳入其中，予以统筹推进，也就是把残疾人就业问题纳入整个地区社会经济发展的全局来加以推进。在具体的规划中，各级政府在制定教育、就业、社会保障等专项规划时，要把与残疾人就业密切关联的指标纳入其中；政府工作报告特别是为民办实事项目，要把残疾人就业列入其中；定期召开政府常务会议，研究解决包括残疾人就业在内的残疾人事业重大问题。

（一）推动按比例安排残疾人就业

根据国务院残工委办公室《关于开展用人单位按比例安排残疾人就业公示试

点的通知》和残保金使用管理等有关规定，开展用人单位按比例安排残疾人就业情况公示工作，并逐步对残保金征收、管理和使用情况进行公示，接受社会各界广泛监督。党政机关、事业单位、国有企业要根据《国务院办公厅关于做好 2014 年全国普通高等学校毕业生就业创业工作的通知》和《中共中央组织部等 7 部门关于促进残疾人按比例就业的意见》要求，拿出适合残疾人工作的岗位，带头招录残疾高校毕业生，发挥示范带动作用。各级残联要统计汇总党政机关、事业单位、国有企业的残疾高校毕业生招录情况，每年向社会进行公布，接受社会监督。各主流媒体要及时宣传报道党政机关、事业单位、国有企业的残疾高校毕业生招录情况，公开曝光不招录残疾高校毕业生的党政机关、事业单位、国有企业。

(二) 加大残疾人就业创业扶持力度

动员领导干部、党员、团员与低收入残疾人家庭结对开展“帮、包、带、扶”活动，帮助贫困残疾人谋划扶贫增收项目，提供技术市场信息等服务，扶助贫困残疾人脱贫。鼓励引导国有企业、非公有制企业、社会组织以及志愿者和社会各界人士，积极参与农村残疾人扶贫开发。

对于超比例安置残疾人的企业用人单位，应当对其进行奖励，尤其是对安置重度残疾人或残疾人大学生就业的企业予以鼓励。对残疾人个人及其家庭从事种植、养殖、加工、零售、修理、餐饮、盲人医疗按摩、电子商务、网络电商等各类行业和职业的残疾人个人及其家庭应该给予一次性创业扶持补贴。对申报灵活就业并以个人身份缴纳城镇职工社会保险费的城乡家庭困难残疾人，按其实际缴纳的社会保险费给予综合补贴。

对符合创业担保贷款发放条件的残疾人，加大金融产品和服务方式创新力度，适当降低贷款门槛，简化贷款程序，完善信贷服务政策。重点投向适合残疾人特点的种植业、养殖业、农副产品加工业、家庭手工艺制作、零售商业及各类服务业项目。加强对残疾人扶贫基地的信贷支持。通过小额到户贷款扶持残疾人开展就业创业项目。

对残疾人社会福利企业发展的政策进行调整和规范，完善扶持保护措施，做好跟踪服务工作，帮助解决改革发展中面临的困难，遏制社会福利企业下滑的趋势，扩大残疾人集中就业规模。加快制定社会福利企业专产专营或优先生产经营的产品和服务目录，在政府采购中依法优先采购，稳定残疾人集中就业。加快发展庇护性就业社会福利企业，推动无法实现正规就业的智力、精神和重度残疾人实现辅助性就业，助力最弱势残疾人集中就业。

（三）加强残疾人就业技能培训工作

提高职业技能培训的针对性。加大财政资金对残疾人职业技能培训的投入，扩大职业技能培训覆盖面，推进职业技能培训由粗放型向精细化转变，提高残疾人职业技能水平。对城镇登记失业的残疾人，实施初、中级职业技能培训，帮助就业创业；对新录用的残疾人，支持用人单位开展岗前技能培训；对在岗的残疾人，支持用人单位开展岗位技能提升培训；对从事农业生产的农村残疾人，搞好农村实用技术培训；对拟转移就业的农村残疾人，开展转岗培训；对有创业意愿的返乡残疾人，提供创业培训。

增强残疾人就业服务实效性。各级残疾人就业服务机构，要发挥了解残疾人掌握特殊服务技能的优势，针对不同类别、不同情况的残疾人，免费提供政策咨询、岗位信息和职业介绍等实效性强的就业服务，对吸纳残疾人就业的用人单位提供支持性服务。加强规范化建设，完善服务设施，健全工作机制，加强能力建设，为残疾人提供优质、规范、人性化的就业服务。主动与各级公共就业服务机构对接，把残疾人就业纳入公共就业服务机构的服务范围，充分发挥公共就业服务机构覆盖面广、信息资源丰富的作用。

（四）搭建残疾人就业创业平台

建立统一的多功能残疾人就业信息网络，全面、及时、准确地掌握残疾人劳动力资源情况，掌握用人单位的用工信息、空岗信息，为用人单位和求职残疾人提供快捷、方便的服务。

扶持建设残疾人创业孵化基地，为有创业意愿的残疾人提供创业培训、创业见习、创业指导、融资服务、管理咨询、事务代理、法律援助等各项服务。通过举办残疾人职业技能竞赛等方式，开展优秀残疾人创业典型和自强模范表彰活动，树立典型，宣传自强、自立、拼搏、成长的模范事迹，激发残疾人积极干事创业的热情，促进残疾人创业就业。

规范扶贫基地准入门槛，定期评估扶贫基地运行情况，完善扶贫基地长效扶持政策，创建一批管理规范、辐射带动力强、培训效果好、能够稳定增加农村残疾人家庭收入的扶贫基地。地方残联、财政部门应根据扶贫基地吸纳残疾人就业情况，予以适当补贴。

（五）加强残疾人就业援助和就业服务

将残疾人就业服务机构纳入公共就业服务体系统筹管理，建立残疾人就业服务和援助联动机制。公共就业服务机构应当设立残疾人服务窗口和服务项目，免费为残疾人提供就业服务和就业援助。按规定将符合条件的残疾人纳入就业困难对象认定范围。加快推进残疾人就业及企业用工需求信息平台建设，提升残疾人就业服务整体水平。

三、市场——推动残疾人就业创新发展

就业受制于市场。由于残疾人的特殊性，残疾人就业可以通过政府和社会的力量来加以推进，但是，市场对之仍然起很重要的作用。

（一）探索福利企业发展新模式

福利企业是残疾人就业中的最为直接的市场模式，但是受社会经济大环境的影响，福利企业发展也遇到很多困难，其承载的残疾人集体就业的模式也将受到冲击。在经济新常态背景下，扶持福利企业不能走老路，应探索新的发展模式。

首先，对福利企业的管理与扶持不能只依靠税收优惠，应多方面支持，包括政策扶持、社会资源调整、资金技术投入、加强监管等。其次，推动福利企业改革和创新。为了适应市场经济机制的运行管理模式，福利企业要实现法人管理、独立核算、自主经营，达到政企分开，政府部门通过宏观的政策制度实施灵活监督。福利企业自身要自觉面向市场，适应市场竞争，以优质的产品和服务去占领市场，创造效益。社会企业的发展为残疾人福利企业发展也带来新的启示，用商业的手段实现社会目的。例如深圳市残友集团，就摆脱了传统福利企业的运作模式，作为现代化集团化高科技社会企业，以“发展社会民生与高新产业互助发展的和谐科技融入现代产业体系”为己任，被誉为创业带动就业之典范。①

---

① 课题组实地调研。

（二）探索“互联网＋”与残疾人就业

网络就业是以互联网及其他电子网络通信设备为基础，发现和捕捉新的市场机会，通过提供新的商品或服务来创造价值的过程。它具有虚拟性、创新性，网络企业的快速成长性，以及其创业者的年轻化等特征。近些年来电子商务的普及，创业型经济的发展，就业形势的严峻，以及政府政策的鼓励，促使残疾人群体网络创业的观念日益增强。网络创业人数急剧增加，创业带动就业的效果日益明显，成为残疾人创业就业发展的新趋势。网络就业创业成本低廉、收益显著、风险较低、项目多样，非常适合残疾人进行就业和创业。

综合运用行政、经济和法律手段，通过多种渠道加大残疾人就业政策和法规的宣传力度，改善残疾人网络创业环境，建立统一、高效、有序的网络创业服务体系。残疾人网络创业需要一定的资金和设备支持，可以建立普惠制与特惠制相结合的残疾人网络创业资金支持体系，政府应当将残疾人纳入网络创业的重点扶持对象，出台相应优惠扶持政策，充分利用公共就业专项资金为首次创业的残疾人提供创业补贴。利用开办费补贴、社会保险费补贴和小额担保贷款等政策，在资金、场地、技术等方面积极扶持残疾人网络创业。

引导残疾人与大型电商企业进行合作模式，与国内知名电商进行合作，为残疾人开设专门的创业展销专区。还可以逐步探索建立由电商采购残疾人个体创业者，或基地的产品进行销售的模式，进一步降低残疾人网络创业就业的风险。在电商采购的过程中，各级财政部门及残联将给予适度的补贴。

创建残疾人网络创业孵化平台。展示残疾人优秀作品，拓展营销渠道，扩大残疾人网络创业的规模。由于残疾人身体条件的限制，物流配送环节存在着较大困难，各级政府和残联要充分发挥引导和监管的作用，建立残疾人网络创业就业管理平台，为网络创业者提供信息服务、技术支持。在货物的提货、发送、拣货、验货等物流环节提供帮助和服务，引导他们拓宽销售渠道，提高网店运营效益。可以通过政策倾斜，引导供货企业为残疾人网络创业者创建货源绿色通道，鼓励物流企业为残疾人发货拣货提供便利。

充分利用现有的电子商务平台，孵化助推残疾人网络创业通过平台建设。一方面可以为残疾人网络创业提供信息服务，助推残疾人网络创业。比如残疾人创业就业政策解读、残疾人创业项目推荐、残疾人创业在线帮助等。另一方面，还可以成为残疾人网络创业，经验交流和分享的平台。同时，通过新闻媒体大力宣传残疾人网络创业的先进事迹、意义和成果。树立典型、分享经验加强残疾人网络创业的信心，拓展残疾人网络创业产品的销路。

四、社会——建立残疾人就业支持系统

社会对于残疾人具有义不容辞的接纳义务与关怀责任。社会对于残疾人就业的保障责任是在政府主体作用框架下的有力支撑，是残疾人就业有力的支持系统。

（一）激发参与残疾人就业的社会氛围

首先，充分利用各种宣传手段，如新闻媒体、宣传标语、公益活动等，广泛宣传残疾人就业的法规政策，提高社会各界对残疾人就业的认识和理解，认识到促进残疾人就业的重要意义。宣传在残疾人就业保障工作中的先进事迹、先进集体和工作者、残疾人自立自强的典型，营造促进残疾人就业的良好社会氛围。其次，广泛开展人道主义教育，宣传文明健康的残疾人观。增加人道主义、助残扶弱的思想教育内容，引导社会成员尊重、帮助残疾人。将助残扶残的活动纳入精神文明建设，纳入评选文明城市、文明社区、文明村镇的考核标准中，引导全社会关心残疾人，消除歧视。通过一系列的宣传教育，让残疾人感受到社会温暖从而主动融入，让企业、个人都树立平等对待残疾人、扶助残疾人的法制意识和道德观念。

社会中有许多以获利为目的的持币观望的准投资者，如给以相应的优惠政策，他们就能愿意投资到残疾人福利事业的发展建设中，这是推进残疾人事业发展潜在的力量。对许多积德行善的慈善家，在政策上要给以引导，以保证其投入资金使用的安全性，他们也会积极参与到社会福利社会化的发展建设中来。所以，为鼓励和支持社会力量兴办残疾人福利事业，要制定优惠政策，在税收、土地、城建、金融、水电管理和交通等方面，对兴办社会福利事业的单位与个人在政策上给予相应的优惠，创造良好的政策环境，吸引更多的投资者，促进残疾人福利事业的社会化发展。

（二）搭建以家庭和社区为核心的社会关系网络

社区是最为贴近残疾人的社会组织，可以成为扶持残疾人就业的重要力量。

利用社区居委会、村委会的功能优势，对本社区内的残疾人情况进行摸底，包括残疾人类型、残疾等级、家庭情况等，并建立档案，根据情况，为残疾人提供就业信息、技能培训、康复训练、政策法规等方面的信息。社区工作人员通过与残疾人交流沟通，改善残疾人的心理状态，树立就业信心，积极参与就业。此外，投入和利用社区的医疗卫生资源，为残疾人提供康复服务，为实现就业打下基础。在街道和社区设立残疾人就业工作联络员，充分发挥专门协会的作用，联系和动员残疾人参与社会各项活动，使之成为联系残疾人的桥梁和残疾人实现自我管理、自我教育、自我服务、自我发展的有效载体；联系有关部门及残联，对残疾人就业提供咨询和建议，及时反映残疾人就业的困难与问题，协助满足残疾人的正当需求，切实做到代表残疾人的共同利益，为残疾人服务，保障残疾人平等充分地参与社会生活，共享社会物质文化成果。

家庭是残疾人接触最多的地方，是促进残疾人就业的内部推动力。对残疾人家人进行指导和培训，让他们带领残疾人参加康复训练，帮助残疾人提高自理能力和劳动能力，充分感受到家庭关爱，排除自卑心理，积极乐观地面对生活。

（三）发挥社会组织在残疾人就业中的巨大作用

发达国家的经验启示我们，应充分利用社会团体和组织的力量，由他们去分担残疾人就业指导、培训、维权等工作，这样不仅能取得很好的成绩，还能提升整个社会助残扶弱的风气。我国的残疾人联合会是一个具有政府性质的残疾人社会组织，可以将残联发展为枢纽型社会组织，由残联牵头，集中和带动一股社会力量，引导和扶持建立起相关的社会团体。两者建立起密切联系，政府部门加强宏观调控，订立运作规范和服务标准。社会团体在政府的资源支持和法规指导下，尽其所能为残疾人就业提供各种服务，包括职业信息提供、介绍、指导、培训等相关服务工作。无论是在残疾人的职业康复系统还是残疾人的增权赋能系统中，社会组织都能够发挥巨大的不可替代的作用。

（四）以社会工作专业技能促进残疾人就业

从事社会工作职业活动的社会工作者又称“助人者”或“社会福利专家”。在西方发达国家及港台地区，各种类型的社会福利场所和机构都有聘用的社会工作者，大量的地方福利部门聘用了许多本科或硕士学位的人工作，这些机构所做的事被视为专业性工作。社会工作者是社会福利服务的传递者，主要活跃在精神病、残障康复工作、医疗、婚姻和家庭辅导工作、司法矫治工作、毒品滥用、学校工作、企业工作、公共福利、老年福利和儿童福利等社会服务领域。他们通常接受处理比较困难的工作，而且许多人被委以管理和督导的职位。他们还担当顾问，帮助指导那些只受过少量培训的社会福利助理人员和辅助工作人员。

残疾人的特殊性更需要专业社工的帮助，培养专业的残疾人社会工作者队伍应当提上议程。从专业上看，残疾人就业的社会适应问题必须通过社会工作的专业方法的实施，才能取得最佳效果。社会工作独特的工作方法既可针对单独的个体，又可面向广泛的社区，运用将受助者视为积极的能动个体的优势视角，注重提高受助者自身各方面的能力，强调唤醒受助者的权利与社会参与意识，促使社会资源向弱势群体倾斜，善于在其内部或周围探求和扩展其资源，调动协调各相关力量，具有完整性和系统性，避免“头痛医头、脚痛医脚”的片段式处理，有效地解决残疾人就业全过程可能遇到的问题与困难。

残疾人社会工作者必须具有更加广泛的专业知识，包括医疗急救、康复治疗、无障碍设施和特殊工位设计等。残疾人就业的社会工作体系应当覆盖残疾人就业的全过程，从提供咨询，到详细评估、提出培训方案直至寻找到合适的工作岗位。通过专业社工的全程介入，能够引导残疾人转变就业观念，培养良好的自我意识，确立健康择业心理。一是协助残疾人员工对个人品质和外界环境优势因素进行挖掘，找出有益于就业和发展的性格特点、工作技能等。二是协助残疾人在就业中发挥自身优势。社工应独具慧眼，发现残疾人员工的优势和资源，在引导残疾人发现自身优势的同时，更要鼓励残疾人将优势转化为能力。三是发动社会力量推动残疾人就业。针对残疾人员工遭受歧视、合法权益被侵害等现象，社会工作者应借助不断涌现的新型社会组织，发挥桥梁沟通作用。协调政府部门、企业、残疾人员工三者之间的关系，辅助残疾人员工平等就业，维护其合法权益。

第四节　残疾人就业能力建设体系

残疾人，无论他们的障碍程度如何，在身心、智慧和技能等方面，都有值得发掘的潜能，残疾人与健全人之间的能力差距，有时候往往只是因为他们缺少教育和培养的机会，缺少参与和创造的机会。而通过克服障碍和功能补偿，残疾人在某些方面会表现出超乎想象的天赋和能力，同样能为社会创造财富。

一、残疾人文化技能提升

残疾人自身素质不高是影响残疾人就业的重要因素。残疾人由于社会环境、家庭及自身情况等多方面的原因，大部分文化素质和技能水平不高，只能适应一些简单工作的基本需求，因此往往就业率低，就业层次低。目前随着政府和社会对残疾人教育问题的日益重视，残疾人接受教育的机会也越来越多，许多新的特殊教育学校纷纷成立，专门为残疾人设立的培训机构也不断增加，政府举办的免费教育培训也越来越丰富。残疾人应当抓住这些教育和培训机会，不断提升自己的知识技能，积极参与各种社会实践，不断获得更多的就业机会，从而实现自己的人生价值，为社会发展和进步贡献一份力量。

(一) 普及残疾人义务教育

教育是残疾人开发智能、获得创造财富能力的重要手段，培养残疾人获得职业技能，提供其谋生手段是残疾人教育的首要目标。社会上有很多身残志坚的为社会做出突出贡献的高级知识分子，而许多残疾人成功就业的事实证明，在信息和知识的时代，教育是残疾人以最少的社会成本，补偿自身缺陷，实现社会价值的最佳途径。

残疾人接受教育的文化层次低，高中以上文化程度比例远低于社会平均水平，这也是残疾人参与社会生活能力不强、就业能力差的原因之一。根据残疾人的残疾类别和接受能力，进入普通学校跟班就读或进入特殊教育学校，充分发挥普通学校在残疾人教育方面的作用。按照分层分类办学的原则，明确各级办学方向，优化特殊教育学校的结构和布局，加大对特殊学校基本设施和教学专用设备的投入，提高教师待遇，对贫困残疾学生实行“两免一补”政策，确保义务教育入学率。

（二）推动残疾人中高等和职业教育

残疾人的职业教育和高等教育，对他们的终身发展起着至关重要的作用。要针对残疾人教育的薄弱环节，大力推进残疾人中高等教育，提高残疾人参与社会生活的能力。主要措施有：对高中、中专阶段就学的残疾人实行“两免一补”政策，尤其加大对贫困残疾学生的补贴力度，提高高中、中专阶段的残疾学生入学率，举办专门招收残疾人的高等职业技术学院，放宽残疾人进入大学的条件，为各类残疾人接受高等教育提供机会。针对残疾人自身障碍和受教育程度偏低的实际，坚持“一手抓助残、一手抓自强；一手抓维权，一手抓教育”的方针，把残疾人的自身素质和能力建设摆到突出的位置，通过教育、培训、扶持就业、扩大社会参与等多种方式，使他们的积极性和潜能发挥出来，树立“我要学、我能行、我能干”的信心，使残疾人的主体作用得到发挥，创造活力得以体现。

鼓励残疾人就读职业院校。依托各级各类职业院校，逐步建立起以技能为核心、以就业为目标的职业培训体制。积极宣传引导、鼓励残疾人就读职业院校，并制定相应的扶持优惠政策，积极引导职业院校依据残疾人特点，制定招生计划、教学计划，并对设备设施进行无障碍改造。

（三）残疾人网络教育

互联网经济是今后一个阶段，我国重要的经济发展形式。“互联网＋”的概念正在逐步深入人心，一些新型互联网营销模式，创造出了巨大的商业价值。浙江省“绍兴师爷”残疾人创业项目，通过合作企业为残疾人提供优质货源和最优出厂价；与淘宝公司合作创办淘宝商城，交由学员经营，所得利润分成，基地负责推广；把优秀学员推荐到生产企业，作为该企业的电子商务员，在网上销售企业产品。在三四年时间内，年销售额突破500万元。如山西省太原市“Ta爱巧克力”创业项目、浙江省嘉兴毛衫网销创业项目、浙江省安吉竹制品网络创业项目等都是新时期互联网创业的典范。

加强残疾人网络教育，一方面可以提升残疾人的就业渠道，如运用微信、微博和网络等形式获取招聘信息和发布求职消息，另一方面也有助于残疾人创业。要提高残疾人网络创业的素质和能力，必须给予残疾人网络创业、教育培训的政府支持。积极发展残疾人网络创业特殊教育，加大对残疾人网络创业教育的培训经费投入。

二、残疾人就业技能培训

残疾人就业技能培训要针对劳动力市场需要、残疾人特性和类别化培训需求，开展多形式、多层次的职业培训，逐步建立和完善残疾人职业培训机制。特别是要加强残疾人职业能力建设，针对残疾人的需求与特性，开展就业技能培训、岗位技能提升培训和创业培训。

（一）职业技能培训

职业技能培训是残疾人提高就业竞争能力的有效途径，社会上涌现出的盲人高级钢琴调律师，盲人高级按摩师、高级技工等能工巧匠是这一途径的有力证明。应对残疾人就业从政策上给予特殊倾斜，拓宽渠道，以社会化的方式，整合各方资源，针对用人单位和市场的需要，为残疾人提供多形式、多项目的培训。既要有实用技术，又要有现代技术的培训；既有专业培训，又有创业培训，并针对不同类别残疾人采取“多助一”“一助一”的培训方法。

各地残联应当掌握辖区内用人单位残疾人就业实际状况，建立全面的残疾人求职信息库，同时对区域内企业用工情况进行摸底调查，对有招聘残疾人就业意向的企业进行登记，结合企业用工需求有针对性地向有就业能力的残疾人提供就业信息，实现求职、就业、用工需求等资源共享、信息互通。根据岗位与稳定就业的需要，与用人单位共同制定残疾人岗位技能提升计划，通过在岗培训、脱产培训、业务研修、技能竞赛等多种形式，分期分批开展职业培训，加快提升企业在岗残疾职工的技能水平。

（二）创业技能培训

依托有资质的教育和职业培训机构，针对残疾人特点和创业需求，开展创业意识教育、创业能力、创业项目指导和企业经营管理培训。健全政策扶持、资金扶持、培训与服务相结合的工作体系，通过规范标准、提高师资水平、完善培训模式，不断提高创业培训质量和创业成功率。

（三）社会化培训

坚持“以培训载体建设为基础、以就业为导向”的工作目标，积极探索残疾人职业技能人才“成长通道”，建立城乡“一体化”等促进残疾人就业的职业培训新模式。引导职业院校、企业和职业培训机构大力开展订单式培训、定向培训、定岗培训，提高残疾人培训的针对性和有效性。通过购买培训服务，协助培训机构和用人单位开展残疾人类别化培训和针对就业市场需求的专项培训，提高残疾人职业培训数量、扩大覆盖面。鼓励和引导社会力量开展残疾人职业培训，在师资培养、就业信息服务、政府购买培训服务等方面与其他职业培训机构同等对待。

（四）探索“学徒制”

新型学徒制是一种新型的职业教育道路，其核心模式是企业发挥培训主体作用，而政府进行适当补贴，新型学徒制是招生即招工、上课即上岗、毕业即就业的新模式。针对福利企业残疾人职工身心特点、教育状况和职业能力需求等实际情况，开展福利企业优秀残疾人职工定向培养是积极推进残疾人“学徒制”职业教育的一项有益探索，对切实保障残疾人平等接受教育权益，提高残疾人整体素质和就业能力具有十分重要的意义。

三、残疾人社交技能

思想、心理和道德、法律等方面综合素质的提高，是他们全面参与政治、经济、社会和文化生活的重要前提。残疾人的综合素质得到普遍提高，才能更加广泛地参与社会政治文化生活。

（一）残疾人正确的择业观

残疾人由于身体缺陷存在自卑心理，不愿与健全人沟通交流，甚至回避各种社会活动。而且，由于长期依赖社会救济和家庭供养，“等、靠、要”的思想比较严重，对通过教育手段提高自身素质的意识和主动性不高。应当引导残疾人摒弃这种观念，认识到只靠社会供养和家庭救济是难以长期维持生活的，只有通过自己的文化技术参与就业，才能从长远意义上解决自己和家庭的生活负担。

残疾人想在社会就业领域中找到属于自己的位置，首先要保持健康的心理，培养好的自我意识，树立良好的择业心理。只有建立良好的心理状态，才能保持乐观自信，以积极的心态融入社会大家庭，正确认识自身的社会价值，相信自己的能力，通过就业实现自立自强。同时要以积极的心态参与社会生活，通过参加多种社会实践挑战自我，总结经验，学会面对困难和挑战，学会自我调节，与他人积极沟通并建立良好的人际关系。充分抓住机会，发挥自己的潜能和优势，努力克服障碍，通过参与就业实现人生价值，为家庭和社会减轻负担。

（二）残疾人市场意识、竞争意识、创新意识

残疾人就业虽和普通人不一样，但也具有许多相似之处。在全面深化改革和经济新常态背景之下，普通人的就业都存在很大的困难，残疾人要想实现真正意义上的就业就必须增强市场意识、竞争意识和创新意识。树立市场意识，让市场在资源配置中起决定性作用，意味着残疾人不能依赖具有庇护性的福利企业，而要敢于进入到市场中接受检验。树立竞争意识，意味着残疾人也能够向更高更远处发展，通过自身的努力甚至可以超过普通人，要有奋发向上的精神。树立创新意识意味着必须解放思想、主动求变，不断学习新知识，接受新事物，拓展思维空间，破除固有的传统思维模式。

（三）残疾人法律意识与维权意识

残疾人在就业中容易受到权益的侵害，为了保障自身的合法权益，必须增强法律意识和维权意识。认识到法律面前人人平等，每个公民都依法享有维护自身基本权益的权利。从保障残疾人自身权益的角度出发，要积累和加强学习相关法律知识，利用“全国助残日”“全国普法日”等法律活动，学习《宪法》《残疾人保障法》《残疾人教育条例》《残疾人就业条例》等与残疾人密切相关的法律法规，积极参加政府组织的残疾人法律知识培训班、残疾人维权法律讲座等，扩大法律知识面，增强自我保护意识和法律观念。在自身权益受到侵犯时，要学会勇敢地面对，相信法律的公平正义，积极利用法律手段维护自身合法权益。特别是在社会就业领域要学会用法律保障自己的就业权益，这样才能使自己在就业领域中享受到平等权益，争取到更多的就业机会，在社会就业领域真正发挥自己的作用，体现自己的社会价值。

第五节 案例分析：乐益社会创新中心助力90后聋哑女孩成为静默咖啡师

无锡市新区乐益社会创新中心(以下简称乐益)是2013年12月在无锡高新区注册成立的民办非企业单位。乐益致力于以社会创新的方式解决残障人就业问题。截至2016年5月20日，乐益共有全职人员17名，其中11名为残障人。自2015年12月开设“静默咖啡师培训班”及“缝纫布艺培训班”这2项系统职业技能培训以来，累计为47名残障人提供培训，为其中的21名残障人推荐或提供就业岗位。2014年，乐益社会创新中心在无锡新区残联、爱心企业的支持下，开办了一家支持聋哑人就业、培训的公益咖啡馆——乐咖啡，店内员工均为聋哑人，他们有一个美丽的名字——“静默咖啡师”，意为安静沉默的咖啡师。静默咖啡师虽然不能语言和客人沟通，但借助于无障碍点单系统，他们能够准确知道客人的需求，沉浸在无声的世界里专心制作每一杯咖啡，敏锐的味觉和触觉赋予了他们优秀咖啡师的天赋。

张婷，23岁，家住无锡新区江溪街道，3岁的时候因高烧至聋，二级听力残疾。特殊教育学校初中毕业，会手语，可读懂较慢唇语。父母早年离异，张婷随母亲一起生活，家中唯一经济来源是其母亲在某饭店的打工收入。张婷初中毕业后，曾先后进入2家工厂做操作工，后均因语言沟通障碍而被工厂辞退。连续2段失败的就业经历后，张婷对就业失去信心，对和正常人沟通产生了一定心理恐惧，多次拒绝了街道社区及亲戚朋友为其介绍的工厂就业面试机会。张婷是妈妈一手带大的，母女俩关系很好。虽然家庭的经济压力很大，但考虑到女儿心理上对工作的强烈抗拒，张婷的妈妈无奈接受了女儿不工作在家的现实。虽然目前自己一人的工资可以负担母女俩的生活开支，但张婷妈妈也担心自己百年后，女儿该如何自食其力生活。张婷未能顺利就业，是因为听说功能障碍，不能与同事及领导正常交流，无法融入社会工作环境；多次失败就业经历，对自我能力失去信心，心理上对就业产生抗拒；缺少一技之长，就业可选择岗位较少，往往只能担任技术含量较少的操作劳动型岗位，工作成就感低；家人的担忧及保护，使其缺乏勇气和动力再次走出家庭。

结合张婷自身情况，以及乐益在运作聋人公益咖啡馆——乐咖啡方面的经验，乐益社会创新中心认为，张婷可以尝试参加静默咖啡师培训，转型成为一名专业的静默咖啡师。张婷聪明上进，具有 90 后年轻人喜欢新鲜事物的特点，气质形象符合咖啡馆氛围；静默咖啡师岗位具有一定的技术含量，但又无须很多信息交流，可以规避张婷的语言障碍；咖啡馆工作氛围好，职业幸福感强，收入也相对较高。在收到街道推荐的张婷信息后，乐益主动与张婷母女取得联系，她们也表示想要积极尝试"静默咖啡师"的培训和就业方向。

在帮助张婷从心理及技能两方面顺利就业的过程中，乐益按照如下步骤执行，这也是乐益在帮助每个残障人就业时的常规流程。

第一个环节是约谈。在电话沟通确立初步肯定意向后，乐益约张婷母女见面沟通，地点选在了乐咖啡。这样做的考虑有两点：一是让张婷对后续培训及就业的各个环节有大致了解；二是想让母女俩在乐咖啡看到"静默咖啡师"的真实工作场景，以树立信心。在张婷母女刚到乐咖啡时，可以看得出张婷母亲的喜悦和期待，以及张婷的些许胆怯和不自信。但在点单时，当张婷发现乐咖啡的店员也是聋哑人时，她一下子很兴奋，脸上露出了惊喜的表情，愉快地和店员用手语沟通。在和张婷沟通时，也没有采用常规的纸笔沟通，而是采用了"无声新视界"这款语音实时转换文字的手机 App，这也让张婷对未来的培训就业更加有信心。

第二个环节是培训。见面沟通后，张婷及其母亲对培训安排及"静默咖啡师"就业前景有了全面了解后，决定参加静默咖啡师的培训课程。考虑到部分学员在工作日需要上班，所以乐益的静默咖啡师培训课程安排在了每周日的下午，共计 12 次课，前 1—11 次为理论＋实操学习，第 12 次课为课程考试。像张婷这样平时工作日不需要上班的学员，乐益根据个人意愿，安排了周一至周五的乐咖啡半天实习，不仅能让学员熟悉咖啡馆日常经营，巩固课程所学，同时也是乐益观察学员是否适合去咖啡馆工作的渠道，方便就业推荐时更有针对性。"静默咖啡师"的培训课程是由乐益社会创新中心、无锡某专业咖啡培训机构及专业手语老师共同研发的，以实际咖啡馆操作为教学内容，兼顾部分咖啡馆运营管理知识。

第三个环节是推荐就业。在张婷顺利完成 3 个月静默咖啡师课程后，乐益结合张婷的个人情况，从拍证件照开始，为她制作了一份简洁的简历。然后，将张婷的资料推荐到几家熟悉乐益及乐咖啡的咖啡馆，在得到两家有意向的回复后，有专人陪同张婷去两家咖啡馆做了面试和熟悉情况。

对于每一家录用乐益静默咖啡师学员的咖啡馆，乐益会做以下几方面的工作：向咖啡馆老板介绍雇佣残障人的税收减免政策及办理指南；在咖啡馆店内做一定的文字提醒，告知客人店内录用了静默咖啡师；教咖啡馆的老板和其他店员简单的手语，并为他们安装语音实时转换成文字的手机应用"无声新视界"；为该咖啡馆配备总费用为 3 600 元左右的无障碍可视点单系统，即客人拿着 Ipad 点完单后，后台就可以看到需要制作的清单。该费用由乐益和咖啡馆各承担一半。在综合比较两家咖啡馆离家的距离、收入、工作时间等情况后，张婷最终选择在其中一家咖啡馆工作，并顺利通过了试用期。截至 2016 年 5 月，张婷已经在那家咖啡馆工作满 2 个月了，从她自己目前的微信朋友圈可以看得出，她现在很享受自己的工作，曾经对工作的抗拒情绪已经完全看不到了。

近年来，越来越多的助残机构已经意识到，"授人以鱼不如授人以渔"，对有劳动能力残障人的帮助已经不能简单停留在物质或经济上的简单给予，而需要教会他们工作的技能。在为残障人提供职业技能培训方面，乐益有如下经验和思考分享：

其一，探索残障人就业新岗位。在大家的传统意识中，残障人除了在车间流水线上做机械的操作外，也就是聋哑人去印刷工厂，盲人去做盲人按摩等传统而刻板的印象。但随着社会的不断发展和商业模式的不断迭代，能够适合不同障别的残障人的岗位会越来越多，相关社会组织可以对之不断探索实践。

其二，不仅授人以渔，还要打造鱼塘。相较于通常的残障人职业技能培训，静默咖啡师的培训不仅仅止步于为残障人提供技能培训，发放培训能力认可证书，乐益更注重在残障学员具备专业工作技能后，利用自有的该行业雇主资源，为学员推荐合适的就业岗位机会。

其三，多路径寻求资金支持来源。目前乐益的静默咖啡师培训费用由乐益自筹，一方面来自乐益咖啡馆的盈利，另一方面来自社会公共筹款。未来，乐益的残障人职业技能也将往雇主付费委培、残障人自付部分学费及政府购买服务相结合的方向去探索。

参考文献

一、英文文献

Bergeskog A: Labor market policies, strategies, and statistics for people with disabilities: A cross-national comparison, Uppsala, Sweden, Office of Labor Market Policy Evaluation, 2001.

Robert Haveman, Barbara Wolfe: The Economics of Disability and Disability Policy, Prepared for Handbook of Health Economics, 1999.

David H. Dean, Robert C. Dolan: Assessing the Role of Vocational Rehabilitation in Disability Policy, Journal of Policy Analysis and Management,1991(10).

James O'Brien & Ian Dempsey: Comparative Analysis of Employment Services for People with Disabilities in Australia, Finland, and Sweden, Journal of Policy and Practice in Intellectual Disabilities, 2004(1).

Michele Campolieti, Harry Krashinsky: Substitution between Disability Support Programs in Canada, Canadian Public Policy[J], Analyzed de Politiques, 2003(29).

二、中文专著

阿马蒂亚·森:《以自由看待发展》,任赜、于真译,中国人民大学出版社,2002。

安东尼·吉登斯:《第三条道路:社会民主主义的复兴》,北京大学出版社,2000。

博登海默:《法律哲学与法律方法》,中国政法大学出版社,2004。

蔡禾、周林刚等:《关注弱势:城市残疾人群体研究》,社会科学文献出版社,2008。

陈焱光:《公民权利救济论》,中国社会科学出版社,2008。

亨金:《权利的时代》,知识出版社,1997。

黄恒学、李本钦等:《巴中市残疾人扶贫模式创新研》究,中国经济出版社,2015。

赖德胜、李长安、孟大虎等:《2013 中国劳动力市场发展报告——全面建成小康社会进程中的残疾人就业》,北京师范大学出版社,2013。

李兵:《社会服务研究》,知识产权出版社,2012。

李超民:《美国社会保障制度》,上海人民出版社,2009。

李克毅、余欣然:《社会福利企业经营管理实务全书》,国家行政学院出版社,1999。

林嘉、杨飞、林海权:《劳动就业法律问题研究》,中国劳动社会保障出版社,2005。

吕学静、赵萌萌:《典型国家残疾人社会福利制度比较研究》,首都经济贸易大学出版社,2012。

尚珂、梁土坤:《新形势下的中国残疾人就业问题研究》,中国劳动社会保障出版社,2011。

宋健敏:《日本社会保障制度》,上海人民出版社,2012。

王全兴:《劳动法》,法律出版社,2004。

谢琼:《国际视角下的残疾人事业》,人民出版社,2013。

许琳:《论我国残疾人分散按比例就业研究》,西北大学出版社,2008。

杨立雄、兰花:《中国残疾人社会保障制度》,人民出版社,2011。

岳晨:《英国残疾人社会福利制度研究》,中国人民大学出版社,2008。

张琪、吴江:《中国残疾人就业与保障问题研究》,中国劳动社会保障出版社,2004。

三、论文

白漩:《解决残疾人就业是实现残疾人走向社会的根本途径》,《中共山西省直机关党校学报》2014 年第 1 期。

曹胜华:《残疾人就业认知误区面面观》,《中国残疾人》2008 年第 3 期。

丹浙、王琦:《残疾人就业状况变动趋势分析》,《残疾人研究》2013 年第 4 期。

丁建定:《我国残疾人服务体系的完善对策》,《社会工作》2012 年第 10 期。
冬雪:《试论新残疾人观及其对残疾人工作的启示》,《中国特殊教育》2005 年第 7 期。
杜林等:《美国残疾人支持性就业的发展及对我国的启示》,《中国特殊教育》2013 年第 9 期。
范会芳:《“普惠 + 特惠”:建构有中国特色的农村残疾人社会保障体系》,《郑州大学学报(哲学社会科学版)》2011 年第 9 期。
冯敏良:《福利的逻辑:从学理到实践》,《天府新论》2014 年第 6 期。
郭毅:《中国残疾人就业歧视问题研究》,硕士学位论文,西北大学,2008 年。
黄淑敏:《福利企业在残疾人就业中的作用分析》,《社会福利》2007 年第 2 期。
李静:《从生活救助到就业支持——优势视角下残疾人福利的实现路径》,《南京大学学报》2012 年第 6 期。
李兰永:《非正规就业:理论与政策》,硕士学位论文,河北大学,2003 年。
李迎生、孙平、张朝雄:《中国残疾人社会保障制度现状及完善策略》,《河北学刊》2008 年第 5 期。
梁策、孟宪生:《政治学视角下的就业正义理论》,《理论与改革》2003 年第 6 期。
廖娟:《残疾人就业政策——国际经验及对我国的启示》,《人口与经济》2008 年第 6 期。
刘继同、左芙蓉:《中国残障福利政策模式的战略转型与“积极性”残障福利政策框架》,《人文杂志》2011 年第 3 期。
刘林艳:《残疾人就业过程中的社会支持研究——对上海市残疾人的个案分析》,硕士学位论文,华东师范大学,2009 年。
柳翠、余洋:《日本残疾人就业保障及其对我国的启示》,《现代商贸工业》2015 年第 10 期。
罗秋月:《残疾人就业存在问题与对策》,《中国劳动》2001 年第 8 期。
吕学静、赵萌萌:《我国残疾人就业保障的核心问题及国际经验借鉴,经济论坛》2012 年第 10 期。
吕学静、赵萌萌:《中美日残疾人就业保障比较研究》,《社会福利》2012 年第 10 期。
纳列什・辛格、乔纳森・吉尔曼:《让生计可持续》,《国际社会科学杂志(中文版)》

2000 年第 4 期。
潘光莉:《从社会排斥视角看残疾人的就业状况》,《贵州民族学院学报(哲学社会科学版)》2007 年第 2 期。
钱鹏江、刘志敏等:《试论科学的残疾人就业观》,《中国残疾人》2003 年第 11 期。
任占斌、丛向群、段小蕾:《英法残疾人社会保障和服务工作考察》,《残疾人研究》2011 年第 1 期。
沈培建:《加拿大的残疾人平等就业实践及其启示》,《中国残疾人》2007 年第 3 期。
田蕴祥:《台湾地区残疾人士就业协助措施之研究:立法、实践与启示》,《管理现代化》2011 年第 4 期。
吴美平:《我国残疾人就业政策研究》,硕士学位论文,汕头大学,2009 年。
向德平:《发展型社会政策及其在中国的建构》,《河北学刊》2010 年第 4 期。
许洁明、刘苏荣:《英国的残疾人就业政策及对我国残疾人事业的启示》,《思想战线》2012 年第 1 期。
许琳:《残疾人就业难与残疾人就业促进政策的完善》,《西北大学学报(哲学社会科学版)》2010 年第 1 期。
杨立雄:《美国、瑞典和日本残疾人服务体系比较研究》,《残疾人研究》2013 年第 1 期。
杨立雄:《美国英国和日本残疾人福利制度比较研究》,《黑龙江社会科学》2014 年第 3 期。
杨珊:《论残疾人就业权的法律保障》,硕士学位论文,湖南大学,2007。
原会建:《优势视角下的残疾人就业》,《中国劳动》2009 年第 6 期。
云鹏:《残疾人人力资源开发的福利性分析及实施策略》,《中州学刊》2011 年第 4 期。
赵龙:《我国残疾人劳动就业法律制度的缺陷及完善》,《西北工业大学学报》2015 年第 6 期。
郑东亮、付红专:《残疾人就业岗位变迁研究》,《中国劳动》2008 年第 3 期。
周林刚:《社会排斥理论与残疾人问题研究》,《青年研究》2003 年第 5 期。
周沛:《积极福利视角下残疾人社会福利政策研究》,《东岳论丛》2014 年第 5 期。

后　记

就业是民生之本，生存之需，发展之基；就业问题受制并反作用于经济、政治、社会、文化等多因素，是社会良性发展的稳定器。作为社会大家庭一部分的残疾人群体和健全人一样，都有就业的愿望与需求。由于部分身心功能的障碍及客观存在的社会偏见，残疾人就业远比健全人就业困难，为此，社会各界有责任、有义务积极推进残疾人就业，把他们纳入人力资本体系中来，使他们在现代化建设中发挥作用的同时，能够更好地体现出自身的价值与尊严。

本书是在国家社科规划一般项目《积极福利视角下残疾人就业问题研究》(14BSH104)的基础上编撰而成。其主要编写者为：

第一章，周进萍；第二章，冯敏良；第三章，赵龙；第四章，王磊；第五章，曲绍旭；第六章，徐倩、周进萍；第七章，李静；第八章，周进萍、徐倩。

课题研究及报告撰写中，得到中国残联、江苏省残联、无锡市残联的大力支持与帮助，也参考了众多政策文献及学术论文，在此表示衷心的感谢。

就业及残疾人就业是一个持续的、复杂的系统工程，相关研究也是一个不断渐进、深入的过程，我们将继续结合实践，对之做深入研究。

南京大学残疾人事业发展研究中心

2020 年 2 月

图书在版编目(CIP)数据

积极福利视角下残疾人就业问题研究 / 南京大学残疾人事业发展研究中心编著. -- 南京 ：南京大学出版社，2020.4

(公共事务与国家治理研究丛书)

ISBN 978-7-305-23065-3

Ⅰ. ①积… Ⅱ. ①南… Ⅲ. ①残疾人—就业—研究—中国 Ⅳ. ①D669.69

中国版本图书馆 CIP 数据核字(2020)第 047285 号

出版发行　南京大学出版社
社　　址　南京市汉口路 22 号　　　　邮　编　210093
出 版 人　金鑫荣

丛 书 名　公共事务与国家治理研究丛书
书　　名　积极福利视角下残疾人就业问题研究
编　　著　南京大学残疾人事业发展研究中心
责任编辑　汪思诗　郭艳娟
责任校对　杨　括

照　　排　南京南琳图文制作有限公司
印　　刷　南京玉河印刷厂
开　　本　718×1000　1/16　印张 15.5　字数 243 千
版　　次　2020 年 4 月第 1 版　2020 年 4 月第 1 次印刷
ISBN 978-7-305-23065-3
定　　价　68.00 元

网址：http://www.njupco.com
官方微博：http://weibo.com/njupco
官方微信号：njupress
销售咨询热线：(025) 83594756
